KB001264

한국여지승람

TIMES-SPACES OF KOREAN HERITAGE

종교의 시공간 · Shrines

02

문사철 지음 최연식 감수

직지+
플러스

만든 사람들

기획 총괄 문사철

집필 강응천, 원재훈

책임 편집 김덕련

디자인 이소영

아트워크 EPS 채희만

아트디렉터 김용한

지도 일러스트 조혜림

사진 문화유산기술연구소, 박동진, 손승현

감수 최연식

기획 자문 조정희

제작 제이오

교정 문사철

기획 총괄 문사철

출판, 강연, 전시, 여행 등을 통한 인문사회 지식의 소통과 공유를 위해 활동하는 기획 집단. 통합 교양을 지향하는 『지식의 사슬』 시리즈, 신문 형식으로 보는 역사 시리즈의 결정판 『근현대사신문』 시리즈, 한국사와 세계사를 같은 시간의 흐름 속에서 살펴볼 수 있도록 정리한 『세계사와 함께 보는 타임라인 한국사』 시리즈, 한국사의 흐름을 세기 단위로 나눠 정리한 '세기의 서(書)' 『민음한국사』 시리즈 등을 기획하고 만들었다.

감수 최연식

서울대학교 국사학과를 졸업하고 동 대학원에서 균여(均如)의 화엄사상을 주제로 박사 학위를 취득했다. 금강대학교 불교문화연구소 전임연구원, 목포대학교·한국학중앙연구원 교수를 거쳐 현재 동국대학교 사학과 교수로 재직하고 있다. 한국을 중심으로 한 고대와 중세 동아시아 불교사상을 연구하고 있으며, 불교관련 고문헌과 금석문, 고문서 등의 자료에 대해서도 관심을 가지고 검토하고 있다. 저서 및 번역서로 『校勘 大乘四論玄義記』, 『역주 일승법계도원통기』, 『불교의 중국정복』, 『새롭게 다시 쓰는 중국禪의 역사』, 『대승불교와 동아시아』 등이 있다.

21세기 한국 문화는 세계사적 현상이다. 한국의 문화유산은 앞다퉈 유네스코 세계문화유산으로 등재되고 있고, 한국의 현대 문화는 앞다퉈 세계인의 관심과 호응을 이끌어 내고 있다. 지난 세기만 해도 상상할 수 없었던 일이다.

현대화는 곧 서구화라는 관념 아래 한동안 한국의 전통문화는 극복의 대상, 현대 문화는 모방의 산물로 여겨졌다. 그런 생각에 변화가 일어난 것은 한국이 경제적으로 급성장하면서 자신감이 상승하던 20세기 8, 9십년대의 일이다. 1997년이 문화유산의 해로 선포되고 박동진 명창이 "우리 것은 좋은 것이야!"라고 일갈한 사례가 보여 주는 것처럼 전통문화의 가치를 재발견하는 흐름이 일어났다. 물론 그때는 아직 우리 것을 우리가 챙기지 않으면 누가 알아주겠느냐 하는, 다소 내성적이고 국수주의적인 정서가 앞서 있었다.

이제는 세계가 앞다퉈 한국과 한국 문화를 알려고 한다. '우리 것'이 더는 우리만의 것이 아니다. 이 같은 반전을 이루어 낸 한국 문화의 저력은 어디에서 왔을까? 우리 자신에게뿐 아니라 세계를 대상으로 한국 문화의 보편적 성격을 어떻게 설명해야 할까? 『한국여지승람』은 그런 문제의식 아래 한국 문화의 기원과 특징을 찾아 방방곡곡을 탐사하는 책이다. 한국 문화를 구성해 온 핵심 주제를 선정하고, 해당 주제의 역사적 발전 과정을 따라가면서 주요 지역이나 장소를 집중 탐구해 나갈 것이다. 그럼으로써 시공간을 무대로 깊고 넓게 펼쳐져 온 한국 문화의 흐름과 특징을 최대한 입체적으로 포착할 수 있기를 기대한다.

제2권의 주제는 '종교'이다. 종교는 오랜 세월 한국인의 정신세계에서 전부는 아니라 할지라도 중요한 부분을 이루어 왔다. 수천 년에 걸쳐 한국인의 종교가 신봉되고 집전된 성역들, 예컨대 신당과 사찰과 교회를 탐사하는 것은 곧 미로처럼 얽혀 있는 한국인의 정신세계를 누비는 여행이 될 것이다.

한국 사회는 선사 시대의 민간 신앙부터 근현대의 신종교에 이르기까지 다양한 종교의 용광로를 이루어 왔다. 고대에 들어와 고려에서 교리와 신앙의 정점을 찍은 불교, 역시 고대에 들어와 조선에서 사회생활 전반을 장악한 유교, 근대 들어 짧은 시간에 한국인의 생활양식을 바꿔 놓은 기독교……. 이들 종교는 각각의 고유한 특징과 함께 그들이 주류를 이루던 시대의 특징을 간직한 채 현대 한국인의 사고 체계 속에서 일정한 지분을 갖고 작동하고 있다. 인간의 시원적 세계관을 담고 있는 민간 신앙과 한국인의 근대적 민족의식이 투영된 신종교 역시 오늘날 한국인의 마음속에서 작지 않은 비중을 차지하고 있다.

우리는 한국인의 정신세계를 다색으로 수놓고 있는 종교들을 그들 각각이 한국사에서 널리 믿어지기 시작한 시기를 기준 삼아 순서대로 탐사하고자 한다. 한국사에서 종교가 가졌던 보편적 영향력을 고려할 때, 각각의 종교를 탐사할 때마다 거의 모든 시대와 지역을 처음부터 끝까지 다시 훑는 체험을 하게 될 것이다. 이를 통해 우리는 한국의 시공간, 아니 나아가 세계의 시공간을 무대로 하나의 우주처럼 펼쳐진 한국인의 정신세계를 압축해 놓은 복잡하고 다채로운 지도를 얻게 되리라 믿는다.

한국의 방방곡곡을 여행하다 떠오른 말이 있다. 일보일사(一步一史). 어느 고장이든 역사의 자취와 마주치지 않고는 단 한 걸음도 뗄 수 없었기 때문이다. 기쁘고 분하고 슬프고 즐거운 온갖 사연이 수천 년 동안 삼천리 방방곡곡에 깃들어 왔다. 현대 한국의 문화는 그처럼 다양한 분포와 층위를 갖는 역사와 전통을 자양분 삼아 성장해 왔고 성장해 갈 것이다. 우리의 탐사가 그러한 성장에 작은 디딤돌이 되기를 바라며 수천 년 종교의 발자취를 찾아 발걸음을 옮긴다.

2023년 늦가을 『한국여지승람』을 만든 사람들

* 연대와 날짜 표기는 1895년까지는 음력, 1896년 이후는 양력을 원칙으로 했다.

강화도에 자리 잡은 이 건물의 겉모습은 영락없는 불교 사찰이다. 외부 공간의 구성이 구릉지 가람의 형태를 띠고 있고, 앞마당에는 불교를 상징하는 보리수나무 두 그루가 서 있다. 그러나 문을 열고 들어가면 서유럽의 바실리카(Basilica) 양식으로 조성된 성당이 나타난다. 1900년(광무 4) 대한성공회 초대 주교인 찰스 코프가 세운 성당이다. 성당을 짓는 데 쓰인 목재는 압록강에서 운반해 왔고, 경복궁 공사에 참여했던 대궐 목수가 건축을 맡았다. 성당 밖 한편에는 유교를 상징하는 회화나무도 서 있다. 서양 문물에 대한 경계심을 풀지 않고 있던 한국에서 전통을 존중하며 기독교를 전파하려 했던 초기 선교사

성공회 강화성당 일대
성당 북쪽에는 강화 고려궁지, 남쪽에는 '강화도령' 철종(재위 1849~1864)이 왕으로 추대되어 서울로 가기 전에 살던 용흥궁이 자리하고 있다. 강화성당 은 사적. 인천광역시 강화군 강화읍 관청길27번길 10.

강화산성 북문

강화 고려궁지

성공회 강화성당

강화산성 서문

강화산성 동문

중앙시장

용흥궁(철종의 잠저)

조양방직 자리

강화대로 강화군청

강화도

강화산성 남문

들의 마음을 읽을 수 있다. 한국 근대사에서 강화도가 차지하는 위치를 생각하면 그 마음이 충분히 이해된다. 유구한 역사와 전통을 자랑하는 조선을 서구 중심의 근대 세계로 끌어들이기 위해 프랑스와 미국이 함대를 보낸 곳도 강화도요, 일본이 강제로 조선의 문을 열어 젖힌 곳도 강화도였다. 코프 주교 는 성당 터를 배 모양으로 만들어 이 성당이 세상을 구원하는 방주가 되기를 바라는 마음을 표현하고 있었다. 그런 구원의 날이 올지는 알 수 없다. 그러 나 성공회 강화성당이 이름이 구원을 추구해 온 여러 종교가 공존하고 있는 한국의 현실을 잘 보여 주는 상징인 것만은 분명해 보인다.

불교 불경을 등에 지고 인도 구법(求法) 여행에서 돌아오는 중국 승려. 국립중앙박물관.

힌두교 베트남 중부 정글의 미선 유적으로, 4~14세기 참파 왕국의 힌두교 성지였다.

도교 불교, 유교, 도교가 공존하는 홍콩의 웡타이신 사원. 소원을 비는 사람들로 늘 성황을 이룬다.

유교 1070년에 세워진 베트남 하노이 문묘. 문묘는 공자의 위패를 모시는 제의 공간이다.

조로아스터교 고대 이란의 자라투스트라가 창시한 일신교. '배화교(拜火敎)'라고도 한다. 실크로드의 사원.

마니교 3세기 이란에서 마니가 창시한 이원론적 종교. 경전의 일부이다.

❶기독교 ❷이슬람교 ❸조로아스터교 ❹마니교 ❺시크교 ❻힌두교 ❼불교 ❽도교 ❾유교

유대교 솔로몬이 세웠다고 전하는 성전의 서쪽 벽. 성전이 파괴된 뒤 사람들이 슬퍼해서 '통곡의 벽'이라 불렸다고 한다.

기독교 4세기 초 예수가 안장된 예루살렘 묘지에 세워진 성묘교회. 현재는 여러 기독교 교파가 구획을 나눠 내부를 사용하고 있다.

천주교 1593년 천주교의 총본산인 바티칸 시국에 세워진 성 베드로 대성당. 르네상스의 천재 미켈란젤로가 돔을 설계했다.

이슬람교 이슬람 세계 최초의 기념비적 건축물인 예루살렘 바위의 돔. 무함마드가 승천했다고 알려진 바위를 둘러싸고 돔을 지었다.

한국은 흥미로운 나라다. '배달의 민족'이라는 신화가 있을 정도로 다수 국민이 단일 혈통을 신봉하지만, 그들이 믿는 신들은 세계 곳곳에서 모여든 다국적 연합군을 방불케 한다. 종교에 국적이 있을 수 없지만 한국인이 믿는 신들의 고향, 즉 종교의 발원지를 찾아보면 다음과 같다.

최장수 외래 종교인 불교는 기원전 6세기 무렵 히말라야 산맥 기슭의 네팔에서 태어나 인도를 거쳐 동아시아 일대로 전파되었다. 유교는 불교와 비슷한 시기에 중국에서 발원해 동북아시아를 수준 높은 하나의 문화권으로 빚어 왔다. 기독교는 서력기원 전후에 로마제국 식민지인 이스라엘에서 태동한 뒤 로마를 거쳐 유럽으로 전파되었다. 16세기 이래의 대항해 시대에 기독교는 처음에는 서인도(아메리카)로, 그 뒤를 이어서는 동인도(아시아)로 퍼져 나갔다.

불교, 기독교와 함께 3대 세계 종교로 꼽히는 이슬람교는 유대교, 기독교와 형제지간이나 다름없는 종교로 알려져 있다. 서기 7세기에 이스라엘의 이웃 사막 지대에서 창시되어 서아시아와 북아프리카에 전도되고 전 세계로 뻗어 나갔다.

불교, 기독교, 이슬람교가 세계 종교로 불리는 것은 그만큼 보편적인 교리를 가지고 있기 때문이다. 물론 세계에는 상대적으로 민족적, 지역적 색채가 강한 종교도 많다. 아니, 숫자와 분포로만 따지면 그런 토착 종교들이 더 '보편적'이라고 해야 할 것이다. 기독교의 모태이면서도 기독교를 배척하고 유대인의 선민의식을 뒷받침해 온 유대교, 불교가 가장 먼저 전파된 인도에서 불교보다 더 큰 교세를 보여 주는 힌두교, 현세적이고 실용적인 중국인의 사랑을 받아온 도교, 이슬람교에 밀려나기 전에 페르시아제국의 국교였던 조로아스터교 등이 대표적인 '국적 있는 종교'라고 할 수 있다.

한국의 주요 종교

고구려 불교 전래지 — 중국 지린성 지안 국내성

영명사 — 평양

교동향교 — 한국 유교 최초의 향교
강화도

한국 이슬람 서울중앙성원 — 서울

새남터 순교성지 — 김대건 순교지

천주교 순교성지 — 해미

소수서원 — 한국 유교 최초의 서원
영주

동학 창시자 최제우 탄생지 — 경주

임실
반구대 바위그림 — 울산
천도교 교당 — 한국 이슬람 부산성원 — 부산

영광 — 백제 초기 불교의 전설이 어린 곳
불갑사

제주 성안교회

불교 372년 고구려에 도입되었다. 고구려 때 창건되었다는 설이 있는 평양 영명사. 북한 국보 문화유물 제13호.

유교 고대에 도입되어 불교와 쌍벽을 이루었다. 고려 때 신유학인 성리학을 도입한 안향.

민간 신앙 선사 시대 민간 신앙의 흔적을 찾아볼 수 있는 울산광역시 울주군 언양읍 대곡리 반구대 바위그림. 국보.

신종교 근대 들어 민족의식의 고양과 함께 신흥 종교들이 생겨났다. 전라북도의 천도교(동학) 임실교당. 국가 등록문화재.

천주교 18세기 말 이래 서학이란 이름으로 들어와 모진 박해 속에 전파되었다. 서울 마포구 절두산 순교성지에 세워진 한국인 최초의 신부 김대건 동상.

개신교 천주교보다 조금 더 늦게 전래되어 교육, 의료 등 근대 문화의 발전에도 기여했다. 제주 성안교회에 세워진 한국인 최초의 목사 이기풍 선교 기념비.

이슬람교 남북국 시대 무렵부터 한국과 인연을 맺었으나 근대 이래의 교세는 약한 편이다. 1980년에 설립된 한국 이슬람교 부산성원.

민간 신앙은 불교, 기독교 등의 '고등 종교'가 등장하기 전 세계 어디에서나 볼 수 있었던 원초적 신앙의 한국적 형태라고 할 수 있다. 한국인, 시베리아 원주민, 아메리카 원주민이 외모는 달라도 인간의 보편성을 공유한 것처럼, 선사 시대 인류는 지역에 따라 형태는 다르지만 보편적 내용의 신앙을 공유하고 있었다.

각 지역의 민간 신앙이 진화하고 전파되는 과정에서 보편성과 강한 호소력을 가진 종교들이 나타나 영토를 넓혀 왔다. 한국에도 그러한 종교들이 문화의 전파 경로를 따라 들어와 민간 신앙을 밀어내게 되었다. 한국은 주로 서쪽에서 새로운 문화를 받아들였으므로 새로운 종교도 대개는 그 경로를 따라 유입되었다. 불교는 서기 4세기에 서쪽으로부터 고구려와 백제로 들어왔다. 유교도 같은 길을 따라 들어와 교육과 정치 제도의 기초가 되었다. 그렇게 들어온 불교와 유교는 다시 현해탄을 건너 동쪽인 일본으로 전파된다.

기독교 역시 주로 서쪽에서 중국을 거치고 압록강과 서해를 건너 들어왔다. '서학(西學)'으로 불린 천주교가 연행사의 길을 통해 서울에 유입된 뒤, 이승훈은 그 길을 거슬러 올라가 베이징에서 세례를 받았다. 한국인 최초의 신부 김대건이 프랑스인 신부들과 함께 라파엘호를 타고 귀국한 길은 서해 항로였다. 이슬람교는 오랜 옛날부터 한국인과 인연을 맺어 왔다. 그러나 유교 중심의 조선 시대와 기독교 중심의 근대를 거치면서 한동안 소원했던 것이 사실이다.

근대 들어 나타난 다양한 신종교 가운데 대표적인 동학(천도교)이 서학에 대립하는 민족 종교로 한반도 동남쪽의 경주에서 태동했다는 것은 나름 의미심장하다. 동학이 서학과의 종교적 대립에 머물지 않고 전국적인 반제·반봉건 농민 봉기로 승화되었다는 것은 더욱 의미심장하다. 동서와 신구의 차이를 넘어 종교가 제시할 수 있는 진정한 구원의 길이 무엇인가를 고민하게 하는 사건이었기 때문이다.

I 민간신앙
─ 신은 어디에나 있다

무당의 굿 장면을 화폭에 옮긴 신윤복의 풍속화 「무녀신무」

신내림을 받은 무당이 신을 맞이하는 장단에 맞춰 춤을 춘다. 조선 시대의 풍경이지만 현대 한국인에게도, 아득한 선사 시대의 조상들에게도 낯설지 않을 것이다. 한국인, 아니 모든 인류에게 내재되어 있는 원초적 의식이 제의 형태로 발현된 것이기 때문이다. 세상 모든 것에 신이 깃들어 있다고 보는 그 원초적 의식과 표현 형태를 민간 신앙이라고 한다. 민간 신앙의 신들은 집에서, 마을에서, 길에서 삶의 동반자, 구원자, 심판자로 활동해 왔다. 초가집이 아파트로 바뀌고 마을이 도시가 되면서 그런 구닥다리 신들은 모두 사라졌다고 생각하는 사람도 있을 것이다. 과연 그럴까? 수천 년 이어 온 민간 신앙의 내력과 현재를 추적해 이 질문에 대한 답을 찾아보자.

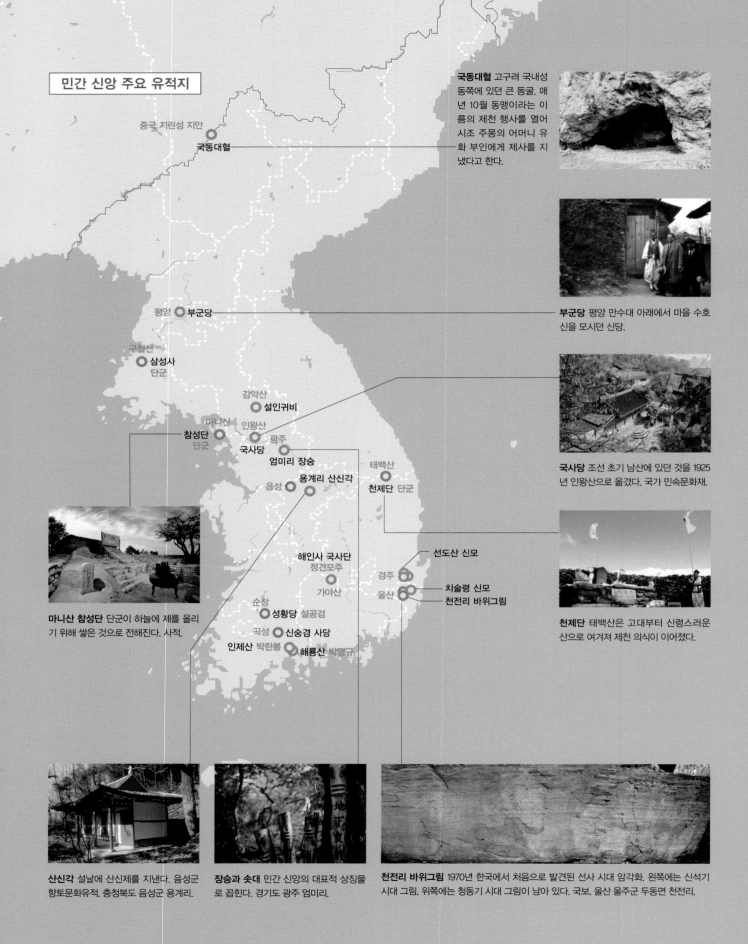

민간 신앙 주요 유적지

중국 지린성 지안
국동대혈

국동대혈 고구려 국내성 동쪽에 있던 큰 동굴. 매년 10월 동맹이라는 이름의 제천 행사를 열어 시조 주몽의 어머니 유화 부인에게 제사를 지냈다고 한다.

평양 ○ 부군당

부군당 평양 만수대 아래에서 마을 수호신을 모시던 신당.

구월산
○ 삼성사
단군

감악산
○ 설인귀비

마니산
참성단   인왕산
단군   국사당   광주
엄미리 장승

음성   용계리 산신각

태백산
천제단 단군

국사당 조선 초기 남산에 있던 것을 1925년 인왕산으로 옮겼다. 국가 민속문화재.

마니산 참성단 단군이 하늘에 제를 올리기 위해 쌓은 것으로 전해진다. 사적.

해인사 국사단
정견모주

가야산

선도산 신모

경주
울산   치술령 신모
천전리 바위그림

천제단 태백산은 고대부터 신령스러운 산으로 여겨져 제천 의식이 이어졌다.

순창
성황당 설공검

곡성   신숭겸 사당
인제산 박란봉
해룡산 박영규

산신각 설날에 산신제를 지낸다. 음성군 향토문화유적. 충청북도 음성군 용계리.

장승과 솟대 민간 신앙의 대표적 상징물로 꼽힌다. 경기도 광주 엄미리.

천전리 바위그림 1970년 한국에서 처음으로 발견된 선사 시대 암각화. 왼쪽에는 신석기 시대 그림, 위쪽에는 청동기 시대 그림이 남아 있다. 국보. 울산 울주군 두동면 천전리.

1

민간 신앙의 발자취

불교도, 유교도, 기독교도, 우리한테 알려진 그 어떤 공식 종교도 없는 세상을 생각해 보자. 절도 없고 사당도 없고 교회도 없는 그런 세상을 상상하기란 그리 쉽지 않을 것이다. 선사 시대가 바로 그런 세상이었다. 그렇다고 해서 선사 시대의 사람들이 어떤 신적 존재도 믿지 않았다고 생각하면 오산이다. 오히려 오늘날 존재하는 여러 종교의 신들을 다 모아 놓은 것보다도 훨씬 더 많은 신적 존재들이 있었다. 그들은 풀에도 나무에도 짐승들에도, 땅에도 하늘에도 물에도 깃들어 있었다. 그리고 언제인가부터 무당이 나타나 신과 인간을 이어 주는 사다리와 같은 존재로 활동하기 시작했다. 무당은 공동체와 바깥 세상을 가르고 공동체를 보호하는 종교적 지도자였다. 그래서 무당을 중심으로 하는 민간 신앙을 '무교(巫教)'라고도 했다.

1 민간 신앙의 시작

선사 시대는 문자 기록이 없는 시대를 가리킨다. '선사(先史)'는 역사 이전이라는 뜻이지만 사실 인류 역사의 99퍼센트는 선사 시대였다. 문자가 없던 그 시대에도 기록은 있었다. 울산의 천전리와 대곡리에서 볼 수 있는 바위그림이 좋은 예이다. 바위그림에는 선사 시대 사람들의 생활상, 신앙과 사유, 예술 세계를 확인할 수 있는 그림과 도형들이 빼곡히 새겨져 있다.

천전리 바위그림에서는 기하학적인 도형으로 표현되었지만 사람의 얼굴이 분명해 보이는 형상을 찾아볼 수 있다. 그 인물상은 아마도 선사 시대 사람들이 포착한 신의 형상이었을 것이다. 한편, 대곡리 반구대 바위그림에는 수많은 고래와 육지 동물들이 시대를 달리하며 그려져 있다. 이 동물들은 선사 시대에 반구대 마을에서 살던 사람들의 생존이 걸린 먹을거리였다. 그들은 종교적 바람이 담긴 경건한 태도로 고래와 사슴의 생태와 모습을 탐구했다. 그리고 지금도 확인할 수 있는 것처럼 정성을 다해 그림을 그렸다.

반구대 바위그림에는 성기를 곧추세운 채 춤을 추는 남성의 모습이 있다. 이 남성의 행동은 신과 소통하는 주술로 해석되곤 한다. 그렇다면 바위그림에 이 남성이 그려졌다는 것은 주술적 능력이 출중해 하늘과 인간 세계를 연결하는 지도자, 즉 무당의 출현을 의미할 것이다.

무당은 북아시아 일대에서 샤먼이라는 말로도 불렸다. 샤머니즘은 곧 무당으로 대표되는 신앙, 즉 무교를 말한다. 중국에서는 여자 무당을 무(巫), 남자 무당을 격(覡)이라 했다. 샤머니즘은 만물에 정령이 스며 있다는 애니미즘, 동물이나 사물을 특정 집단의 상징으로 신격화하는 토테미즘 등과 함께 선사 시대 사람들의 정신세계를 지배했다.

고조선의 건국 신화에 주인공으로 등장하는 단군은 무당을 가리킨다는 것이 역사학계의 정설이다. 무당은 공동체의 제사장이자 정신적 지도자였다. 하늘에서 환웅이 내려와 웅녀와 혼인해 낳은 자식이 단군왕검이었다. 왕검은 임금과 같은 말로 정치적 지배자를 가리켰다고 한다. 그렇다면 단군왕검은 제사장과 정치적 지배자가 한 몸에 결합해 있는 존재가 된다. 그래서 종종 원시 공동체가 해체되고 국가가 탄생하던 과도기에 제사장과 정치적 지배자를 겸하던 존재로 해석된다. 초기 고조선에 해당하는 그런 시대를 정교일치의 시대라고 한다.

단군과 왕검, 즉 제사장과 정치적 지배자가 분리된 사회의 모습을 고조선 후기 무렵 한반도에 분포하던 삼한 사회에서 확인할 수 있다. 그곳에서 정치적 지배는 군장, 제사의 집전은 천군이 맡는 분업이 이루어졌다. 여기서 천군은 단군과 같은 존재라고 할 수 있지만, 더 이상 사회에 대한 지도권을 갖지 못한 종교 지도자로만 나타난다.

그는 '소도'라 불리는 성역 안에서 국가적 제사를 집전하고 국가의 운명에 관한 점괘를 해석할 수 있을 뿐이었다. 군장이라 해도 소도에 들어간 범죄자를 체포할 수 없었지만, 천군은 소도 밖의 세상에서 권력을 행사할 수 없었다. 여기서 샤머니즘은 공동체를 이끄는 신앙으로부터 국가에 종속된 종교로 바뀌었다고 할 수 있다.

천전리 바위그림 속 선사 시대의 신 눈 코 입이 분명한 사람 얼굴의 형상이 새겨져 있다. 선사 시대에 천전리 일대에서 살던 사람들이 상상한 신의 모습으로 추정된다.

반구대 바위그림 속 선사 시대의 무당 커다란 성기와 꼬리로 상징되는 이 남성은 반구대 마을의 샤먼이었을 것으로 추정된다. 시베리아 레나강의 꼬리 달린 남자, 앙카라강 바위섬의 남자 무용수, 노르웨이 솔렌 동굴의 남자 무용수 등과 유사하다.

신모사 박제상 부부와 두 딸의 충혼을 기리는 치산 서원 안에 세워진 박제상 부인의 사당. 치산서원지를 포함하는 박제상 유적은 울산광역시 기념물. 울산 울주군 두동면 만화리 산 30-2.

② 고대의 민간 신앙

고대의 건국 신화는 신들의 보고(寶庫)였다. 그곳에는 천신, 산신, 수신, 조상신과 농경신 등 수많은 원초적 신들이 등장한다. 건국의 주역인 시조왕은 국가의 시조신이 되어 농경의 풍요로움을 보장해 준다.

고구려의 제천 의식인 동맹은 시조신인 유화와 주몽을 대상으로 한 제천 의식이면서 풍성한 수확물을 거두게 한 하늘에 감사하는 농제이기도 했다. 신라의 시조인 박혁거세에 대한 제사도 한 해의 안녕과 풍요를 기원했다. 가야의 건국 신화인 수로왕 신화에서는 신과 인간이 대화를 나누고 신의 계시를 받은 인간이 노래와 춤으로 신을 맞이한다. 이는 민간 신앙에서 행하는 무속 의례와 매우 유사하다.

고대 국가의 신화는 시간이 흐르면서 민간 신앙으로 전승되었다. 고대 국가의 제천 의례는 시간이 지날수록 규모가 축소되고, 마을의 시조신이나 수호신에게 제사하면서 공동체의 안녕과 풍요를 기원하는 의례가 확산했다. 이처럼 고대 국가의 제천 의례가 민간 신앙으로 전승된 것은 신화가 인간의 보편적 심성과 사고방식을 반영하고 있었기 때문이다.

건국 신화에서는 풍요와 다산을 상징하는 여신을 쉽게 찾아볼 수 있다. 단군 신화의 웅녀, 주몽 신화의 유화는 천신과의 웅장한 결합을 통해 건국 시조를 낳은 여신의 전형이었다. 신라의 건국 신화에서 알영은 박혁거세와 결합해 시조모가 되었다.

민간 신앙으로 전승된 고대 신화의 숭배 대상으로 빼놓을 수 없는 것이 산이다. 산은 하늘과 인간을 이어 주는 중간자로 신성하게 여겨졌다. 이 같은 산악신앙은 산에 거주하는 산신에 대한 숭배로도 이어졌다. 산신은 지상에 강림한 하늘의 신으로 여겨졌다.

단군 신화에서 단군왕검은 1500년 동안 나라를 다스린 뒤 아사달의 산신이 된다. 사소(娑蘇)라는 여인은 경주의 선도산에 머무르며 신라를 지켜 선도산 신모로 우러름을 받았다. 신라의 박제상이 왜에 인질로 잡혀간 왕자들을 구하러 떠나자 부인은 경주 외동읍에 있는 치술령에 올라 남편을 그리워하다 죽었다. 그 몸이 돌로 변해 망부석이 되었고, 사람들은 그녀를 치술 신모로 받들었다.

고려 태조 왕건(재위 918~943)의 6대조인 호경과 결혼한 여인도 평나산의 산신이었다. 당의 장수였던 설인귀는 경기도 파주의 감악산에서, 후백제 시조 견훤(재위 892~935)의 사위인 박영규와 그의 후손 박란봉은 전라남도 순천의 해룡산과 인제산에서 산신이 되었다.

가야의 건국 신화를 품은 바위 경상남도 김해의 구지봉 정상부에 자리 잡은 구지봉석. 실제로는 기원전 4세기 무렵 만들어진 남방식 고인돌로 추정된다. 고인돌상석에 새겨진 '구지봉석'이란 글씨는 조선 중기의 명필 한석봉이 쓴 것으로 전한다. 사적. 경상남도 김해시 구산동 산81-2번지 일원.

❷ 고려의 민간 신앙

불교는 고려 시대에 이르러 대표적인 종교로 활짝 꽃피었다. 그렇다고 해서 민간 신앙이 쇠퇴한 것은 아니었다. 고려인의 신앙생활은 무속, 풍수, 도참사상 등에 이르기까지 다양하고 풍부했다.

풍수는 양택 풍수와 음택 풍수로 나뉜다. 양택 풍수는 집, 도읍처럼 살아 있는 자들을 위한 풍수이고 음택 풍수는 무덤처럼 죽은 자를 위한 풍수였다. 양택 풍수로는 개경이 가진 풍수지리의 단점을 보완하기 위한 국도 풍수가 유행했다. 묘청의 서경천도운동은 서경의 지기(地氣)가 쇠했다는 풍수 도참설에 기대어 일어난 반란이었다.

고려의 민간 신앙으로 빼놓을 수 없는 것이 성황 신앙이다. 성황이란 성(城)과 그 주위를 움푹하게 파 놓은 황(隍)을 가리킨다. 옛사람들은 성황에도 신이 있다고 믿었다. 고려인은 성황신을 고을의 수호신으로 삼아 산 위의 성황당에 모셨다. 이름 높은 장군을 성황신으로 모셔 놓고 전쟁터에 나갈 때는 기도를, 승리해서 돌아오면 감사의 제사를 드렸다. 신숭겸은 후백제 견훤의 군대와 맞붙은 대구 공산전투에서 왕건의 목숨을 구하고 대신 전사한 고려의 영웅이었다. 그는 고향

성황 대신 사적 현판 고려 시대 성황당의 면모를 알려 주는 유물. 1992년 전라북도 순창에서 발견되었다. 고려 후기의 문신 설공검을 모신 성황당은 일제 강점기에 헐리고 현판만 보관해 왔다. 국가 민속 문화재.

인 전라도 곡성에서 성황신이 되었다. 고려의 성황 신앙은 원 간섭기에 불교와 마찰을 빚기도 했지만, 반원 개혁의 선봉에 섰던 공민왕은 국가 차원에서 성황 신앙을 보호했다.

팔관회는 고려의 으뜸가는 국가 행사였다. 서경과 개경의 팔관회가 대표적이었다. 신라 진흥왕 때 시작된 팔관회는 본래 살생, 도둑질 등 5대 계(戒)에 사치, 금식 등 세 가지를 더해 여덟 가지 계율을 엄격히 지키는 불교 의식이었다. 그러나 고려의 팔관회는 불교 의식을 바탕으로 하면서 실제로는 토속 신에게 제사를 드리고 외국 사신과 상인의 하례를 받는 행사였다. 단순한 불교 행사가 아니라 정치, 외교, 문화, 경제 등 방대한 영역을 아우르는 행사로 규모가 커졌다.

개경의 팔관회 행사가 끝나면 왕은 법왕사에 행차해 고승들을 위한 법회를 열고 나라와 백성의 평안함을 기원했다. 한편, 서경의 팔관회는 고구려의 제천 행사인 동맹을 계승하는 의미도 지녔다고 한다.

국도 풍수의 터 강화 고려궁지 몽골의 침략에 대처하기 위해 1232년(고종 19) 급하게 조성된 강화 도성에도 풍수지리는 적용되었을 것으로 보인다. 조선 시대에 지어진 외규장각 뒤편에서 내려다본 고려궁지와 강화 도성 터. 고려궁지 뒤로는 북산(송악산)이 솟아 있고 앞으로 보이는 산이 남산이다. 사적. 인천 강화읍 관청리.

봉암사 산신각 1년에 하루, 4월 초파일에만 방문할 수 있다. 봉암사 자체가 승려의 참선 도량으로, 민간인 출입을 통제하고 있기 때문이다. 경상북도 문경시 가은읍 원북길 313.

4 조선의 민간 신앙

민간 신앙이 본격적으로 철퇴를 맞은 것은 조선 시대 들어서였다. 조선 왕조는 성리학을 국가와 사회의 지도 이념으로 삼아 민간 신앙뿐 아니라 불교까지 배척했다. 고려의 흔적을 지우고자 한 조선의 사대부들에게 팔관회는 철폐 대상 1호였다. 그들은 팔관회를 단순한 불교 행사로 돌려놓고, 명산대천 등 토속 신에 대한 제사와 하례 의식은 유교 의례에 편입시켰다. 그러나 이처럼 가혹해 보이는 억압 정책에도 불구하고 민간 신앙은 결코 사라지지 않았다.

조선 왕조는 무당의 종교 활동을 금지했다. 도성에 거주하는 무당은 모두 색출해 죄로 다스렸다. 지방으로 피신해 활동을 계속하는 무당에게는 과중한 세금을 부과했다. 조선 전기에는 성수청(星宿廳)이라는 관청에 나라의 무당인 국무(國巫)를 두고 왕실의 안위를 빌기도 했다. 그러나 이는 성리학이 국가와 사회의 지도 이념으로 확고하게 자리 잡은 조선 중기 이후 폐지되었다. 무당에 대한 탄압이 더욱 강화되었음은 물론이다. 그러나 이 같은 환경에도 불구하고 대를 이어 무속에 종사하는 세습무는 도리어 증가했다.

고려 때 유행한 성황 신앙은 유교적 국가 의례에 포섭하려고 했다. 국가가 나서서 군현 단위의 성황신 호칭을 정비하고, 성황제를 지낼 때 정부의 예제에 따르도록 했다(『국조오례의』). 성황제에 투영되었던 지방색을 철저하게 배제하고 중앙 집권적 통제를 강화하려는 시도였다.

그러나 사람들은 성황신을 고을의 수호신으로 받드는 생각을 쉽게 포기하지 않았다. 결국, 전통적인 형태의 성황제는 '별제'라는 이름으로 허용되었다. 고을마다 성황당을 마련하고 법적 규제로부터 비교적 자유로운 성황제를 열었다. 성황당은 당집을 비롯해 당목, 돌무지, 비석 등 다양한 형태로 전승되었다.

풍수는 유교의 조상 숭배와 결합하면서 도리어 조선 시대에 가장 성행했다. 왕도의 결정, 묏자리의 선택, 동족촌의 형성 등에 풍수가 활용되었다. 민간에서는 풍수적 결함을 인위적으로 보완하는 비보 풍수(裨補風水)가 유행했다. 마을의 풍수적 입지를 최적화하기 위해 숲이나 작은 산을 조성하기도 하고 특정한 조형물을 만들기도 했다.

불교와 민간 신앙의 융합도 진행되었다. 대표적인 것이 한국 불교에 독특한 산신각이다. 사찰이 산속에 지어지면서 산신이 불교의 수호신으로 편입되고 법당 뒤편에 산신각이 마련되었다. 오늘날 남아 있는 산신각은 대부분 조선 후기에 건립된 것이다.

「쌍검대무」 기생의 검무 공연을 즐기는 양반의 모습을 그린 신윤복의 풍속화. 검무를 추는 기생들에 더해 악단까지 불렀으니 그 비용이 만만치 않았을 것이다. 조선 후기 양반 문화의 민낯을 보여 주는 작품으로 거론된다.

「성주신도」 성주신은 집을 지키는 신으로, 비녀를 꽂고 성수 부채와 무당 방울을 들고 서 있는 모습으로 그려진다. 가로 51센티미터, 세로 87.5센티미터이며 족자 고리에 끈이 연결된 형태이다.

2

신과 함께

"이 댁 성주는 와가(瓦家) 성주, 저 댁 성주는 초가(草家) 성주, 한테간에 공댁 성주, 초년 성주, 이년 성주, 스물일곱에 삼년 성주, 서른일곱 사년 성주, 마지막 성주는 쉰일곱이로다."(「성주풀이」)

성주는 집을 지키는 신이었다. 기와집에도 초가집에도 성주가 있고, 밖에서 집을 지켜 주는 공댁 성주도 있었다. 집주인은 27세, 37세, 47세 등 나이에 일곱 수가 들 때마다 성주를 모시는 성주받이를 한다. 어디 성주뿐이랴. 안방에는 삼신이, 부엌에는 조왕신이, 집터에는 터주가 깃들었다. 집을 나서면 서낭당, 장승, 당산, 산신당 등 가는 곳마다 신이 있어 사람들과 함께하고 마을을 지켜 주었다. 이처럼 많던 신들은 오늘날 다 어디로 갔을까? 사람들의 동반자이자 삶 그 자체였던 민간 신앙의 신들을 찾아 옛집과 마을로 들어가 보자.

■ 집안의 신들

민간 신앙의 신은 주민들의 정주 공간에 깃든 신성의 상징이었다. 방, 집, 마을과 국가로 확장되는 전통 공간의 질서와 조화는 신에 의해 이루어졌다. 신들은 예측 불가능한 세상을 더 안정적인 세상으로 만들려고 노력하는 사람들에게 힘이 되어 주었다. 그들은 개인의 길흉화복부터 가뭄, 홍수 등 각종 재해에 이르기까지 험난한 세상살이를 신들이 돌봐 준다고 믿었다.

가신(家神)은 가옥 안에 사는 신들과 집터에 사는 신들로 나눌 수 있다. 가옥 안에 사는 신 가운데 으뜸은 마루의 대들보에 산다는 성주신이다. 성주신은 가장(家長)을 수호한다. 마루는 본래 꼭대기를 뜻하는 말로 집안의 어른이 머무는 공간이고 가옥에서 가장 신성한 공간이다. 굿, 결혼식 등 신성한 의례는 모두 마루에서 이루어진다. 으뜸 신인 성주신을 마루에 모시는 이유가 여기에 있다. 성주신의 몸체는 지방마다 다르다. 일반적으로는 종지와 같은 작은 그릇에 쌀을 넣고 한지로 덮어 마루 귀퉁이에 놓거나 대들보에 올려놓는다.

성주신 다음으로는 삼신할미, 삼신제석 등으로 불리는 여신이 있다. 이 여신은 안방에 살면서 수태부터 출산, 양육에 이르는 모든 과정을 지켜 준다. 집안의 아이를 보호해 주는 수호신이라 할 수 있다.

부엌을 다스리는 신은 본래 중국 도교의 신이었던 조왕신이다. 부뚜막 위에 깨끗한 물을 담은 사발을 놓는데, 이것을 조왕 중발이라 한다. 집안의 여자는 매일 물을 갈고 조왕신에게 합장하면서 소원을 빌었다.

터줏대감은 집의 전체 터를 관장하는 신이다. 욕심이 많은 터줏대감은 밖의 것을 안으로 끌어들이기 때문에 이 신을 잘 모시면 부자가 된다는 믿음이 있다.

아파트의 다용도실 격인 광에는 업신이 산다고 전한다. 뱀이나 구렁이를 업신으로 여겨 초가지붕으로 올라간 뱀은 잡아먹지 않았다고 한다. 화장실에 사는 신은 변소각시라고 한다. 하얀 옷을 입고 머리를 무릎까지 풀어 내린 모양새이다. 예전엔 변소에 갈 때 헛기침을 하고 문을 열었는데, 변소각시 눈치를 보기 때문이었다고 한다.

이처럼 한국의 전통 가옥에 깃든 신들은 조용히 제 할 일을 하는 착한 신들이었다. 그래서 옛 사람들은 가신들이 듣고 서운하게 생각할까 봐 집안에서 이사 간다는 말을 하지 않았다. 하지만 마루와 대들보가 없는 현대 가옥에는 가신들이 있을 자리가 없어졌다. 그 많던 가옥의 신들은 다 어디로 갔을까?

삼신할미 아기를 점지하고, 낳아서 기르는 일을 관장하는 가신. 삼승할망, 산신으로도 불린다. 그림 왼쪽 선관도사 가슴에 '정씨선관도사임(鄭氏仙官道士任)', 오른쪽 삼신할미 저고리에 '강씨삼신제왕(姜氏三神帝王)'이라는 글씨가 쓰여 있다.

집안의 신들

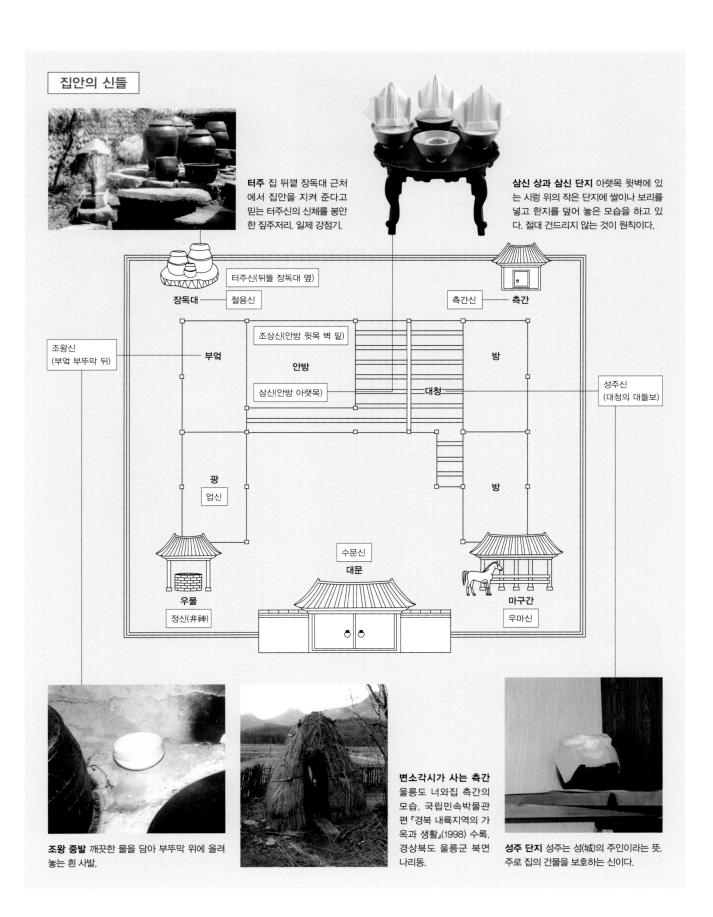

터주 집 뒤꼍 장독대 근처에서 집안을 지켜 준다고 믿는 터주신의 신체를 봉안한 짚주저리. 일제 강점기.

삼신 상과 삼신 단지 아랫목 윗벽에 있는 시렁 위의 작은 단지에 쌀이나 보리를 넣고 한지를 덮어 놓은 모습을 하고 있다. 절대 건드리지 않는 것이 원칙이다.

터주신(뒤뜰 장독대 옆)

장독대 | 철융신

측간신 | 측간

조왕신 (부엌 부뚜막 뒤)

부엌

조상신(안방 윗목 벽 밑)

안방

삼신(안방 아랫목)

대청

방

방

성주신 (대청의 대들보)

광 | 업신

수문신

대문

우물

정신(井神)

마구간 | 우마신

조왕 중발 깨끗한 물을 담아 부뚜막 위에 올려 놓는 흰 사발.

변소각시가 사는 측간 울릉도 너와집 측간의 모습. 국립민속박물관 편『경북 내륙지역의 가옥과 생활』(1998) 수록. 경상북도 울릉군 북면 나리동.

성주 단지 성주는 성(城)의 주인이라는 뜻. 주로 집의 건물을 보호하는 신이다.

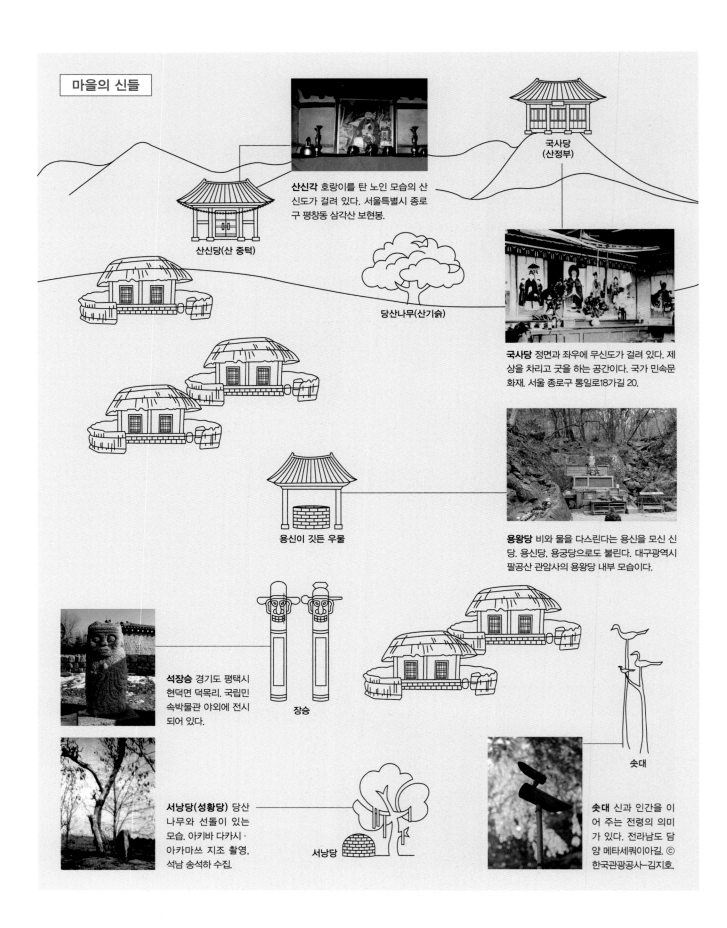

마을의 신들

산신각 호랑이를 탄 노인 모습의 산신도가 걸려 있다. 서울특별시 종로구 평창동 삼각산 보현봉.

국사당
(산정부)

산신당(산 중턱)

당산나무(산기슭)

국사당 정면과 좌우에 무신도가 걸려 있다. 제상을 차리고 굿을 하는 공간이다. 국가 민속문화재. 서울 종로구 통일로18가길 20.

용신이 깃든 우물

용왕당 비와 물을 다스린다는 용신을 모신 신당. 용신당, 용궁당으로도 불린다. 대구광역시 팔공산 관암사의 용왕당 내부 모습이다.

석장승 경기도 평택시 현덕면 덕목리. 국립민속박물관 야외에 전시되어 있다.

장승

솟대

서낭당(성황당) 당산나무와 선돌이 있는 모습. 아키바 다카시·아카마쓰 지조 촬영, 석남 송석하 수집.

서낭당

솟대 신과 인간을 이어 주는 전령의 의미가 있다. 전라남도 담양 메타세쿼이아길. ⓒ 한국관광공사—김지호.

2 마을의 신들

집을 나서도 걱정할 것이 없다. 마을 곳곳에 신들이 터를 잡고 마을 사람들을 삿된 것으로부터 지켜 주기 때문이다.

신을 모신 곳을 신당(神堂)이라고 한다. 신당에는 산속에서 굿을 하는 굿당, 무당의 집, 약수터 부근의 용신당(龍神堂), 산신을 모신 산신각(山神閣), 마을의 수호신을 모신 동제당(洞祭堂) 등이 있다.

용신당은 비와 물을 다스리는 용신을 모셔 놓은 신당으로 용왕당, 용궁당이라고도 한다. 대체로 약수나 우물가에 있어 물의 신을 섬기는 곳이라는 것을 쉽게 알 수 있다. 용신당의 신은 용신 할머니, 용궁 애기씨, 용궁 부인, 용왕 부인 등으로 불려 여성의 신격을 가진 사례가 많다. 산신당이나 산신각에서 모시는 산신은 호랑이나 산신의 모습을 하고 있다. 본래 민간 신앙의 대상이었으나 불교가 대중화하면서 불교의 신중(神衆)으로 포용되는 과정을 거쳤다. 따라서 산사에서는 산신각을 쉽게 찾아볼 수 있다.

이상과 같은 여러 종류의 신당 가운데 가장 많은 것은 동제당이다. 동제당은 지역에 따라 산제당, 서낭당, 당산(堂山), 부군당 등으로 불린다. 신당 하면 흔히 동제당을 가리킬 정도로 그 비중은 압도적이다.

한국의 마을은 대부분 산을 등지고 앞에는 물이 흐르는 배산임수의 형태를 띠고 있다. 산에서 내려와 마을 입구나 마을 사이의 고개에 이르면 동제당을 만날 수 있다. 동제당은 서낭당처럼 돌을 쌓아 성역을 표시한 곳일 수도 있고, 부군당처럼 번듯한 당집을 갖춘 곳일 수도 있다. 동제당 옆에는 솟대나 장승이 떡 버티고 있다.

마을 어귀나 마을 한가운데에는 당산나무, 당나무 등으로 불리는 신목(神木)이 위엄 있는 자태를 뽐내고 있다. 신목은 하늘과 땅을 연결해 주는 신성한 통로로, '위하는 나무'라고도 한다. 한국 신목의 원형은 단군 신화에 나오는 신단수라고 할 수 있다.

긴 나무를 세우고 꼭대기에 나무로 만든 새를 올려놓은 솟대는 사람이 만든 신목이다. 솟대의 새는 인간의 바람을 천신에게 전달하는 전령 역할을 한다. 솟대는 고대로부터 내려온 긴 역사가 있다. 솟대에 매달아 놓은 방울과 북은 무당에게 중요한 사물이다. 무당은 북을 치면서 접신 상태가 되어 영계(靈界)를 여행한다고 한다. 방울은 신령을 부르거나 신령과 교감할 때 중요한 역할을 한다.

장승에는 나무 장승과 돌장승이 있다. 나무는 한반도 남쪽에서, 돌은 북쪽에서 많이 쓴다. 장승은 이웃집 할아버지 할머니 같은 친근함과 익살스러운 모습을 하고 있다. 조각 기법이 파격적이고 창의적이어서 예술 작품으로도 보존 가치가 있다. 마을의 경계를 표시하고 마을을 수호하는 기본 임무에 덧붙여 장승은 여행자들에게 이정표 역할도 했다. 마을 사람들은 여행을 떠나기에 앞서 장승에게 무탈하기를 빌었다. 그뿐이랴, 마을에 전염병이 도는 것을 막아 주는 신통함도 갖추고 있었다.

당산나무 '소원을 들어주는 나무'로 알려진 안동 하회마을의 느티나무. 600여 년의 나이를 자랑한다. 나무 옆에 쳐 놓은 새끼줄은 사람들이 소원을 적어 매달아 놓은 쪽지로 가득하다. 경상북도 안동시 풍천면 전서로 186.

3 전국의 신당과 제의

20세기 초까지만 해도 한국의 모든 집, 모든 마을은 신들로 가득했다. 산업화와 도시화의 물결에 밀려 많은 신이 잊히고 사라졌지만, 그들의 자취는 여전히 삼천리 방방곡곡에 남아 있다.

개별 마을의 경계를 넘어 고을 차원에서, 전국 차원에서 무당의 관심을 끌고 사람들에게 널리 알려졌던 민간 신앙의 명소와 제의는 동서남북, 사시사철 우리 곁에 있다.

지금도 살아 숨 쉬며 한국 전통문화의 일부가 되고 한국인뿐 아니라 세계인의 관심과 보호를 받는 민간 신앙의 정수들을 만나 보자.

방방곡곡의 신당들

조선 시대에 전국의 신당 가운데 첫손에 꼽힌 것이 서울 목멱산의 굿당인 국사당(國師堂)이었다. 1395년(태조 4)이라는 창건 시기가 기록으로 남아 있는 전국 유일의 신당으로, 지금은 인왕산에 옮겨 가 있다. 국사당이라니까 나라의 스승을 모신 곳처럼 들리지만, 굿당의 다른 이름일 뿐이다. 외부에서 마을로 들어가는 뒤쪽 높은 산을 국수산, 국시산 등으로 부르고 그 정상의 굿당을 국수당, 국시당으로 불렀다. '국사(國師)'는 국수, 국시 등의 한자 표기일 뿐이다(14, 24쪽 참조).

계룡산은 전국에서 가장 신기(神氣)가 셀 것 같은 곳으로 명성이 자자하다. 계룡산 등운암은 불교 조계종의 암자지만, 전국의 무당들이 신기를 보충하기 위해 그 위의 연천봉 정상 바위와 함께 애용하고 있다.

바닷가 마을에도 신당이 없을 수 없다. 전라북도 부안의 수성당이 좋은 예이다. 이 신당에 모신 수성 할머니는 바다를 걸어 다니며 위험한 곳을 살펴 어부들을 보호하고 풍랑을 다스려 고기가 잘 잡히게 해 주는 해신이다. 해신 하면 또 임경

업을 빼놓을 수 없다. 조선 후기 청이 조선을 침략하자 그는 서해를 건너가 중국 땅에서 청과 싸웠다. 체포되어 서해로 압송된 임경업은 조선 왕조에 의해 처형되었지만, 민중의 기억 속에 진정한 바다의 수호신으로 남았다. 전국 곳곳의 바닷가 마을에서 임경업 신당을 만날 수 있다. 충청남도 보령의 사당에 모셔진 전횡 장군은 비록 중국인이지만 섬과 내륙의 어민들에게 사랑을 받고 있다. 그는 진(秦) 말기에 항우, 유방과 자웅을 겨루다 섬으로 피신한 인물이었다.

외국인 출신으로 가장 유명한 신은 관왕, 곧 『삼국지』의 영웅 관우이다. 중국에서 공자와 관우는 각각 문과 무를 대표하는 신이다. 서울에는 숭례문 밖에 남관왕묘(남묘)를 두고 흥인지문 밖에 동관왕묘(동묘)를 두었다. 지방 각지에도 관왕묘가 건립되었다. 안동, 성주, 남원, 강진 네 곳에 관왕묘가 있었다. 서양인으로는 인천상륙작전의 주역인 맥아더를 모시는 신당이 있다.

국토의 남단인 제주도는 한국에서 각종 신당이 가장 잘 보존된 곳이다. 대표적인 본향당을 비롯해 질병의 신을 모시는 일뤠당, 사신(蛇神)을 모시는 여드렛당, 해신을 모시는 돈지당 등 제주도는 그야말로 살아 있는 민간 신앙 박물관이라 할 만하다.

제주 신흥리 방사탑 2호
제주도 곳곳에 있는 방사탑은 마을의 어느 한 방위에 불길한 징조가 보인다거나 어느 한 지형의 기가 허한 곳에 마을 공동으로 쌓아 올린 돌탑이다. 부정과 악의 출입을 막아 마을을 평안케 하려는 염원이 담겨 있다. 거욱대, 거왁, 하르방, 답 등으로도 불린다. 제주도에서 쉽게 구할 수 있는 현무암 자연석을 원통형으로 쌓아 올렸다. 제주도 민속문화재. 제주시 서귀포시 남원읍 신흥리.

전국의 대표적 신당들

임경업 주로 경기도와 충청남도의 해안, 도서 지역에서 어업 신이나 마을 신으로 모셔지고 있다.

서울 도성

인왕산 국사당
동관왕묘
와룡묘 　왕십리 수풀당
당산동 부군당

삼막사 남녀근석
　안양

평창
방아다리 약수터 용신당

강릉
정동진리 서낭당
성황사와 산신각
심곡리 서낭당

안성
청룡사 돌무더기

단양
죽령 산신당

괴산
청주　문당리 서낭단

관왕묘
안동

계룡산
등운암

옥천
청마리 제신탑
영동
당곡리 십이장신당

완주
무등리 입석

전횡 장군 사당 　외연도

부안
수성당

오거리 당산 　고창

남원
관왕묘

남악사
지리산

함안
무기연당

나주
동점문 밖 석당간

남해당지
영암

남해
밥무덤

통영
문화동 벅수
삼덕리 마을제당

십이장신당 『삼국지』 12장군의 초상화와 관우의 적토마 그림을 모신 신당. 충청북도 민속문화재. 충청북도 영동 당곡리.

전횡 장군 사당 음력 2월 14일 당제에서 풍어의 신에게 제사한다. 충청남도 보령시 오천면 외연도.

수성당 서해를 다스리던 여신과 그 딸 8자매를 모셨다. 전라북도 유형문화재. 전라북도 부안.

밥무덤 음력 10월 15일 밤 풍작과 풍어를 비는 동제를 지낸 후 제삿밥을 묻는 곳. 경상남도 남해.

용신당 부근에 있는 약수터의 물은 조선 숙종 때 이래 위장병 등에 특효가 있다고 널리 알려졌다. 강원도 평창 오대산.

성황사와 산신각 영동 지방의 가뭄, 홍수, 풍작 등을 관장한다고 믿어지는 여러 신을 모신 대관령의 신당. 강원도 기념물.

동제당 가운데 가장 널리 분포한 것이 당산이다. 서울에만 해도 당산으로 불리는 곳은 수십 개에 이른다. 그 가운데 공식 지명으로 남아 있는 것이 영등포구 당산동이다. 그곳에는 지하철 2호선이 지나가는 당산역도 있다. 당산동에서는 500년 넘은 부군당이 마을 수호신을 모셔 놓고 마을 신앙의 구심점 역할을 하고 있어 그곳이 곧 당산이라 할 수 있다.

부군당은 주로 서울과 경기도의 한강 연변에서 찾아볼 수 있다. 용산구 동빙고동·이태원동, 마포구 창전동 등에도 부군당이 있다. 종친부와 선혜청의 부군당처럼 담장과 마당을 갖추고 독립적으로 자리 잡은 곳도 있고, 관아의 마당 한쪽이나 관아 부근의 숲·산기슭 등에 자리 잡은 부군당도 있다. 관아 부근에 있어선지 '부근당'이라고도 불린다.

조선 시대 부군당은 맞배지붕이나 팔작지붕에 기와를 얹고 기단을 갖춘 형태에 한두 칸 정도의 규모를 가지고 있다. 부군당의 정문에는 태극 무늬를 그렸는데, 쌍태극을 그리기도 하고 삼태극을 그리기도 했다. 부군당 내부에는 부군신의 화상을 때로는 단독으로, 때로는 부부상으로 모셔 놓았다. 송파의 부군당에는 특별히 송씨 부인을 부군신으로 모셨다. 인조 때 남한산성을 축조하던 이회의 부인 송 씨는 삼남 지방에서 축성에 필요한 물자를 마련해 올라오고 있었다. 그때 이회가 무고를 당해 죽었다는 소식을 듣고는 물자를 모두 버리고 자신도 강에 몸을 던졌다. 그녀의 넋을 기리기 위해 부군신으로 모셨다.

당산이 가장 많은 지역은 경상남북도와 전라남북도. 당산은 부군당처럼 마을의 수호신을 모셔 놓은 당집 모양이기도 하지만, 야외에 세워 놓은 돌기둥을 당산으로 삼기도 한다.

대표적인 사례가 전라북도 고창의 오거리 당산. 그 유래는 조선 후기의 큰 홍수로 거슬러 올라간다. 당시 홍수로 전염병이 돌아 수많은 사람이 병들거나 죽자 정조(재위 1776~1800)는 서둘러 피해를 복구하고 전염병을 막을 방법을 찾으라는 어명을 내렸다. 고창에서는 아전들이 돈을 모아 현재 고창읍의 중앙동, 중거리, 하거리에 각각 돌기둥을 세워 수구막이를 했다. 돌기둥에는 당산 할아버지, 당산 할머니 등의 형태를 새겨 가족 신격을 이루게 하고, 주변 상거리와 교촌에는 자연석으로 된 돌기둥을 세웠다. 고창읍의 중앙과 동서남북에 배치된 이들 돌기둥 당산이 곧 오거리 당산이다. 여기서는 지금도 매년 당산제를 거행하며 마을의 안녕과 풍요를 빌고 있다.

이태원 부군당(왼쪽) 이태원 1000여 호에서 제의 비용을 모아 3년마다 당굿을 한다. 마을 회의에서 뽑힌 제관 12명이 당굿을 주관한다. 위는 이태원 부군당에 모신 부군님 그림. 서울 용산구 녹사평대로 40다길 33.

고창 오거리 당산 전라북도 고창군 고창읍 중앙동을 중심으로 동·서·남의 상거리·하거리·중거리에 각각 한 쌍의 당산이 있고, 마을 북쪽 교촌리에 세 곳의 당산이 있다. 이 가운데 중앙·남·서 방향에 있는 것을 중앙동·중거리·하거리 할아버지당이라 한다. 사진은 하거리 할아버지당. 국가 민속문화재.

장흥 삼산리 후박나무 세 그루가 마치 한 그루처럼 서로 어우러져 있는 노거수로, 전체 모양이 독특하고도 아름답다. 오랜 세월 잘 자라나 남부 지방 후박나무의 대표로 꼽을 만하다. 천연기념물. 전라남도 장흥군 관산읍 삼산리 324-8번지 외.

당집의 형태가 아닌 당산은 또 있다. 마을에 탑을 세워 당산으로 모시는 사례도 있었다. 마을 주산이 따로 없는 평야 지대 마을에서는 마을 입구나 마을 둘레에 있는 노거수(老巨樹)를 골라 당산으로 모시기도 했다. 당산으로 모신 나무, 즉 당산나무는 신이 깃들인 신목이다. 당산나무를 당수나무라고도 하는데, 이는 경상북도 일대에서 쓰이는 방언이다. 마을 입구에 있는 오래되고 큰 나무라고 해서 동구나무라고도 한다.

전라남도를 대표하는 당산나무 가운데 하나로 장흥 산서마을 입구의 후박나무가 꼽힌다. 이 마을에는 1580년 무렵 경주 이씨 선조가 들어오면서 동서남북에 나무를 심었다는 전설이 내려온다. 지금은 마을 남쪽에만 후박나무가 서 있다. 오랜 세월 마을과 역사를 같이해 온 당산나무인 만큼 민속적 가치가 크다.

당산나무의 특징 중 하나는 당집, 돌기둥, 탑 등 인위적 조형물과 달리 생로병사의 과정을 거치는 자연물이라는 것이다. 당산나무에 깃든 신은 여느 당산의 신과 달리 생물학적 생명을 지니고 있다. 당산나무는 인간이 사는 땅과 신이 사는 하늘을 이어 주는 우주 나무이기도 하다.

장승은 돌로 만든 것과 나무로 만든 것이 있다. 돌로 만든 장승 가운데 유명한 것이 조선 시대에 만들어진 경상남도 통영의 돌장승, 벅수이다. 민간 신앙의 산물인 장승은 대개 제작 연도를 알 수 없지만, 벅수는 뒷부분에 1906년(광무 10)에 제작되었다는 사실이 적혀 있다. 앞부분에는 '토지대장군'이라는 글씨를 음각했다.

나무로 만든 장승의 대표적 사례 가운데 하나가 경기도 광주시 엄미리에서 오래전부터 모셔 온 장승이다. 엄미리는 남한산성으로 가는 길목에 자리 잡은 곳으로, 병자호란 직후 전염병이 돌자 입구에 장승을 세우고 병의 극복과 마을의 안녕을 빌어 왔다(14쪽 참조).

솟대로 유명한 마을 중 하나는 전라북도 정읍시 산외면 목욕리 내목마을이다. 이 마을은 500여 년 전부터 매년 음력 2월 초하루에 솟대를 세우는 민속 행사를 열어 왔다. 솟대는 본래 용트림을 형상화하기 위해 밑동이 굵고 구부러진 소나무로 만들었지만, 최근에는 가늘고 긴 나무를 사용한다. 솟대 끝에 세운 오리는 물기운이 강해 화재를 방지할 수 있다는 비보 풍수에서 비롯되었다. 일부 지방에서는 까마귀, 기러기, 갈매기, 따오기 등의 모습을 하고 있다. 이들 솟대는 마을 입구에 홀로 세워지기도 하지만 대부분은 장승, 선돌, 탑(돌무더기), 신목 등과 함께하고 있다.

통영 벅수 이순신의 공을 기리기 위해 세워진 세병관(국보) 부근에 화강암을 다듬어 세웠다. 몸통에 비해 머리가 크고, 툭 튀어나온 눈과 양옆으로 삐친 송곳니가 강인한 인상을 준다. 마을의 재앙을 막고 평안을 기원하고자 노인들이 계를 들어 세웠다고 한다. 중요 민속문화재. 경상남도 통영시 문화동.

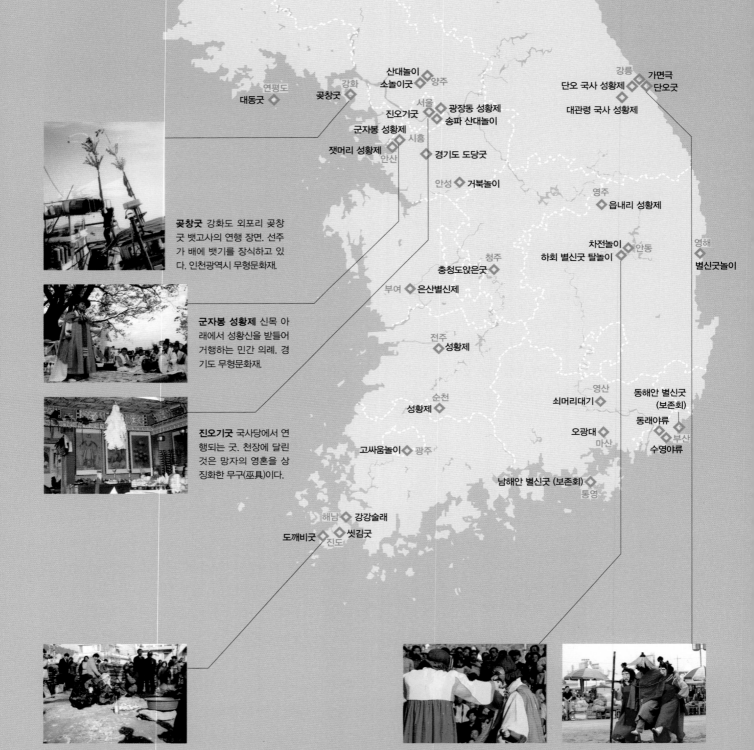

전국의 대표적 제의

산대놀이
소놀이굿　양주
연평도　　강화　　　　서울
대동굿　곶창굿　진오기굿　광장동 성황제
　　　　　　　　군자봉 성황제　송파 산대놀이
　　　　　　　잿머리 성황제　시흥
　　　　　　　　　안산　경기도 도당굿

강릉　가면극
단오 국사 성황제　단오굿
대관령 국사 성황제

안성　거북놀이

영주
읍내리 성황제

차전놀이　영해
하회 별신굿 탈놀이　안동
별신굿놀이

청주
충청도앉은굿
부여　은산별신제

전주
성황제

순천
성황제

영산
쇠머리대기
동해안 별신굿
(보존회)
오광대　동래야류
마산　부산
수영야류

고싸움놀이　광주

남해안 별신굿 (보존회)
통영

해남　강강술래
도깨비굿　씻김굿
진도

곶창굿 강화도 외포리 곶창굿 뱃고사의 연행 장면. 선주가 배에 뱃기를 장식하고 있다. 인천광역시 무형문화재.

군자봉 성황제 신목 아래에서 성황신을 받들어 거행하는 민간 의례. 경기도 무형문화재.

진오기굿 국사당에서 연행되는 굿. 천장에 달린 것은 망자의 영혼을 상징화한 무구(巫具)이다.

진도 도깨비굿 병을 퍼뜨리는 도깨비를 쫓아내기 위한 굿. 기혼 여성만 참여해 밤에 행한다.

하회 별신굿 탈놀이 안동 하회마을에 전승되는 탈놀이 중 '부네와 파계승'. 정초에 서낭제를 지내면서 거행했다.

강릉 단오제 매년 음력 5월 5일에 향토신에게 바치는 제전. 사진은 단오제 중의 송파산대놀이. 국가 무형문화재.

방방곡곡의 제의들

제의의 순우리말은 굿이다(임재해,『마을 공동체 문화로서의 민속놀이의 전승과 기원』,『한국민속학』, 제48집 참조). 굿은 무당이 주재하는 것을 기본으로 하지만, 마을 제의 때 울리는 풍물을 굿의 범주에 포함하기도 한다.

굿은 개인굿과 마을굿으로 나눌 수 있다. 개인굿에는 사람의 명과 복을 비는 재수굿, 병을 치료하려는 치병굿, 죽은 이를 저승으로 인도하는 천도굿 등이 있다.

그 가운데 한국의 대표적인 굿은 천도굿이다. 지역에 따라 서울에서는 진오기굿, 동해안에서는 오구굿, 전라남북도에서는 씻김굿으로 불린다. 진오기굿에서 서사무가의 주인공으로 등장해 망자를 저승으로 인도하는 신이 무당의 조상으로 불리는 바리공주이다.

마을의 평안과 풍년을 기원하는 마을굿은 노래하고 춤추며 신을 기쁘게 하는 가무오신(歌舞娛神)을 기본 특성으로 한다. 따라서 마을굿은 놀이를 수반하고 축제처럼 펼쳐진다. 한국의 대표적인 제의로 유네스코 인류무형유산 대표 목록으로 등재된 강릉 단오제가 있다. 여기서는 무당이 주재하는 단오굿과 함께 유교적 제의도 거행되고 전통 음악, 민요 오독떼기, 관노 가면극, 시낭송 등이 공연된다. 제의 기간에 난장(亂場)도 열린다. 인간과 신이 한데 엉켜 노래하고 춤추는 종합 축제가 봄날 강릉 일대를 수놓는다.

강릉을 나서 동해안을 따라 내려가 보자. 바닷가 마을마다 별신굿이라는 이름으로 마을의 안녕과 풍어를 비는 마을굿이 곳곳에서 거행되는 것을 볼 수 있다. 별신굿은 무당이 주재하는 큰 규모의 마을굿으로, 마을마다 여는 시기가 각각 다르다. 별신(別神)의 뜻에 대해서는 신을 특별히 모신다는 설, 배의 신을 가리킨다는 설, 벌(들판)의 신을 가리킨다는 설 등이 있다.

별신굿이 가장 성행하는 곳은 동해안이지만, 다른 지역에서도 찾아볼 수 있다. 충청남도 부여의 은산 별신제는 오랜 전통을 가진 마을 축제로 유명하다. 이 축제에서 모시는 별신은 백제가 신라에 멸망한 뒤 백제 부흥군을 이끌던 복신과 도침이다.

경상북도 안동 하회마을에서 거행되던 별신굿은 안타깝게도 일제 강점기인 1920년대에 중단되고 맥이 끊겼다. 그러나 다행히도 '하회탈'로 알려진 가면은 지금까지 전해져 하회 별신굿 탈놀이가 연행되고 있다. 음력 정월 초하루 경상남도 통영과 거제 일원에서 펼쳐지는 별신굿은 남해안별신굿으로 불린다.

서해안에서는 바다의 안전과 풍어를 기원하는 배연신굿을 만날 수 있다. '배연신'은 배를 내린다는 뜻으로, 오늘날의 진수식에 해당하는 말이다. 음력 정월과 2월 사이에 선주들이 비용을 대고 가까운 바다에 새로 지은 배를 띄운 뒤 배 안에서 행하는 굿이다. 황해도의 서해안에서는 임경업 장군을 모시는 대동굿이 널리 행해졌다. 분단 이후에도 월남민을 중심으로 연평도 등의 서해안 마을에서 대동굿이 펼쳐지는 모습을 볼 수 있다. 한편, 전라남도 진도에서 음력 2월 초하루에 열리는 도깨비굿은 밤중에 기혼 여성만 참여하는 특별한 마을굿이다.

서울·경기 일원에서 널리 지내는 마을굿으로는 도당굿이 있다. 도당은 마을의 으뜸신을 모신 당을 말하고, 그 신에게 마을의 안녕을 비는 제의가 도당굿이다.

큰 규모의 굿이 아니더라도 신을 모신 곳에서는 제의가 이루어지기 마련이다. 성황당(서낭당)에서는 성황제(서낭제), 장승과 솟대(짐대) 앞에서는 장승제와 짐대제, 탑 주변에서는 탑제 등 삼천리 방방곡곡 어딘가에서는 오늘도 축제가 벌어지고 있다.

바람, 여자, 돌이 많다고 삼다도로 불리는 제주. 이 섬에 많은 건 그것들만이 아니다. 신도 넘쳐난다. '일만 팔천 신들의 고향'으로 불릴 만큼 제주는 신화로 가득하다. 줄여서 '당'이라고 하는 신당, 즉 신을 모시는 장소가 섬 곳곳에 자리 잡고 있다. '절 오백, 당 오백'이라고 할 만큼 당과 절이 많다는 얘기는 과장이 아니다. 신당에는 당집 형태로 된 것도 있지만 나무 한 그루나 바위 하나가 신당 역할을 하는 곳도 있다.

신당은 본향당, 일뤠당, 여드렛당, 해신당(돈지당), 산신당 등으로 구분된다. 본향당은 마을 수호신을 모신 곳인데, 그 마을의 으뜸가는 당으로 여겨진다. 일뤠당은 아이를 양육하고 병을 치료하는 계통의 신. 여드렛당은 칠성으로 불리는 사신(蛇神, 뱀) 계통과 연관되어 있다. 일뤠당과 여드렛당이 본향당과 자로 잰 듯이 구분되는 것은 아니다. 일뤠당이나 여드렛당이 본향당 역할을 하는 마을도 적지 않다. 해신당은 제주의 지리적 특성과 직결되어 있다. 관 속에 까는 칠성판을 매일 등에 지고 거친 바다로 나간다고 할 만큼 신산한 삶을 견뎌야 했던 어부와 해녀가 많은 섬에 해신당은 없을 수 없는 신당이다. 산신당은 제주의 대표적 산신인 하로산또(한라산 산신) 등을 모신 신당이다.

잠수굿, 무혼굿, 칠성새남 등 여러 형태의 굿과 본풀이(신의 일대기나 근본에 대한 풀이)가 발달한 것도 제주의 특징 중 하나이다. 제주큰굿은 그러한 다양한 민간 신앙의 종합이자 제주 민속 의례를 대표하는 제의이다. 이것들 이외에도 제도권 종교와는 결이 다른 민간 신앙의 풍경을 섬 곳곳에서 마주할 수 있다. 살아 있는 민간 신앙 박물관, 그것이 제주의 또 다른 얼굴이다.

최영 장군 사당

추자도

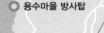
납읍리 포제단

대섬밧 하르방당

대섬밧 하르방당 매년 정월 그믐날 저녁 영등대왕을 영등제단에 모시고 풍년과 만선을 비는 곳. 서쪽 가까운 곳에는 할망당이 있다. 제주시 한림읍 한수리.

남읍리 포제단 이곳에서 거행되는 마을제는 무속식 당굿인 송당 본향당의 마을제와 대비되는 유교식 제의(포제)이다. 제주시 애월읍 남읍리.

용수마을 방사탑

무릉리 방사탑

신평리 본향 일뤠당

창천리 닥밧 일뤠...

인성리 방사탑

대평리 난드르 일뤠당

돌하르방 45기가 제주도에 남아 있다. 육지의 장승과 비슷한 기능을 했을 것으로 추정된다. 제주도 민속문화재. 제주대학교박물관 정문 앞.

무릉리 방사탑 4호 밭 한가운데 돌을 쌓고 네 개의 기둥을 세운 다음 돌하르방처럼 생긴 돌기둥을 올렸다. 제주도 민속문화재. 서귀포시 대정읍 무릉리.

인성리 방사탑 2호 알뱅디라는 넓은 평지에 있던 4기의 방사탑 가운데 남은 2기 중 하나이다. 제주도 민속문화재. 서귀포시 대정읍 인성리.

복신미륵 서자복 옛 제주성 서쪽에 있는 석상. 동쪽(건입동)의 동자복과 짝을 이룬다. 제주도 민속문화재. 제주시 용담1동.

삼성혈 고·양·부 세 성씨의 시조로 탐라국을 세운 삼신인(三神人)이 땅에서 솟아났다고 한다. 사적. 제주시 이도일동.

칠머리당 영등굿 2월에 영등신(바람의 신)을 맞이하는 굿. 제주 영등굿의 뿌리로 통한다. 국가 무형문화재. 제주시 건입동.

제주 해신사 화북 포구를 드나드는 배의 안전을 기원한 사당. 1820년(순조 20)에 세웠다. 제주도 기념물. 제주시 화북일동.

신흥리 방사탑(26쪽 참조)

복신미륵 동자복

복신미륵 서자복

제주 해신사

세화리 갯것할망당

화도동 방사탑

칠머리당

삼성혈

새미하로 산당

와흘 본향당

종달리 돈지할망당

골왓마을 방사탑

월평 다라쿳당

송당 본향당

제주시

돌하르방(제주대박물관)

수산 본향당

산천단

한라산 ▲

와흘 본향당 새해와 2월(영등제), 7월(백중마불림제), 10월(시만곡대제)에 마을의 본향신에게 제사를 지낸다. 제주도 민속문화재. 제주시 조천읍 와흘리.

수산 본향당 새미하로 산당, 와흘 본향당, 월평 다라쿳당, 송당 본향당과 함께 제주도 민속문화재로 지정된 신당. 서귀포시 성산읍 수산리.

서귀포시

토산리 여드렛당

당캐마을 세명주할망당

송당 본향당 제주도 본향신의 원조라고 전해지는 곳. 여성이 주관하는 무속적 성향의 당굿이 벌어진다. 제주도 민속문화재. 제주시 구좌읍 송당리.

산천단 한라산 산신제를 올린 곳. 1470년(성종 1) 목사로 부임한 이약동이 한라산 백록담의 제단을 이곳으로 옮겼다. 주위에 수령 600년이 넘는 곰솔(천연기념물) 여덟 그루가 서 있다. 제주시 아라동.

난드르 일뤠당 일뤠당은 매 이레(7일, 17일, 27일)에 찾아가 병의 치료 등을 비는 신당. '난드르'는 넓은 들이라는 뜻이다. 서귀포시 안덕면 대평리 일대.

세명주할망당 세명주할망은 어부와 해녀를 보호하고 해상 안전을 지켜 주는 여신이다. 초하루 보름에 돼지머리를 올린다. 서귀포시 표선면 표선리 당캐 포구.

토산리 여드렛당 여드렛당은 매 여드레(8일, 18일, 28일)에 찾아가 치성을 드리는 신당을 말한다. 마을의 수호신인 사신(뱀)을 모셨다. 서귀포시 표선면 토산리.

II 불교
─ 세상의 모든 부처

햇볕이 따사로운 5월 어느 날, 여섯 명의 돌부처 가족이 양지바른 곳에서 명상에 잠겨 있다. 전라남도 화순군 도암면 천불산 기슭
에 자리 잡은 운주사를 찾으면 입구 가까운 구층석탑 부근 바위 밑에서 그들을 만날 수 있다. 웅장한 금당 안에 모셔진 부처님의
범접할 수 없는 위엄은 그들에게서 찾아볼 수 없다. 우리 주변에서 흔히 볼 수 있는 장삼이사의 모습이라고 하면 신성 모독일까?

왼쪽 꼬마 부처는 햇볕이 너무 따가운지 그늘 밑을 찾아 들어간 모양이 앙증맞기까지 하다.

운주사

목우암

마애여래좌상　　공사바위
명당탑　　　　　미륵전
　　　산신각
　　　　　　　원형구형탑
실패탑　　대웅전
삼층석탑　　　　　지장전

　　　　　　원형다층석탑
오층석탑
칠층석탑　　　석조불감　　──칠층석탑
시위불
와불　　　　광배를 갖춘 불상
　　칠층석탑　　　　　　칠층석탑
　　　　　　칠층석탑
칠성바위　　　칠층석탑
　　　　　　　　　돌부처 가족
구층석탑　　　　오층석탑

　　　　사천왕

　　　　　　　석불군

운주사는 좌우에 석불과 석탑이 1000개씩 있다는 『신증동국여지승람』의 기록에 따라 '천불천탑'의 절로 불리지만, 지금은 석탑 21기와 석불 93구만 남아 있다. 사진 속의 '돌부처 가족'에서도 느낄 수 있는 것처럼 운주사에 남아 있는 돌부처들에서는 다른 절의 부처들과는 이질적인 면모가 엿보인다. 어떤 면에서는 오히려 그들이 한국의 불교를 더 잘 표현해 주는 것 같다. 우리 모두와 닮은 부처, 우리 모두가 구원받을 수 있고 성불할 수 있다는 희망을 주는 부처들이기 때문이다.

세계의 주요 불교 유적지

날란다 사원 5세기 굽타 왕조 때 인도 비하르주에 건립된 대승 불교 교학 연구의 거점. 부다가야 부근.

키질 석굴 앞의 구마라집 인도 출신 승려로 4세기 무렵 불경을 한문으로 옮기는 데 큰 역할을 했다.

쑤바시 고성 7세기 인도로 가던 당(唐)의 승려 현장이 "불상 장식은 상상을 초월할 정도"라고 감탄했다.

호류지 금당과 대탑 7세기 초 백제의 영향 아래 건립되었다. 일본의 현존 목조 건축물 중 가장 오래되었다.

전진
4세기

고구려
4세기

둔황

윈강

신라
5세기

간다라
기원전 2세기

후한
1세기

뤄양

백제
4세기

왜
6세기

기원전 6세기

부다가야
석가모니 성불

동진
4세기

아잔타

기원전 3세기

5세기

8세기

소림사(샤오린쓰) 6세기 무렵 달마 대사가 선불교를 창시했다는 전설이 있는 곳. 중국 허난성 정저우.

실론

6세기

막고굴(모가오굴) 4~13세기 실크로드의 관문인 중국 간쑤성 둔황에 조성된 1000여 개의 석굴 사원.

수마트라

카니슈카 왕 2세기 무렵 불교와 간다라 미술의 진흥에 기여한 쿠샨 왕조의 제3대 왕.

엘로라 석굴사원 7~11세기에 조성된 사원으로 2킬로미터가 넘는다.

쿠시나가라 열반당과 스투파 기원전 6세기경 석가모니가 열반한 곳.

아소카 왕 기원전 3세기 인도 최초의 통일 대제국을 건설하고 불교 전파에 큰 역할을 해 '전륜성왕'으로 일컬어졌다.

→ 북방 불교
⇢ 남방 불교

1

불교의 발자취

불교, 기독교, 이슬람교를 흔히 3대 세계 종교로 꼽는다. 세 종교는 단지 신도가 많을 뿐 아니라 세계 곳곳에서 수용될 만큼 보편적인 교리를 가지고 있었고, 인류 문명의 발전에 큰 기여를 했다. 세 종교 가운데 가장 먼저 출현한 것은 부처의 가르침을 따르는 불교였다. 오늘날의 네팔 산록에서 히말라야의 정기를 품고 태어난 이 고대 종교는 지상과 해상의 실크로드를 타고 퍼져 나가 수많은 민족의 문화와 융합하고 고대 세계의 문명에 풍부한 정신적 토양을 제공했다.

불교는 흔히 '대승 불교'라 불리는 북방 불교와 '소승 불교'라 불리는 남방 불교로 나뉘어 아시아 대륙 곳곳에서 지도적인 종교이자 사상으로 자리 잡았다. 고대와 중세의 아시아에서 어떤 나라가 불교를 수용하고 불교문화를 꽃피웠다는 것은 곧 그 나라가 당대의 세계 표준에 도달했다는 의미였다. 고구려, 백제, 신라 등과 고려가 그런 문화 선진국의 일원이었음은 물론이다.

1 세계의 불교

불교는 유례를 찾기 어려운 변화와 평등의 종교였다. 이 세계가 고정불변한 것이 아니라 끊임없이 변화하는 것이며, 현실을 직시하려고 노력하면 누구나 구원에 이를 수 있다고 가르쳤다. 변화를 갈망하던 인도의 상인 계급과 신흥 국가는 석가모니의 등장에 열광했다. 석가가 열반에 들자 중부 인도의 여덟 부족이 그의 사리를 나눠 탑에 모셨고, 불교 교단은 일제히 포교에 나섰다.

석가모니 사후 100여 년이 지나자 불교 교단의 분화가 시작되었다. 교단 상층부의 장로를 중심으로 하는 상좌부와 대중 수행자를 중심으로 하는 대중부의 분리로 시작해 20여 부파로 갈라졌다. 분화는 교세의 확장을 수반했다. 기원전 3세기 인도를 통일한 마우리아 왕조의 아소카 왕 때는 네팔과 인도를 벗어나 헬레니즘 문화권까지 전파되었다. 아소카의 왕자 마힌다는 스리랑카에 상좌부 불교를 전파했다. 이것이 타이, 캄보디아 등을 아우르는 남방 불교의 시작이었다.

기원전 2세기 무렵 새로운 불교 운동이 일어났다. 구원의 길로 가는 수레에 승려만 타지 말고 대중도 함께 타고 가자는 운동이었다. 이 운동의 주창자들은 큰 수레 불교, 즉 대승 불교를 주장하면서 기존의 상좌부 불교를 소승 불교로 폄하했다.

대승 불교는 마우리아 왕조 멸망 후 북인도에 침입한 북방 여러 민족에게 수용되고 실크로드를 따라 동쪽으로 전파되었다. 서기 1세기, 인도와 중앙아시아를 차지한 쿠샨 왕조의 카니슈카 왕에 이르러 불교는 중국에 발을 내딛게 된다. 이후 대승 불교는 한국과 일본에도 전파되어 남방 불교와 대비되는 북방 불교의 권역을 형성했다.

대승 불교의 교리가 복잡해지고 초기의 신선함을 잃어 가자 밀교라는 새로운 형태의 불교 교단이 등장했다. 주술적 의례를 통해 신비주의적 교의를 가르치는 불교였다. 7세기 초 정립된 밀교는 인도 불교의 주류로 자리 잡고 티베트에 전파되었다. 티베트에서는 본교라는 고유 종교, 기존의 대승 불교, 밀교가 충돌하고 뒤섞이면서 독특한 불교 교단이 나타나게 되었다.

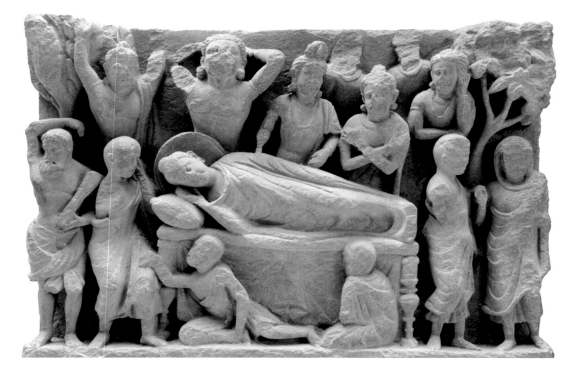

석가의 열반 제자들이 슬퍼하는 가운데 열반하는 석가모니상. '석가모니'는 샤카족의 성자라는 뜻이다. 그는 기원전 6세기 무렵 지금의 네팔에 있던 샤카국의 왕자로 태어났다. 인생이 생로병사의 고통으로 이루어졌음을 깨달은 석가모니는 29세에 출가해 35세 때 부다가야의 보리수 밑에서 깨달음을 얻었다. 이후 오랜 세월 설법을 통해 가르침을 전하던 석가모니는 80세에 이르러 심한 식중독을 앓고 위독한 상태에 빠졌다. 그는 마지막 목욕을 하고 사라수(沙羅樹) 숲속으로 들어가 누운 뒤 제자들에게 최후의 설법을 펼쳤다. 2~3세기 인도의 부조. 가로 35센티미터, 세로 23.8센티미터.

남방 불교의 승려 남방 불교는 '테라와다 불교'라고도 불린다. 테라와다는 팔리어로 장로(상좌)들의 가르침이라는 뜻이다. 북방 불교와 달리 승려의 육식을 금하지 않는 것도 남방 불교의 특징 중 하나이다.

남방 불교의 세계

석가모니 시대에는 문자로 기록된 경전이 없었다. 제자들이 석가모니의 가르침을 암송하다가 경전으로 기록했다. 그런 경전들은 석가모니가 활동하던 인도 서부 지역의 일상 언어인 팔리어로 기록되었다. 후대에 불교가 상류층으로 확대되면서 상류 계층의 언어인 산스크리트어(범어)로 기록된 경전들도 나타났다. 그러나 남방 불교에서는 철저히 팔리어 경전에 의거하는 신앙생활을 한다.

석가모니의 가르침을 절대적으로 받드는 남방 불교에서 완전한 깨달음에 이른 자인 부처는 오직 한 분, 석가모니뿐이다. 부처가 될 자를 뜻하는 보살은 남방 불교에서 석가모니 부처의 전생을 가리키는 말이었다. 산스크리트어 보디사트바(구도자)를 한자로 표기한 보리살타(菩提薩埵)의 준말이다.

보살이란 말은 기원전 2세기 무렵 석가모니의 전생 때 행적을 서술한 『본생담』에 처음 나온다. '본생보살'이라고 하는 석가모니의 전생은 사제, 사자, 코끼리, 새 등 갖가지 모습으로 펼쳐진다. 물론 그들은 훗날 단 한 사람, 즉 석가모니로 환생하게 된다.

부처도 석가모니 한 분, 보살도 석가모니의 전생일 뿐이면 다른 구도자가 이를 수 있는 최고의 경지는 무엇일까? 남방 불교에서는 그런 경지를 가리켜 아라한(阿羅漢), 줄여서 나한이라 한다. 아라핫트라는 팔리어를 한자로 표기한 말이다. 남방 불교에서는 명상을 거듭해 지혜를 얻는 것을 성문(聲聞)이라 하는데, 그러한 성문 가운데 최고 경지를 일컫는 말이 곧 나한이다.

나한도 본래는 부처를 가리키는 말로 쓰였다. 그러나 시간이 흐르면서 불법을 따르는 제자들이 이를 수 있는 최고의 지위를 일컫게 되었다. 나한은 공양을 받을 만큼 존경스러운 사람이라는 뜻에서 응공(應供)이라고도 하고, 수행의 적인 모든 번뇌를 없앴다는 뜻에서 살적(殺敵)이라고도 한다.

남방 불교의 사원 타이 수도 방콕의 왕궁 부근에 있는 불교 사원 왓 프라깨우. 왕궁 정문으로 들어서면 왼쪽에 가장 먼저 보이는 사원이다. 1991년에 만들어진 비취색 불상을 특정해 '에메랄드 부처 사원'으로도 불린다.

북방 불교의 세계

북방 불교는 석가모니가 열반하고 오랜 시간이 지나 출현한 대승 경전들에 기초한다. 대승 경전들은 석가모니가 생전에 설법한 내용이 아니라 여러 부처가 진리를 가르치는 내용으로 되어 있다. 대승 불교에서는 석가모니만이 유일한 부처가 아니기 때문이다. 기록된 언어는 당시 상류 지식층이 사용하던 산스크리트어였다.

대승 경전 가운데 『화엄경』은 진리를 의인화한 비로자나불, 『아미타경』은 서방 극락정토에 있는 아미타불의 가르침을 싣고 있다. 『아미타경』의 가르침을 따르는 정토종은 중생이 아미타불을 믿고 "나무아미타불(아미타불에 귀의합니다)"을 외기만 해도 정토에 갈 수 있다고 주장한다.

북방 불교의 하나인 티베트 불교에는 석가여래, 대일여래, 아촉여래, 아미타여래, 불공성취여래라는 다섯 부처가 있다. 대일여래는 비로자나불과 같은 존재로 세계의 중심에 자리 잡은 부처의 땅을 다스린다. 그는 티베트 불교의 경전인 『티베트 사자의 서』에서 무지와 망상을 없애는 궁극적인 지혜의 상징으로 등장한다.

북방 불교에서 보살은 대중을 교화하기 위해 부처가 되는 것을 미루거나 포기한 자를 가리킨다. 부처가 많은 만큼 보살도 많다. 보살은 그 희생정신으로 말미암아 대승 불교의 이상인 '이타행(이타적 실천)'의 본보기로 숭상된다.

보살 가운데 으뜸은 아미타불의 협시 보살인 관세음(관음)보살이다. 세상의 소리를 듣는다는 이름의 뜻처럼 세상의 중생을 보호하고 구원하는 보살이다. 열한 개의 얼굴을 가진 십일면관음, 천 개의 손을 가진 천수관음은 그러한 관음보살의 대자대비한 권능을 표현하고 있다. 티베트 불교에서는 관음의 눈동자(타라)에서 태어난 타라보살이 아름다운 여인의 모습으로 표현된다. 타라보살은 모든 재난에서 중생을 구하는 능력을 지닌 티베트 불교의 대표적인 구원자이다.

북방 불교에서는 관음보살 외에도 문수보살, 보현보살, 지장보살 등 많은 보살이 인간이나 초자연적 존재의 모습으로 나타나 중생을 교화하고 있다. 보살의 진화가 도달한 하나의 경지는 미래불인 미륵보살이다. 그는 석가모니가 열반에 든 뒤 56억 7000만 년이 지나면 사바세계에 나타날 부처로, 도솔천에 머물고 있다. 『아함경』에 따르면 미륵은 미래에 세 차례의 법회를 열어 각각 52억 년, 54억 년, 56억 년 동안 세상을 다스리게 되어 있다. 이를 '용화삼회(龍華三會)'라 한다.

수많은 부처와 보살로 가득 찬 북방 불교의 세계에서 나한은 상대적으로 초라해 보인다. 그러나 그들 역시 높은 깨달음에 이른 자들로 숭배의 대상이 되고 있다. 석가모니의 십대 제자를 비롯한 16나한, 500나한 등이 불교 사찰의 영산전, 응진전, 나한전 등에 모셔져 있다.

타라보살 18세기 동 티베트에서 그려진 탕카. 탕카는 비단 따위의 직물에 불교의 여러 장면을 담은 그림이다. 가운데 녹색 타라보살이 있고 그 주위에 푸른색, 붉은색, 흰색, 노란색의 타라보살이 배치되어 있다. 타라보살은 티베트 불교뿐 아니라 동남아시아의 상좌부 불교에서도 널리 숭배된다.

북방 불교의 석굴 사원 중국 간쑤성 톈수이현에 있는 맥적산(마이지산) 석굴. 중국 불교가 본격적으로 발전하기 시작한 남북조 시대의 북위(北魏)부터 명(明) 대까지 조성된 석불, 부조, 벽화 등이 안치되어 있다. 둔황의 모가오굴, 다퉁의 윈강 석굴, 뤄양의 룽먼 석굴과 함께 중국 4대 석굴로 꼽힌다.

현장의 길

인도에서 태어난 불교가 중국에 정착하는 과정에서 가장 크게 공헌한 사람 중 한 명이 소설 『서유기』의 삼장법사로 유명한 현장이다. 소설에서 삼장법사의 제자 손오공은 활활 타오르는 화염산을 넘어 서역으로 가기 위해 목숨을 걸고 나찰녀에게서 파초선을 빼앗아 화염산의 불을 끈다. 이 장면은 험한 산과 사막을 넘어 구법 여행을 완수한 현장의 용기와 지혜에 대한 소설적 표현이라고 할 수 있다.

현장은 629년 장안(산시성 시안)을 출발해 육로를 따라 인도로 갔다가 645년 다시 육로로 돌아왔다. 그가 떠날 때만 해도 당은 돌궐과 실크로드를 놓고 치열한 대결을 벌이고 있었다. 개인이 허락 없이 국경을 넘는 것은 금지 사항이었으나, 현장은 국법을 어기고 출국을 결행했다. 그는 인도로 가는 길에 지금의 투르판에 있던 고창국 왕 국문태의 극진한 환대를 받으며 설법을 베풀기도 했다. 국문태는 현장을 붙잡고 싶었으나 그의 결의를 이해하고 무사히 인도까지 갈 수 있도록 지원을 아끼지 않았다. 인도에 도착한 현장은 날란다 사원에서 불경의 수집과 연구에 전념하고, 나중에는 인도에서 불법을 강론하는 수준에 이르렀다.

귀국길에 오른 현장은 국문태를 만나 보려 했으나, 고창국이 당에 의해 이미 멸망하고 국문태도 죽었다는 소식에 둔황을 거쳐 귀국했다. 그때 현장은 이미 유명 인사였다. 고구려 원정을 준비하며 낙양(허난성 뤄양)에 머물고 있던 태종은 현장을 불렀다. 태종은 서역 경략에 도움이 될 책의 편찬을 명하고, 현장은 그 명령에 따라 646년 『대당서역기(大唐西域記)』를 지어 바쳤다. 서역에서 보고 들은 모든 것을 망라해 정리한 책이었다.

648년 태자 이치(훗날의 고종)가 어머니 문덕 황후를 추념하기 위해 장안에 대자은사를 세우자 현장은 그 절의 주지가 되었다. 태종과 고종은 현장에게 환속해 자신들을 도우라고 요청했으나, 현장은 인도에서 가져온 불경을 연구하고 번역하는 일을 포기할 수 없었다. 그는 불경을 번역해 황제들에게 바치면서 그들을 설득했다. 대자은사 경내에 지은 대안탑은 그러한 설득의 결과물이었다. 현장은 서역에서 가져온 불경을 이 탑에 보존하고 연구에 정진했다. 4세기에 약 300권의 불경을 한문으로 번역했던 구마라집의 노력을 계승한 현장에 힘입어 불교는 중국에서 확고하게 뿌리내리고 동아시아로 전파될 수 있었다.

현장과 대안탑 652년 처음 지을 때 대안탑은 석가모니가 깨달음을 얻었다는 부다가야의 마하보디 대탑과 모양, 규모에서 똑같이 지어졌다. 이후 개축을 거쳐 지금의 7층 전탑 모습을 갖추게 되었다.

화염산(훠옌산) 중국 신장위구르자치구 투루판 교외에 있는 동서 길이 100킬로미터에 이르는 산. 평균 높이가 해발 500미터에 이르는 민둥산으로, 한여름 태양이 내리쬐면 적갈색 산이 달아올라 불길이 하늘을 찌르는 듯해 지금의 이름을 얻었다.

한국의 주요 불교 유적지

개국사 석등 불교를 중시한 고려 태조가 921년 개성에서 창건한 사찰. 북한 보물급 문화재 제32호.

도피안사 철조비로자나불상 865년(경문왕 5) 신앙 결사가 봉안했다. 국보. 강원도 철원.

부석사 무량수전 소조여래좌상 고려 시대 불상. 아미타불로 추정된다. 국보.

용장사지 마애여래좌상 8세기 후반에 조성된 작품으로 추정된다. 보물. 경주 남산.

봉암사 지증대사탑비 희양산문의 개창자인 도헌 국사(지증 대사)의 탑비. 국보. 경상북도 문경.

성주사지 동 삼층석탑 성주사는 847년(신라 문성왕 9) 낭혜 화상이 세운 절. 보물. 충청남도 보령.

금산사 당간지주 금산사는 600년(백제 무왕 원년)에 세운 절. 당간지주는 8세기 통일 신라 때의 작품이다. 보물. 전라북도 김제.

백련사 사적비 839년(신라 문성왕 1) 창건된 백련사는 수선사(송광사)와 쌍벽을 이룬 백련결사의 본산이었다. 보물. 전라남도 강진.

송광사 승보전 통일 신라 말기에 창건된 송광사는 한국의 삼보 사찰 가운데 승보 사찰로 꼽힌다. 사적. 전라남도 순천.

지도 표기:
철원 / 도피안사
광조사지 수미산문 / 해주
국청사지 천태종 / 개국사 / 개성
굴산사지 사굴산문 / 강릉
영월 / 법흥사 사자산문
영주 / 부석사 화엄종
문경 / 봉암사 희양산문
보령 / 성주사지 성주산문
법주사 / 보은 법상종
금산사 법상종 / 김제
합천 / 해인사 화엄종
경주 / 용장사지 법상종
실상사 실상산문 / 지리산
범어사 화엄종
화엄사 화엄종 / 영월
태안사 동리산문 / 창원 / 봉림사지 봉림산문 / 부산
장흥 / 송광사 / 순천정혜결사
보림사 가지산문
백련사 백련결사 / 강진

○ 선종 구산

2 한국의 불교

불교는 외래 종교이지만 한국인에게는 전통문화로, 정체성의 일부로 인식된다. 워낙 오랜 옛날에 들어와 토착화 과정을 거치면서 한국의 역사와 문화에 깊은 자취를 남겼기 때문이다.

기록상 한국사에서 처음 불교를 수용한 것은 고구려 때인 372년(소수림왕 2)의 일이었다. 백제는 384년(침류왕 1), 신라는 5세기에 불교가 전래한 것으로 알려져 있다. 고구려와 백제는 비교적 순조롭게 중국의 북조와 남조로부터 불교를 받아들였다. 그와 달리 고구려에서 불교를 받아들인 신라는 토착 민간 신앙의 강한 저항을 겪은 뒤 6세기 들어서야 불교를 공인하게 되었다.

당시 중국은 남북조 시대를 맞아 수준 높은 사상 체계를 갖춘 불교를 꽃피우고 있었다. 고구려와 백제는 그렇게 수준 높은 종교를 자기 것으로 만들 준비가 되어 있었고, 신라는 토착 신앙과 격렬한 갈등을 겪으면서 새로운 종교에 적응해 갔다. 먼저 들어온 유교와 더불어 불교는 국가의 정치적, 사상적 통일을 이루고 왕권을 강화하는 데 큰 역할을 했다. 신라는 삼국 가운데 가장 늦게 불교를 공인했으나, 일단 공인한 뒤에는 독실한 불교 국가가 되었을 뿐 아니라 불교에 힘입어 삼국 통일을 이룩하기에 이르렀다.

한국의 고대 불교는 통일 신라에서 활짝 꽃피었다. 그 시기에 활약한 원효와 의상은 독자적인 불교 사상을 발전시켜 한국 불교의 근간을 형성했다. 원효는 대중 속으로 파고 들어가 불교를 보급하는 데 기여하고, 의상은 당에 유학하고 돌아온 뒤 화엄 교학을 발전시켜 사회를 통합하는 데 이바지했다.

통일 신라 불교는 경전 해석에 주력하는 교학 불교 중심으로 발전하다가 중국에서 선불교가 들어오면서 새로운 국면을 맞이한다. 선종과 교종이 경쟁을 벌이는 가운데 조화를 모색하는 단계로 접어든 것이다.

후삼국을 통일한 고려 태조 왕건은 후손들에게 유훈으로 남긴 『훈요십조』 첫 번째 항목에서 이렇게 말했다. "국가의 대업은 여러 부처의 호위를 받아야 하므로 선교 양종의 사원을 창건했다." 고려가 불교를 극진히 숭상하는 나라였다는 것을 알 수 있다. 그렇다고 해서 불교를 국교로 절대시하고 다른 종교와 사상을 탄압하지는 않았다. 불교를 숭상하되 유교를 비롯한 다른 사상에 대해서도 열려 있는 다원적 문화가 고려 사회의 특징으로 거론되곤 한다.

삼국 시대 이래 주류 종교의 자리를 놓치지 않았던 불교가 처음으로 위기를 맞이한 것은 조선 시대였다. 조선은 성리학을 지도 이념으로 삼고 불교를 억제했다. 경주 남산에서 볼 수 있는 목 잘린 부처는 때에 따라 불교를 적대시하기까지 했던 시대의 한 단면을 보여 준다.

그러나 천 년 동안 한국 사회에 뿌리내려 온 불교는 숭유억불의 시대에도 왕실의 내밀한 공간에서, 심산유곡의 산사에서 끊임없이 한국인과 함께 호흡했다. 임진왜란 당시 휴정(서산 대사), 유정(사명 대사) 등 의승군의 활약이 말해 주듯 불교는 한국 사회와 운명 공동체의 관계를 형성해 오늘에 이르고 있다.

개태사 철확 936년 왕건이 후삼국을 통일하고 개태사를 창건했을 때 만들었다고 전해지는 대형 철제 솥. 왕건은 후삼국 시기에 서로 갈등하던 지방 세력을 하나의 국가로 묶기 위해 불교의 포용력을 활용했다. 지름 3미터, 높이 1미터. 충청남도 민속문화재. 충청남도 논산시 연산면 계백로 2614-11.

삼국 시대의 불교

불교가 들어오기 전 삼국은 나라마다, 계층마다 서로 다른 신앙이 있었다. 왕은 왕대로, 귀족은 귀족대로 각자의 조상과 산천의 신들을 숭배하고 있었다. 세상 만물을 억겁의 인연으로 엮는 강력한 세계관을 가진 불교가 들어오자 상황은 달라졌다. 왕과 귀족이 똑같은 신앙 체계를 받아들이고, 그 신앙의 중심에 전륜성왕을 지향하는 왕이 우뚝 서게 되었다.

'전륜성왕'이란 본래 바른 법으로 온 세계를 통솔한다고 하는 인도 신화의 왕이었다. 불교에서는 불법을 널리 펼치는 이상적인 군주를 가리킨다. 고구려의 광개토대왕, 백제의 성왕, 신라의 진흥왕 등 삼국의 군주들은 전륜성왕을 자처하기도 하고 전륜성왕으로 받들어지기도 하면서 불교를 왕권 강화의 디딤돌로 적극 활용했다.

고구려와 백제에서는 토착 신앙이 불교에 대해 저항을 벌인 특별한 기록을 찾아보기 어렵다. 그만큼 중앙 집권적 정치 체제가 정비되어 가는 상태에서 불교가 들어와 그러한 정치 체제의 확립을 더욱 촉진했다는 뜻일 것이다. 고구려에는

372년 북조의 전진(前秦)에서 승려 순도가 불상과 불경을 들고 들어왔다. 2년 후에는 승려 아도가 들어와 고구려 최초의 절 가운데 하나인 이불란사에 자리를 잡았다. 이불란사는 당시 고구려의 왕도였던 국내성(중국 지린성 지안시) 부근에 있었을 것으로 짐작되고 있다. 392년(광개토왕 2) 평양에 아홉 개의 절을 지은 것은 다음 세기에 고구려가 평양으로 천도하는 전조가 되었다.

백제에 불교를 전도한 것은 남조의 동진(東晉)에서 들어온 인도 승려 마라난타였다. 침류왕(재위 384~385)은 예로써 그를 맞고 왕도 한성에 절을 지어 10명의 승려를 출가시켰다. 백제는 열반학, 법화 사상 등 다양한 교학을 수용하고 발전시켰다. 백제는 또 일본에 혜총 같은 승려와 불상, 경전 등을 보내 일본 불교의 발전을 도왔다.

고구려와 백제에서는 미륵 신앙이 크게 성행했다. 미륵보살이 도솔천에서 도를 닦다가 장차 부처가 되어 온 세상을 구원한다는 것이 미륵 신앙의 핵심 내용이다. 이 같은 미륵 신앙에는 상생 신앙과 하생 신앙이 있다. 상생 신앙은 미륵이 있는 도솔천에서 태어나기를 바라는 신앙이다. 하생 신앙은 자신이 있는 자리에서 미륵을 기다리는 마음이니, 곧 미륵이 나타나 중생을 구원할 때 그 자리에 참여하기를 바라는 신앙이었다. 고구려 불교에는 상생 신앙, 백제 불교에는 하생 신앙의 요소가 강하게 나타났다고 한다.

고구려의 불상 예배도 중국 지린성 지안시 고구려 국내성 유적지의 장천1호분에 그려진 벽화. 간다라 양식으로 수염을 기른 불상이 선정인의 수인(手印)을 하고 높은 대좌 위에 앉아 있다. 그 주위로는 연화 대좌 위의 보살상과 날아다니는 비천상이 보인다. 무덤 주인으로 보이는 귀족 부부가 불상 앞에서 절을 하고 있다. 5세기 후반에 그린 것으로 추정된다.

미륵사지 석탑 무왕(재위 600~641)이 천도하려 했던 익산의 미륵사는 백제의 미륵 신앙을 잘 보여 주는 거대 사찰이었다. 미륵사 금당 앞에는 가운데 목탑을 두고 그 동과 서에 석탑을 두었다. 사진은 서쪽의 석탑으로, 현존하는 국내 최대 석탑이자 가장 오래된 백제 석탑이다. 국보. 전라북도 익산시 금마면 기양리 32-7.

황룡사지 구층목탑지 구층목탑은 선덕여왕 때 자장의 요청으로 세워졌다. 탑의 각 층은 신라 주변 아홉 나라를 가리킨다. 신라는 이 탑을 세움으로써 그 나라들의 침략을 막을 수 있기를 기원했다. 1238년 (고려 고종 25) 몽골군의 침입 때 구층목탑은 물론 황룡사 전체가 불타 사라졌다. 사적. 경상북도 경주시 구황동 320-1.

527년(법흥왕 14) 서라벌은 벌집 쑤셔 놓은 듯했다. 불교 신자 이차돈이 민간 신앙의 제사 터인 천경림의 나무를 모조리 베어 내고 흥륜사를 세우려 했기 때문이다. 불교에 반대하는 귀족들이 들고일어나 이차돈의 엄벌을 요구하자 법흥왕은 마지못해 이차돈을 공개 처형했다. 이차돈의 목을 치자 우윳빛 피가 솟구치고 하늘에서는 꽃비가 내렸다. 귀족들이 이 기적 앞에서 망연자실하는 사이 법흥왕은 그것을 하늘의 계시로 여겨 불교를 공인하고 흥륜사 개창을 명했다.

전설에 따르면 신라에 불교를 처음 전한 것은 고구려 승려 아도라고 한다. 3세기 미추 이사금 때의 일이라 하니 고구려에서도 아직 불교가 공인되지 않은 시기라 믿기 어렵다. 그러나 고구려와 신라 사이에 불교를 매개로 한 교류가 있었음을 짐작하게 해 준다. 6세기 신라 장군 거칠부가 고구려에 정찰하러 갔다가 고구려 승려 혜량의 경전 강의를 듣고 그와 함께 돌아온 일도 있었다. 진흥왕(재위 540~576)은 혜량에게 불교 교단을 총괄하는 역할을 맡겼다.

이차돈 순교의 전설이 깃든 흥륜사 터에서 백제 계통의 기와가 나온 것으로 볼 때 백제도 신라의 초기 불교에 큰 영향을 미친 것 같다. 황룡사 구층목탑을 지을 때 백제의 장인 아비지를 초빙했다는 기록도 있다. 이로 볼 때 신라는 불교 건

흥륜사 터 기록에 따르면 흥륜사는 544년(진흥왕 5) 완공되었다. 진흥왕은 만년에 삭발하고 이 절의 주지가 되었다고 한다. 1980년대에 새로 지은 흥륜사가 들어서 있다. '영묘사'라고 새겨진 기와 조각이 출토되어 이곳은 선덕여왕 때 창건된 영묘사 터로 보고, 경주공업고등학교 자리를 흥륜사 터로 지목하는 견해가 많다. 사적. 경상북도 경주시 사정동.

축을 백제 기술에 의존한 것으로 보인다.

신라는 일단 불교를 공인하자 삼국 가운데 가장 독실한 불교 국가의 모습을 보였다. 법흥왕이라는 시호는 불법을 일으킨 왕을 뜻하고 신라 왕족은 석가모니의 친족 이름을 자신의 이름으로 쓰곤 했다. 진평왕(재위 579~632)은 석가의 부친 정반왕의 다른 이름인 백정을 그대로 쓰고, 왕비를 석가의 어머니인 마야 부인으로 불렀다.『현겁천불명경』에 나오는 부처 이름 덕만은 선덕여왕(재위 632~647)의 이름이었다.

진흥왕이 짓기 시작해 선덕여왕이 완성한 황룡사는 신라와 불교의 깊은 인연을 과시하는 야심작이었다. 황룡사의 장륙석가삼존상과 구층탑은 신라 삼보, 즉 신라가 자랑하는 세 가지 보물로 꼽힌다. 인도의 아육(아소카)왕이 장륙석가삼존상을 보내 주었다는 전설도 있다. 신라 최대의 목조 건물인 황룡사 구층목탑은 신라를 불국토로 만들겠다는 바람을 형상화했다.

통일 전 신라 불교계를 이끈 인물로 자장을 꼽을 수 있다. 자장은 당에서 대승 교학을 익힌 후 대장경을 가지고 돌아와 신라 불교 교학의 근간을 마련했다. 그는 계율을 정립하고 계단을 설립해 승려들이 정식 수계를 받도록 함으로써 신라 불교의 초석을 마련한 인물이었다. '임전무퇴'의 정신을 포함한 세속오계를 제시해 화랑을 통일의 원동력으로 키운 원광도 신라 불교에서 빼놓을 수 없는 존재였다.

화엄종의 길

'화엄(華嚴)'은 대승 불교 초기 경전인『화엄경(대방광불화엄경)』에 나오는 잡화엄식(온갖 꽃으로 장엄하게 장식함)의 준말이다.『화엄경』은 석가모니가 깨달음을 얻은 직후 설법한 내용을 기록한 경전이다. 불법은 끝없이 넓고 커서 모든 중생과 사물을 아우르고 있으니 마치 온갖 꽃으로 장엄하게 장식한 것과 같다는 뜻을 담고 있다. 요컨대 화엄은 온갖 분별과 대립이 극복된 불국토인 연화장세계(蓮華藏世界)를 나타내는 말이다. 삼국으로 분열되어 있던 사회를 통합하려고 하는 통일 신라에 이보다 더 요긴한 가르침은 없었을 것이다.

『화엄경』을 중심 경전으로 삼는 교파를 화엄종이라 한다. 화엄종이 생겨난 내력을 간략하게 살펴보면 다음과 같다. 인도에서 용수(龍樹)가 확립한 중관 사상과 세친(世親)이 확립한 유식 사상은 대승 불교 교학의 양대 산맥이었다. 두 학파는 중국에서 논쟁을 통해 풍부한 이론적 발전을 이루었다. 수(隋)의 승려 지의는 용수의 중관 사상을 계승하면서 논쟁의 성과를 집대성해 중국 최초의 교파라 할 수 있는 천태종을 창건했다. 그러자 당의 승려 현장은 인도에 다녀와 유식 사상에 입각한 법상종을 창건했다. 바로 그 무렵 지엄이『화엄경』에 의거해 새롭게 연 교파가 화엄종이다. 화엄종은 지엄의 제자 법장 때 당 황실의 지원을 받아 크게 발전했다.

신라의 화엄종을 확립한 인물이 의상이었다. 삼국통일전쟁 시기에 중국에 유학한 의상은 지엄의 문하에서 화엄 교학을 배웠다. 그는 귀국한 뒤 676년(문무왕 16) 경상북도 영주에 부석사를 창건하고 법장과는 또 다른 독자적인 화엄 사상을 정립했다. 의상의 제자들이 활동하면서 화엄은 신라 불교의 중추로 자리 잡게 되었다.

신라의 화엄종은 여러 갈래의 강물이 흘러 들어가는 바다와 같았다. 그중에서도 주류가 곧 의상과 제자들이었다. 그 밖에도 법장의 사상을 계승한 계통, 원효와 의상의 사상을 융합한 계통, 원효와 법장의 사상을 융합한 계통 등 다양한 지류가 있었다. 8세기 중엽 일본 승려 신조는 신라에서 화엄종을 배우고 돌아가 일본 화엄종의 스승이 되었다.

화엄종 하면 생각나는 사찰이 지리산 화엄사이다. 통일 신라의 전성기였던 경덕왕(재위 742~765) 때 완성된 절이다. 황룡사의 승려였던 연기는 화엄종의 근본 경전을 두루마리에 담은『백지묵서대방광불화엄경』을 간행했다. 신라 화엄 사상을 알려 주는 유일한 신라 문헌으로 꼽힌다. 9세기 초 창건된 가야산 해인사에서는 의상을 계승하는 보은 결사가 조직되었다. 또 경주의 황복사에서는 화엄종 승려들이 모여 화엄경을 강의하고 법장, 의상 등의 명복을 비는 화엄사회를 결성하기도 했다.

황복사지 삼층석탑 황복사는 의상이 창건한 것으로 알려진 신라 화엄종의 요람 중 하나였다. 삼층석탑은 692년(효소왕 1) 신문왕의 명복을 빌기 위해 건립되었다. 국보. 경상북도 경주시 구황동 100.

화엄사 대웅전(왼쪽)과 사사자삼층석탑 대웅전은 각황전과 함께 화엄사의 주불전이다. 임진왜란 때 불탔으나 1636년(인조 14) 다시 지었다. 비로자나불을 주불(主佛)로 모신다. 보물. 각황전 서남쪽의 사사자삼층석탑은 전체 부재를 화강암으로 조성한 걸작으로 꼽힌다. 국보. 전라남도 구례군 마산면 화엄사로 539.

용장사곡 삼층석탑 용장사가 있던 경주 남산 서쪽 골짜기의 통일 신라 때 석탑. 무너져 있던 것을 1922년에 지금처럼 다시 세웠다. 보물. 경상북도 경주시 내남면 용장리.

법상종의 길

법상종은 당의 승려 현장이 유식 사상을 계승해 창건한 교파였다. 현장의 제자로 유명한 원측은 신라 출신의 고승이었다. 원측과 같은 신라 출신으로 그의 사상을 계승한 태현이 신라 법상종의 토대를 닦았다.

태현은 경주 남산의 용장사에 머물면서 미륵과 아미타불을 함께 주불로 모시고 수행에 정진했다. 그는 불교 교학의 모든 분야를 깊이 연구하고 엄청난 양의 저술을 남겼다. 이 같은 태현의 사상에 기반을 두고 미륵과 아미타불을 함께 따르는 신앙으로 정립된 것이 바로 신라의 법상종이었다.

법상종은 신라에서 화엄종과 쌍벽을 이루는 교파로 자리 잡았다. 그러한 신라 법상종을 대표하는 승려로는 태현 외에 진표가 있었다. 태현이 이론적인 경전 연구에 힘을 기울였다면, 진표는 실천적인 수행에 역점을 두었다. 전설에 따르면 진표는 자신의 몸을 학대하며 참회하는 '망신참'이라는 수행을 하던 중 지장보살과 미륵보살의 현신을 만났다. 그때 미륵보살은 진표에게 『점찰경(占察經)』이라는 경전을 주고 점찰 법회라는 참회 법회를 열라고 했다. 『점찰경』은 점찰법이라는 수행 방법을 가르치는데, 점찰법은 숫자가

새겨진 나무 판자를 던져 나온 숫자의 합을 통해 과거의 잘못을 점치고 그 결과에 따라 참회 수행하는 방법을 가리킨다.

점찰 법회는 삼국 통일 전에도 원광이 주관하곤 했지만, 통일 후에 이를 정착시킨 이가 진표였다. 그 후 진표는 전라북도 김제의 금산사를 중심으로 활동하면서 신라 법상종의 일가를 이루게 된다. 속리산에 미륵 신앙의 전당인 법주사를 세운 것도 진표였다.

법상종에서 주목되는 것은 미래의 부처인 미륵에 대한 신앙이다. 태현은 남산 용장사에 머물 때 높이가 1장 6척(약 5미터)에 이르는 미륵 장륙상을 돌며 예배를 드렸다(77쪽 참조). 경덕왕을 위해 「안민가」를 짓고 화랑인 기파랑을 추모하며 「찬기파랑가」를 지은 승려 충담사도 미륵보살의 숭배자였다. 충담사는 매년 3월 3일과 9월 9일 남산 삼화령에 깃든 미륵에게 차를 공양했다. 경덕왕 때 해가 둘로 나타났을 때는 승려 월명이 미륵보살에게 기원하는 「도솔가」를 지어 해결했다고 한다. 도솔천 용화수 아래에서 미래를 기약하며 수행하고 있는 미륵은 불교에서도 가장 인상적인 신격의 하나로 많은 사랑을 받아 왔다.

금산사 미륵전 『삼국유사』에 따르면 금산사는 599년(백제 법왕 1)에 창건하고 766년(신라 혜공왕 2) 진표가 다시 지었다. 미륵전은 정유재란 때 불탄 것을 1635년(조선 인조 13)에 다시 세웠다. 국보. 전라북도 김제시 금산면 모악15길 1.

선(禪)의 길

대승 불교는 누구나 깨달음을 얻으면 부처가 될 수 있다는 생각에 바탕을 두고 있다. 그러나 중관과 유식으로부터 비롯된 진리 탐구의 길은 시간이 갈수록 복잡해지고 어려워졌다. 평생을 공부해도 깨달음에 이를 수 없다는 체념이 대다수 중생의 뇌리를 휘감았다.

이런 문제를 정면으로 돌파하고 나선 것이 바로 선종이었다. 견성성불(見性成佛), 즉 인간의 본성을 깨치면 누구나 부처가 된다는 말에 선종 교리의 핵심이 있었다. 경전에 적혀 있는 문자는 깨달음을 위한 방편일 뿐 본성을 깨치는 것은 문자의 탐구가 아니라 진지한 참선을 통해 이루어진다고 선종은 주장한다. 선종의 창시자인 달마는 6세기 무렵 남인도의 왕자로 태어나 불교를 공부하고 중국으로 건너갔다. 그는 소림사에서 9년 동안 벽만 바라보며 참선한 끝에 깨우침을 얻고 중국의 승려들에게 이를 가르쳤다고 한다.

중국의 선종은 단계적 깨달음을 주장하는 북종선과 즉각적인 깨달음을 주장하는 남종선으로

나뉜다. 한국 선종의 주류가 된 남종선은 821년(헌덕왕 13) 당에서 귀국한 도의가 도입했다. 선종은 처음에는 교종의 반발에 부딪혔으나, 흥덕왕(재위 826~836) 때 지리산에서 실상산문을 열면서 왕실의 지원을 받게 되었다. '산문'이란 통일 신라 말기에 선종 사찰들이 지방 호족의 후원을 받으며 산속에서 형성한 교파를 말한다. 당시 대표적인 9대 산문을 가리키는 구산선문은 한국 선종의 대명사로 자리 잡게 되었다. 그중에서도 으뜸으로 여겨진 것은 도의를 스승으로 하는 전라남도 장흥의 가지산문이고, 그 근본 도량이 보림사였다. 보림사는 인도, 중국의 보림사와 함께 3대 보림(寶林)으로 일컬어진다.

고려 때 대각 국사 의천이 천태종을 창시하자 구산선문은 그와 구별해 조계종으로 불리기 시작했다. 여기서 '조계'는 중국 남종선의 창시자인 혜능이 보림사를 세운 산의 이름이었다.

천태종의 길

앞서 살펴본 「훈요십조」에는 다음과 같은 말이 있다. "후세의 간신이 정권을 잡고 승려들의 간청에 따라 각기 사원을 경영, 쟁탈하지 못하게 하라." 불교를 국가적으로 숭상하되 각 교파와 승려의 이익에 휘둘리지 말도록 하라는 엄명이었다.

보림사 대적광전 철조비로자나불좌상 통일 신라 말에서 고려 시대에 걸쳐 유행한 철제 불상의 대표작 중 하나. 858년(헌안왕 2) 김수종의 시주로 제작했다는 기록이 남아 있다. 국보. 전라남도 장흥군 유치면 보림사로 224.

성주사지 오층석탑 전체적으로는 통일 신라 탑의 전형을 보여 주는데, 1층 몸돌 아래에 괴임돌을 따로 끼워 둔 것은 고려 석탑으로 이어지는 새로운 형식이다. 보물. 성주사는 무염이 구산선문 중 하나인 성주산문을 개창한 곳이다. 충청남도 보령시 성주면 성주리 73.

대각 국사 의천 전라남도 순천 선암사에 모셔져 있는 초상화. 이전의 진영을 보전하다가 1805년(조선 순조 5) 고쳐 그렸다. 조선 후기 불교 회화 연구의 중요한 자료로 꼽힌다. 보물. 선암사는 1088년(고려 선종 5) 의천이 고쳐 지은 사찰이다.

태조의 뜻에 따라 불교는 고려의 국교로 보호를 받으며 성장했으나, 결국에는 여러 교파의 경쟁과 이익 추구에 휘말리고 말았다. 문종(재위 1046~1083)의 둘째 아들 의천은 일찍이 불교에 귀의할 뜻을 품고 고려 불교의 분열과 혼란을 우려했다. 그는 교종과 선종을 아우르는 통합적 불교를 추구했다. 그런 점에서 의천이 관심을 가진 것은 경전에 대한 교학적 연구와 참선 수행을 다 같이 중시하는 천태종의 가르침이었다.

송(宋)에 유학한 의천은 중국 불교를 섭렵하고 돌아와 선교 양종을 통합한다는 목적 아래 고려 천태종을 열었다. 그가 개성에 있던 국청사의 주지로 천태 교학을 강의할 때는 천여 명의 학승이 인산인해를 이루었다고 한다. 이후 전국 곳곳에 국청사를 포함한 천태종의 6대 본산이 들어서게 되었다.

그러나 천태종은 불교 교단의 분열을 치유한다는 본래의 목적을 달성하지 못했다. 조선 시대 들어 천태종은 국가적 차원에서 불교 교파를 통합한다는 명분 아래 조계종 등과 함께 선종의 범주 아래 통폐합되었다.

결사 불교

종교가 초심을 잃고 타락의 길을 걷게 되면 이를 반성하고 순수한 신앙을 되찾으려는 운동이 일어나곤 한다. 중세 유럽에서 볼 수 있는 수도원 운동이 그러한 예이다. 한국 불교의 역사에서도 그런 사례를 찾아볼 수 있다. 통일 신라와 고려 후기에 나타난 신앙 결사(結社)가 그것이었다. 신앙 결사를 주창한 신도들은 무뎌진 신앙심을 다지기 위해 모임을 만들어 경전을 공부하고 의식을 거행하며 절을 유지 보수하는 데 힘을 보탰다. 865년(경문왕 5) 1500명이 힘을 모아 강원도 철원의 도피안사에 철제 비로자나불상을 봉안한 것이 그러한 결사 운동의 좋은 예였다.

고려 후기의 결사를 대표하는 것은 조계종 계통의 수선사와 천태종 계통의 백련사였다. 의천과 함께 고려를 대표하는 12세기 고승 지눌은 팔공산 거조사에서 정혜결사를 결성했다가 참여 인원이 늘어나자 송광산(전라남도 순천)으로 근거지를 옮겨 수선사로 이름을 바꾸었다. 수선사는 고려 후기 불교계의 중심이 되었다. 또 13세기에 요세가 창건한 백련사는 천태 사상을 바탕으로 참회 의식을 실천해 민중의 지지를 받았다. 이 같은 지지를 바탕으로 백련사는 몽골 침입 때 강력한 항쟁을 벌이기도 했다. 수선사와 백련사는 상호 교류하며 불교의 쇄신을 도모했다.

송광사 목조삼존불감 지눌이 당에서 가져온 것으로 전하지만 기록으로 확인되지는 않는다. 이처럼 나무를 삼등분해 만든 불감(佛龕)은 어디서든 펼치면 이동식 법당이 되었다. 국보. 전라남도 순천시 송광면 송광사안길 100.

조선 왕실과 불교

불교를 쇄신하려는 결사 운동에도 불구하고 고려 불교는 왕조의 몰락과 운명을 함께했다. 조선 건국의 주역인 신진 사대부들은 고려를 쇠망으로 이끈 주범으로 불교를 지목했다. 그들은 불교를 대신해 성리학을 지도 사상으로 하는 국정 운영을 선언했다. 경주와 개성의 상징이던 사찰들은 산속으로 밀려나고 승려의 도성 출입은 금지되었다.

그렇다고 해서 불교가 완전히 퇴출당한 것은 아니었다. 공적 영역 뒤편에서 불교는 여전히 극락왕생을 염원하는 사람들의 마음을 사로잡고 있었다. 그것도 조선 사회의 최상층인 왕실과 사대부가에서 버젓이 불교 행사가 이루어졌다. 선왕의 명복과 왕족의 안녕을 비는 원찰(願刹)과 원당이 지어지고, 왕자의 탄생을 기원하는 제의가 진행되었다.

태조 이성계(재위 1392~1398)가 계비 신덕 왕후의 무덤인 정릉 근처에 흥천사를 세워 원찰로 삼은 이래 수십 개의 원찰이 세워졌다. 문정 왕후는 아들인 명종(재위 1545~1567)의 무병장수와 왕실의 안녕을 기원하며 봉은사에 불화를 안치했다. 정조는 아버지 사도 세자의 능인 화성 현륭원 부근에 조선 시대 왕실 원찰의 대표 격인 용주사를 창건했다. 고종(재위 1863~1907) 때는 세

성재암 세조의 비 정희 왕후가 부모인 파평 부원군 윤번과 인천 이씨의 극락 왕생을 기원하며 지은 분암. 이곳의 극락전(사진)에 모신 목조 아미타여래좌상은 경기도 유형문화재로 지정되었다. 경기도 파주시 법원읍 법원리 421.

자의 장수를 축원하기 위해 묘향산 보현사에 축성전, 송광사에는 성수전 등 왕실 전용 전각을 건립했다. 이처럼 조선 말기까지 왕실 불교는 사라지지 않았고, 국가적 위기를 맞을 때마다 오히려 불교 신앙은 더 깊어졌다.

사대부 가문도 개인 차원의 사찰인 사암(私庵)을 운영했다. 이색의 초상을 봉안한 충청남도 한산의 영모암, 황희의 진영을 봉안한 전라남도 보성의 대성사, 성주 이씨 조상의 진영을 봉안한 경상북도 성주의 안봉사 등이 대표적인 사암이다. 또 조상의 무덤 부근에 불교 사찰인 분암(墳庵)을 지어 재를 행하기도 했다. 분암을 운영한 가문은 김장생, 이황, 이이, 송시열 가문 등 조선 최고의 명문대가였다.

조선의 원찰

조선 중기 이후에는 사찰의 건립이 법적으로 금지되었지만, 왕실의 원찰은 꾸준히 지어졌다. 조선 시대의 원찰은 오직 왕실만을 위해 운영되었고, 원찰이란 용어 역시 왕실의 후원을 받는 사찰만을 이르게 되었다.

봉은사 목조석가여래삼불좌상 17세기. 본존 석가불을 중심으로 약사불(좌)과 아미타불(우)을 배치했다. 보물. 봉은사는 문정 왕후가 수렴청정할 때 보우가 주지를 맡으면서 불교계를 이끄는 사찰로 떠오르지만, 문정 왕후 사후 유림의 집중 공격을 받았다. 서울 강남구 봉은사로 531.

석왕사 태조 안변
자혜사 신천 효령 대군
낙산사 예종 양양
회암사 태조 양주
보광사 영조 흥국사 선조 양평
수국사 세조
흥천사 태조
내불당 세종 내원당 태종
원각사 세조
서울 도성
상원사 세조 평창
신륵사 세종 여주
용문사 수양 대군
용주사 정조 수원 보은
법주사 세종
대구
파계사 숙종
봉은사 성종
순천
송광사 고종

의승군과 조선 후기 불교

임진왜란은 조선을 망국 직전으로 몰아간 초대형 국난이었다. 그러나 이 국난이 불교계에는 역설적으로 새로운 도약의 기회가 되었다. 전국의 사찰은 엄청난 피해를 보았지만, 승려들은 의승군으로 참전해 혁혁한 성과를 거두었다. 전공을 세운 승려들이 직책을 받아 승직이 제도화되면서 휴정과 선수를 각각 스승으로 받드는 양대 계파가 번성했다.

의승군 활동의 효시는 휴정의 제자인 영규였다. 그는 300여 명의 의승병을 모아 의병장 조헌과 함께 청주 탈환전의 선봉으로 활약했다. 당시 일본군은 호남을 제외한 전국 대부분을 점령하고 있었다. 그들은 전라도 금산(지금은 충청남도)에 진을 치고 호남을 공략해 전쟁을 끝내고자 총력을 기울이고 있었다. 그때 조헌이 전세를 역전시키기 위해 금산성을 공격하자 영규는 의승병을 이끌고 그를 돕다가 함께 전사했다.

갑사 표충원 임진왜란 때 의승군을 이끈 휴정, 유정, 영규의 영정을 봉안한 사당. 1738년(영조 14)에 세웠다. 충청남도 문화재자료. 충청남도 공주시 계룡면 중장리 54번지.

도총섭 휴정 조선 후기에 전국 여러 사찰에서 휴정의 초상화를 모셨다. 현재 전해지는 작품은 열 점이 넘는다. 국립중앙박물관에 소장된 이 작품은 자상하고 덕망 높은 고승의 모습에 초점을 맞췄다.

영규의 맹활약을 목격한 조선 정부는 휴정에게 공을 세우면 승과를 실시하겠다고 약속하면서 승군을 이끌어 달라고 요청했다. 휴정은 조선 팔도에 선종과 교종 각 2명씩 16명의 총섭을 두고 자신이 도총섭을 맡아 전국의 의승군을 이끌었다. 그때 휴정의 제자들 가운데 유정은 관동에서, 처영은 호남에서, 해안은 영남에서 의승군을 이끌었다. 유정은 2000여 명의 의승군과 함께 평양성 탈환전에 참전해 큰 공로를 세웠다. 이러한 의승군의 활동으로 국가의 인정을 받은 승려들은 안정적 지위를 갖고 불교계를 운영해 나갈 수 있게 되었다.

임진왜란과 병자호란의 피해를 복구하던 숙종(재위 1674~1720) 때부터는 더 이상 조선 전기와 같은 강력한 억불책을 시행하지 않았다. 산성을 다시 쌓는 등의 국가 공역에 승려를 동원하고 재정을 안정시키는 데 사원의 경제력을 활용하는 시책이 이어졌다.

이처럼 조선 후기 들어 불교가 부흥하는 모습을 보였으나, 승려들은 여전히 여러 면에서 차별을 받았다. 승려의 도성 출입 금지가 해제된 것은 1895년(고종 32)이나 되어서였다. 그것도 일본 불교가 부산에 출장소를 개설하고 포교 활동을 시작하자 일본 승려를 위해 시행된 조치였다. 임진왜란 때 조선을 구하기 위해 피 흘리며 싸운 의승병들의 희생을 생각하면 안타까운 일이 아닐 수 없었다.

경주에서 만나는 불국토

경주의 토함산과 남산에는 신라인이 생각한 불국토가 조성되어 있다. 그곳에서 우리는 불국사를 비롯한 다양한 형태의 사찰과 석굴암 본존불을 비롯한 다양한 형태의 불상을 만나볼 수 있다. 불국사와 석굴암이 자리 잡은 토함산은 경상북도 경주시 덕황동, 불국동과 양북면에 걸쳐 있는 산이다. 신라 오악 중 하나인 동악으로 신라인이 호국의 진산으로 신성시했다. 모든 바위가 불상과 불탑이라고 할 만큼 불교 문화유산으로 가득 차 있는 남산은 북쪽의 금오봉과 남쪽의 고위봉 사이를 잇는 산들과 계곡 전체를 가리킨다. 법흥왕이 불교를 공인한 뒤 남산은 부처님이 상주하는 신령스러운 산으로 여겨졌다.

석굴암 토함산 중턱에서 만나는 입구 전각(왼쪽)은 평범해 보이지만, 석굴 안에는 화강암을 활용해 만든 본존불(오른쪽), 보살, 제자, 금강역사, 사천왕 등 총 40구의 불상이 장엄하게 조성되었다. 지금은 38구가 남아 있다. 국보.

 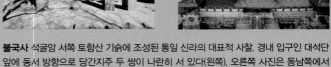

남산 일대가 신라의 역사와 불교 미술을 보여 주는 박물관이자 미술관을 이루고 있다. 신라 우물의 원래 모습을 잘 보여 주는 산 북쪽 입구 남간마을의 우물(왼쪽)과 탑곡 마애불상군 남면에 새겨진 삼존불상. 둘 다 보물로 지정되었다.

불국사 석굴암 서쪽 토함산 기슭에 조성된 통일 신라의 대표적 사찰. 경내 입구인 대석단 앞에 동서 방향으로 당간지주 두 쌍이 나란히 서 있다(왼쪽). 오른쪽 사진은 동남쪽에서 서북쪽 방향으로 누워 있는 불국사 전경을 담았다. 사적. ⓒ 한국관광공사—양지뷰 필름.

2

불국토 유람

불교에서 예배와 수행이 이루어지는 공간은 사찰이다. 대부분의 사찰은 부처와 보살을 모시는 공간을 중심으로 구성된다. 나한, 산신 등을 모시는 곳도 마련되어 있다. 큰 사찰에는 특정한 예배 대상을 모셔 놓은 작은 절이 딸려 있곤 한데, 이를 암자라고 한다. 신라의 천년 고도인 경주의 토함산과 남산에는 이처럼 다양한 불교의 신앙 공간이 골고루 자리 잡고 있다. 토함산의 불국사와 그 암자인 석굴암이 당대 최고의 기술로 빚어낸 국가적 신앙 공간이라면, 남산은 서라벌의 여염집들이 하나씩은 원찰을 갖고 있을 법한 대중적 신앙 공간이었다.

불국사는 불교의 연화장세계를 지상에 구현한다는 생각으로 조성되어 대표적인 한국 사찰의 면모를 보여 줄 것이다. 석굴암에서는 불교에서 가장 중요한 존재인 부처와 그를 따르고 지키는 보살, 제자, 천왕 등 수많은 신중의 생생한 모습을 만날 수 있다. 남산은 그 자체가 온갖 신앙 공간을 품에 안고 있는 대자연 속의 사원이자 하나의 거대한 불교 미술관이다. 불국사와 석굴암의 범접하기 어려운 고고함과는 또 다른 생활 불교의 친근한 면모를 이곳에서 발견할 수 있을 것이다.

■ 불국사 - 사찰의 구조

한국의 사찰은 불단, 보살단, 신중단의 삼단 구조로 되어 있다. 불단은 부처를 모신 곳, 보살단은 보살을 모신 곳이다. 신중단은 부처와 보살을 제외한 다양한 신격을 모신다.

불국사는 신라인이 꿈꾸던 불국토의 이상을 토함산 기슭에 조성한 사찰로, 역시 위와 같은 삼단 구조를 갖추고 있다. 대승 불교의 사찰답게 불단에는 석가모니불 한 분만이 아닌 세 분의 부처가 모셔져 있다. 석가모니불을 모신 대웅전 영역, 아미타불을 모신 극락전 영역, 비로자나불을 모신 비로전 영역이 그것이다. 석가모니불은『법화경』, 아미타불은『무량수경』, 비로자나불은『화엄경』에 근거하는 부처이다. 세 부처는 결국 하나이다. 아미타불은 석가모니불의 다른 모습이고, 비로자나불은 석가가 말한 진리의 세계를 형상화했다. 현실의 사바세계(석가), 사후의 극락세계(아미타), 진리의 세계(비로자나)가 한 몸처럼 공존하는 이 사찰은 '대화엄불국사'라는 명칭을 얻게 되었다. 불국사 설계의 기초는 '일즉다 다즉일'의 화엄 사상이었다.

불국사의 보살단으로는 비로전 옆에 관음보살을 모신 관음전이 있다. 또 신중단으로는 석가모니의 16제자를 모신 나한전이 있다. 다른 사찰에서 흔히 볼 수 있는 명부전이나 산신각이 없는 것은 불국사의 한 가지 특징이라 할 수 있다. 명부전은 불교의 사후 세계를 관장하는 지장보살과 시왕을 모신 곳이고, 산신각은 민간 신앙의 산신을 불교의 신중으로 포용해 모신 곳이다.

불국사에 들어가면서 우리는 두 개의 세상을 가르는 대석단과 마주하게 된다. 대석단 위는 부처의 나라인 불국토이고, 그 아래는 사바세계인 인간계이다. 높은 곳은 올라가야 한다. 대웅전으로 가는 백운교와 청운교, 극락전으로 가는 연화교와 칠보교가 그 오름의 상징이다. 이 다리와 계단은 부처의 경지를 향한 보살의 수행 단계를 상징한다. 불국사는 불교 신자라면 누구나 가고픈 궁극의 나라, 세상사에 지친 사람들에게 불경의 말씀들이 꽃처럼 피어 있는 이상향이었다.

불국사는 왕조가 바뀌면서 여러 차례 고쳐 지었다. 11세기에는 지진으로 사찰이 무너지자 석탑과 불전을 다시 짓고, 15세기에는 대웅전, 관음전, 자하문을 고쳐 지었다. 이후에도 극락전의 벽화를 다시 그리고 대웅전 등을 손보아 명품 사찰의 면모를 잃지 않으려는 노력을 계속했다.

불국사에 일대 위기가 닥친 것은 임진왜란 때였다. 1593년(선조 26) 조선군이 지장전 벽 사이에 감춘 활과 칼 등 병기를 일본군이 발견했다. 그들은 분노해 절을 불태웠다. 불길은 대웅전, 극락전, 자하문 등 2000여 칸을 태운 뒤에야 사그라졌다. 불에 타지 않은 금동 불상, 옥으로 만든 물건, 돌다리와 탑만이 겨우 모습을 유지했다. 전쟁이 끝난 뒤 광해군 때부터 대웅전 영역을 중심으로 중수를 시도했으나 원래의 모습을 되찾지는 못했다. 대대적인 중수가 다시 이루어진 것은 1970년대의 일이었다. 터만 남아 있던 무설전, 관음전, 비로전 등이 그때 복원되어 지금의 모습을 갖추었다.

동해 동산에 아름다운 절 있어
화엄불국이라 이름했네.
임금이 주인 되어 친히 세우시니
절 이름 네 마디에 깊은 뜻 있네.
화엄을 주시하며 연화장을 우러르고
불국에 달리는 마음 안양에 관심 두네.
마산(魔山)의 독한 기운을 가라앉히니
마침내 고해의 거친 파도를 잠잠케 했네.

－최치원, 「대화엄종불국사 아미타불상찬」

하늘에서 본 불국사

『삼국유사』에 따르면 751년(경덕왕 10) 재상 김대성이 전생의 부모를 위해 석굴암을 짓고 현세의 부모를 위해 불국사를 짓기 시작해 774년(혜공왕 10) 완성했다. 임진왜란 때 불타고 극락전, 자하문, 범영루 등 일부 전각만 명맥을 이어 왔다. 지금의 모습으로 복원된 것은 1970년대였다. 1995년 12월 석굴암과 함께 유네스코 세계문화유산에 등재되었다. 사적.

신중단의 하나로 부처의 제자인 나한을 모신 곳.

보살단은 보통 불단의 옆이나 뒤쪽에 있다. 관음보살을 모신 전각으로 원통전이라고도 한다.

불단은 절의 중심에 자리한다. 불국사의 불단인 대웅전, 극락전, 비로전은 각각 석가모니불, 아미타불, 비로자나불을 모신다.

관음전
비로전
나한전
무설전
총지당
대웅전
극락전 석가탑 다보탑
안양문 범영루 자하문 좌경루
대석단
범종각
강원(講院)
불이문
불국사박물관
천왕문
일주문

대승 불교는 세계를 십계, 즉 지옥·아귀·축생·아수라·인간·신중·성문·연각·보살·부처로 이루어진 열 개의 세상으로 보았다. 지옥부터 신중까지는 육취(윤회의 사슬에 묶인 상태), 성문부터 부처까지는 사성(해탈한 존재)이라 한다. 절은 그 가운데 사성과 신중을 모시는 장소이다. 이때 사성에 이르지 못한 신중은 가장 낮은 단계, 성문·연각·보살은 중간적 존재, 부처는 최상의 존재로 여겨진다. 국토지리정보원 국토정보 플랫폼 국토정보맵에서 내려받은 정사영상 자료에 지명을 표기했다.

대웅전 영역 – 석가모니불 세계

'대웅(大雄)'은 부처 중의 부처인 석가모니불을 가리키는 불교 용어이다. 대웅을 모신 대웅전 영역으로 들어가기 위해서는 백운교와 청운교를 오르고 자하문을 통과해야 한다. 자하문의 '자하'는 붉은 안개라는 뜻으로, 부처의 몸에서 퍼져 나오는 붉은 빛을 말한다. 무지의 어둠을 깨우는 진리의 빛으로 여겨진다. 불국사 창건 때 조성한 자하문은 언제부터인가 사라졌고, 이후에 여러 차례 중건과 중수를 했다고 전한다.

자하문 동쪽의 범영루는 원래 수미범종각이라 불리던 3칸의 종각이다. '수미'는 불교에서 세계의 중심에 있다고 믿어지는 수미산을 가리킨다. 그 중턱에는 사천왕이 살고 꼭대기에는 제석천이 산다고 한다. 범영루는 그처럼 이 세상 궁극의 지점인 수미산 정상을 상징한다. 팔각 정상에 누를 짓고 그 위에는 108명이 앉을 수 있는 공간을 마련했다. 108명은 불교에서 말하는 백팔번뇌를 가리킨다. 고해와 같은 세상에서 갈 길 잃은 중생을 이끈다는 의미가 있다. 범영루는 원래 승천교라는 다리를 통해 오르도록 했다고 하는데, 지금은 승천교가 어떤 것인지 알 수 없다. 자하문 서쪽에는 범영루와 대칭을 이루는 좌경루가 자리잡고 있다. 이 건물에는 경판을 보관했을 것으로 추측하고 있다.

대웅전 마당에 들어서면 동서로 석가탑과 다보탑이 우뚝하다. 현세의 부처인 석가모니불과 과

거의 부처인 다보불을 형상화한 탑들이다. 석가모니가 법화경을 설법할 때 홀연히 다보탑이 솟아나 "세존의 설법은 모두 진실"이라 찬탄했다고 한다. 그때 석가모니는 다보탑을 열고 그 안에 있던 다보불의 옆자리에 앉아 함께 진리를 펼쳤다 (『법화경』 「견보탑품」). 다보탑은 중국과 일본에도 있다. 그러나 불국사의 다보탑은 『법화경』의 진리를 이상적으로 구현하고 있다는 점에서 여느 다보탑과 구별되는 독창적인 예술 작품으로 평가받고 있다. 다보탑의 장인은 백제의 화강암 조각 기술을 구사해 틀에 얽매이지 않는 기법으로 다른 차원의 불탑을 창조할 수 있었다.

대석단 불국사 관문인 일주문을 지나면 나오는 가구식(架構式) 석축. 대석단 서쪽 연화교와 칠보교는 극락전으로 오르는 작은 계단이고, 동쪽 청운교와 백운교는 대웅전으로 가는 큰 계단이다.

청운교·백운교·자하문(왼쪽) 16단의 청운교는 푸른 청년, 18단의 백운교는 흰머리 노인에 빗대 인생을 상징한다. 현존하는 신라 다리로는 유일하게 조성 당시의 모습을 간직하고 있어 국보로 지정되었다.

다보탑 3층 탑처럼 보이지만, 탑의 중심부를 받치고 있는 네 기둥을 하나의 층으로 간주해 4층으로 볼 수도 있다. 국보.

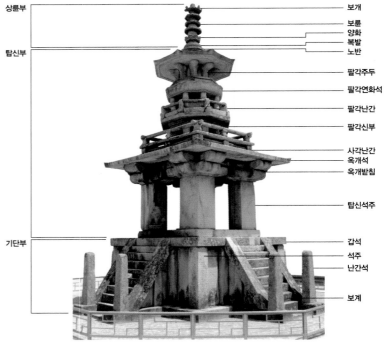

대웅전 석가삼존불(왼쪽)
현재의 부처인 석가모니불의 좌우에 미래의 부처인 미륵보살, 과거의 부처인 갈라보살을 배치했다. 여느 사찰의 대웅전에서는 보통 석가모니불 좌우에 문수보살과 보현보살을 둔다. 보물.

무설전 2009년 타이 왕실에서 발원한 불상이 봉안되어 있다.

석가탑 그림자가 비치지 않는 탑이라는 뜻에서 '무영탑'으로도 불린다. 이 탑을 만든 백제 석공 아사달과 그 부인 아사녀에 얽힌 슬픈 전설에서 비롯된 이름이다. 국보.

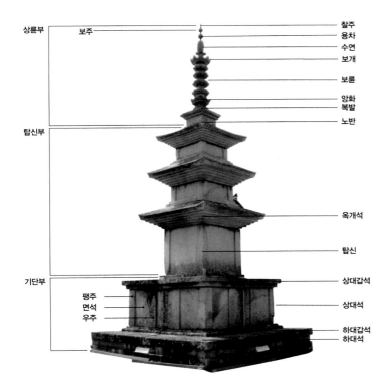

상륜부	보주 — 찰주
	용차
	수연
	보개
	보륜
	앙화
	복발
	노반
탑신부	옥개석
	탑신
기단부	상대갑석
	팽주 / 면석 / 우주 — 상대석
	하대갑석
	하대석

서쪽의 석가탑은 다보불과 나란히 앉아 설법하는 석가불을 상징한다. 이 탑은 여러 가지 면에서 다보탑과 대비된다. 다보탑이 화려하고 섬세하다면, 석가탑에서는 단순하고도 소박한 조형미가 느껴진다. 탑신의 조화로운 비례와 단순한 아름다움으로 인해 석가탑은 신라 석탑 양식의 완성으로 여겨진다. 석가탑이 서 있는 지면에는 네 모퉁이와 각 변 중앙에 연꽃 조각이 둥근 대형으로 배치되어 있다. 그 사이를 직사각형 돌로 연결해 탑의 구역을 설정했다. 초기 신라 석탑과 구분되는 이 양식은 백제의 영향을 받았다. 백제의 장인 아사달이 만들었다는 설화도 전한다. 석가탑에는 세계 최초의 목판 인쇄물로 알려진 무구정광대다라니경과 각종 장엄구, 사리, 금동 사리함 등 온갖 보물이 들어 있었다. 다보탑에도 사리와 사리 공양구들이 들어 있었지만 근대의 수리과정에서 사라졌다.

다보탑과 석가탑을 내려다보고 있는 대웅전은 불국사의 중심을 이루는 곳이다. 1765년(영조 41) 다시 지은 뒤 그 모습을 유지하고 있다. 기단부와 초석은 통일 신라 때의 모습 그대로이다. 대웅전 안으로 들어가면 중앙부에 수미단이 있고, 그 위에 목조석가삼존불을 모셔 놓았다. 삼존불은 석가모니불과 좌우의 미륵보살, 갈라보살로 이루어져 있다. 그들 좌우에는 흙으로 빚은 석가모니의 제자 가섭과 아난존자가 모셔져 있다.

대웅전 뒤에 있는 무설전은 불국사 경내에서 가장 먼저 지어진 건물이다. 670년(문무왕 10) 왕명으로 무설전을 짓고 화엄경을 강론했다고 한다. 문무왕은 의상과 그의 제자인 오진, 표훈 등 10명의 승려에게 강론을 맡겼다(『불국사 고금창기』). 670년이면 불국사가 창건된 751년보다 훨씬 이른 시기이므로 무설전은 불국사가 생기기 전에 세워진 작은 사찰로 볼 수도 있다. 이곳은 강론하는 공간으로 본래 불상을 모시지 않았다. 강론은 말로 하는 것인데, 말이 없다는 '무설'이라는 이름에 불교의 깊은 뜻이 들어 있다. 말로 전할 수 없는 것을 말로 전할 수밖에 없음을 뜻하는 역설적인 이름이리라.

극락전 영역 – 아미타불 세계

극락(極樂)은 깨우침을 얻어 속세의 고통에서 벗어난 자만이 갈 수 있는 서쪽의 정토이다. 극락 한가운데는 서방 정토의 주재자인 아미타불이 앉아서 설법을 펴고 있고, 좌우에서 관음보살과 대세지보살이 협시하고 있다. 주변으로는 아미타불에게 공양하는 비천(飛天)들이 날아다니고, 스스로 연주하는 악기들도 어지러이 날아다닌다. 아미타불 앞 큰 연못에는 연꽃들이 활짝 피어 있고, 그 연꽃마다 속세를 벗어나 극락왕생한 자들이 앉아 감사 기도를 올리고 있다. 극락이 서쪽에 있으므로 불국사에서 아미타불을 모신 극락전도 서쪽에 배치했다.

아미타불을 믿는 아미타 신앙은 통일 신라 때 대중 사이에서 유행했다. 통일 신라 불교의 주류를 이룬 화엄 교학은 장엄하기는 하지만 심오하고 어려웠다. 일반 대중이 따라 배워 깨달음에 이르기란 하늘의 별 따기였다. 그때 아미타 신앙은 모든 백성에게 '나무아미타불'을 외고 또 외라고 가르쳤다. 나무아미타불은 "아미타불께 귀의합니다."라는 뜻이다. 그렇게 반복해서 염불하면 속세의 고통에서 벗어나 아미타불의 정토에 갈 수 있다는 것이 곧 아미타 신앙의 가르침이었다.

대웅전의 입구가 자하문이라면 극락전의 입구는 안양문이다. 안양문의 '안양(安養)'은 극락정토의 다른 이름이다. 극락전이 대웅전의 서쪽에 있는 것처럼 안양문은 자하문의 서쪽에 있다. 자하문과 안양문 사이에 대웅전 영역과 극락전 영역을 가르며 솟아 있는 것이 수미산 정상을 상징하는 범영루이다.

자하문 앞에 백운교와 청운교가 놓여 있듯이 안양문 앞에는 연화교와 칠보교라는 돌계단 다리가 놓여 있다. 두 다리의 이름은 극락이 연꽃과 칠보(일곱 가지 보물)로 장식되어 있다는 불경의 내용에서 유래했다.『무량수경』에 따르면 칠보는 금, 은, 유리, 파리(석영의 일종), 마노(석영), 거거(산호초 위에 붙어사는 조개), 산호이다.『법화경』에서는 파리 대신 매괴(중국 남방에서 나는 붉은 빛의 돌), 산호 대신 진주를 칠보로 꼽고 나머지 다섯 개는『무량수경』과 같다. 연화교와 칠보교의 조성 기법은 백운교·청운교와 비슷하고 규모만 좀 더 작다. 10단으로 이루어진 아래쪽의 연화교에는 디딤돌에 연꽃잎을 새겼고, 8단인 위쪽의 칠보교에는 장식이 없다. 다리 아래는 완만한 곡선의 무지개 모양을 이루고, 다리의 양쪽 끝에는 돌기둥을 세웠다.

안양문 안으로 들어서면 본격적으로 아미타불의 극락전 영역이 펼쳐진다. 대웅전 영역이 그렇듯 극락전 영역도 사방이 회랑으로 둘러싸여 있다. 회랑의 양식은 대웅전 영역의 회랑과 같다. 회랑의 바깥 부분에 벽을 쳐서 외부와 차단하고

연화교의 연꽃무늬 연꽃은 불교를 상징하는 꽃이다. 더러운 진흙 연못에서 자라지만 더러움에 물들지 않는 상서로운 꽃으로 여겨진다.

연화교·칠보교·안양문 창건 당시부터 많은 사람이 연화교와 칠보교를 오르내리며 극락왕생을 빌었다고 한다. 현재의 안양문은 고려 시대의 건축 양식에 따라 현대에 새로 지은 건물이다. 그전에는 작은 법당이 있었으나 이후에 철거한 것으로 짐작되고 있다. 경기도 안양시는 그곳에 안양사라는 절이 있었던 데서 이름이 유래했다.

극락전 금동아미타여래좌상 통일 신라의 작품으로 본래는 광배가 있었던 것으로 추정된다. 높이 166센티미터. 국보. 역시 국보로 지정된 불국사 금동비로자나불좌상, 경주 백률사 금동약사여래입상과 함께 통일 신라 3대 금동 불상으로 꼽힌다.

극락전 영역 안쪽으로만 열려 있도록 설계했다. 그러나 이 회랑이 통일 신라 때의 모습을 간직하고 있다는 기대는 접어야 할 것 같다. 극락전 영역의 회랑은 1973년 복원 때 전부 새로 지어졌다. 일제 강점기에 워낙 많은 변화가 있었기 때문에 원래의 모습을 찾기는 거의 불가능했다. 특히 서쪽 회랑 부분에서는 회랑 터로 짐작되는 유구 자체가 발견되지 않았다고 한다.

극락전으로 들어가기 전에 주목해야 할 것은 동쪽 대웅전 영역으로 올라가는 길에 3열을 지어 쌓은 계단이다. 각 열이 16계단으로, 합하면 48계단이 된다. 아미타불의 48가지 소원을 상징하는 숫자이다. 『무량수경』에 따르면 아미타불은 전생에 법장이라는 승려였다고 한다. 법장 스님은 48가지 소원을 세우고 오랜 세월 수행에 정진했다. 그의 48가지 소원 가운데 하나만 예로 들면 다음과 같다.

극락전 정면 3칸, 측면 3칸. 임진왜란 때 불탄 것을 1750년(조선 영조 26)에 다시 지었으나, 기단과 초석·계단 등은 신라 것으로 여겨진다. 석등은 불국사 창건 당시의 전형적인 평면 팔각 양식을 하고 있다. 대웅전 석등과 동일한 양식이지만 그것보다는 늦게 만들어졌을 것으로 짐작된다.

"제가 깨달음을 얻어 성불할 적에 그 나라에 지옥, 아귀, 축생의 삼악도가 있다면 저는 차라리 깨달음을 다 이루지 않고 부처가 되지 않겠습니다."

이처럼 완전한 깨달음을 목표로 수행한 끝에 법장은 마침내 48가지 소원을 모두 성취하고 극

락세계를 이룩하게 되었다고 한다. 그와 같은 48가지 소원을 형상화한 것이 바로 극락전에서 대웅전으로 가는 48계단이다.

극락전은 아미타불이 설법하고 있는 강단이다. 아미타전이라고도 한다. 또 아미타불은 수명이 무한하다는 뜻에서 무량수불로 불리므로 무량수전이라고도 한다. 불국사의 극락전은 대웅전의 서쪽에 대웅전보다 한 단 낮춰 정면 3칸, 측면 3칸의 규모로 세워졌다. 임진왜란 때 불탄 것을 영조(재위 1724~1776) 때 다시 지은 것이다. 그러나 기단과 초석, 계단은 통일 신라 때의 것으로 여겨진다. 전각 안에는 4개의 기둥을 세웠는데 이를 '내고주(內高柱)'라 한다.

극락전 안에는 금동아미타불이 앉아 있고, 그 뒤에서 아미타삼존불 그림이 후광처럼 은은한 빛을 발하고 있다. 서방 정토에서 그렇듯 협시 보살은 관음보살과 대세지보살이다. 관음보살은 지혜로운 말씀으로 중생의 번뇌를 사라지게 하고, 대세지보살은 지혜의 빛으로 모든 중생을 비추어 용기를 내게 한다. 불국사의 극락전은 이처럼 조각상으로는 아미타불만 봉안하고 있다. 여느 사찰의 극락전에서는 대개 삼존불을 조각상으로 모시고 있는 것과 구별되는 특징이다.

비로전 영역 – 비로자나불 세계

무설전 뒤로 돌아가면 비로자나불을 모신 비로 전이 나온다. 『화엄경』에 따르면 비로자나불은 부처님의 본바탕인 진리를 형상화한 존재이다. 산스크리트어 바이로차나는 빛을 밝혀서 어둠을 쫓는다는 뜻으로, 이를 한자로 옮겨 '비로자나(毘盧遮那)'라 했다. 따라서 비로자나불은 부처의 지 혜가 태양과 같이 밝고 광대무변함을 상징한다. 그런 맥락에서 비로자나불을 대일(大日)여래라 고도 부른다.

비로전의 금동비로자나불좌상은 통일 신라 말 기에 진성여왕(재위 887~897)이 화엄 사상에 의 거해 조성한 것으로 알려져 있다. 이 금동비로자 나불좌상은 오른손 집게손가락을 뻗쳐 세우고 왼손으로 그 첫째 마디를 쥐고 있다. 오른손은 중 생의 세계를, 왼손은 부처의 세계를 가리킨다. 불 교에서 불상의 손가락 모양을 수인이라 하는데, 이 같은 금동비로자나불좌상의 수인을 지권인 (智拳印)이라 한다. 중생과 부처가 둘이 아니고 하나라는 뜻을 나타낸다. 일반적인 비로자나불 의 지권인은 오른손이 부처, 왼손이 중생을 가리 키는데, 불국사의 비로자나불은 반대의 자세를 하고 있다. 혹시 진성여왕이 왼손잡이였기 때문 일까?

비로전 왼쪽에는 고려 시대에 건립된 석조 사 리탑이 자리 잡고 있다. 보물로 지정된 탑이다.

금동비로자나불좌상 대좌 와 광배는 없어지고 불신 (佛身)만 남아 있다. 9세기 불상의 특징을 잘 반영하 고 있다. 머리칼을 작은 소 라 모양으로 표현하고 왼 쪽 어깨에만 걸쳐 입은 옷 은 매우 얇다. 높이 177센 티미터. 국보.

이 사리탑은 1905년(광무 9) 일본 도쿄 우에노공 원으로 유출되었다가 일제 강점기인 1933년에 되돌아왔다. 불국사에 관한 옛 기록에는 석등과 비슷한 모습의 '광학부도(光學浮屠)'에 관한 이 야기가 나온다. 이 광학부도가 석조 사리탑을 가 리킨다는 주장도 있다. 부도는 승려의 사리탑을 뜻한다. 그러나 석조 사리탑이 부처의 사리탑인 지 승려의 사리탑인지는 아직 분명히 밝혀지지 않았다.

비로전 영역의 서쪽, 극락전 영역의 뒤편에는 나한전이 자리 잡고 있다. 불국사에서 부처와 보 살 이외의 신중을 모신 유일한 전각이다. 이곳에 는 흰 머리에 긴 눈썹을 한 빈두로파라타, 왼쪽 어깨에 지팡이를 걸치고 두 손을 모은 가낙가벌 차 등 부처의 열여섯 제자를 가리키는 16나한이 부처와 함께 모셔져 있다.

한국의 많은 사찰과 달리 불국사에는 산신각, 칠성각 등 민간 신앙에서 유래한 신을 모신 전각 이 따로 없다. 북두칠성을 신격화한 칠성도를 나 한전에 봉안해 두고 있는 정도이다. 불국토를 지 상에 구축했다는 불국사의 자부심과 권위 의식 의 발로였을까?

비로전 전란으로 불타 황 량한 터만 남아 있던 것을 1973년 새롭게 지었다. 발 굴 조사를 통해 원형의 평 면 규모와 내용이 밝혀져 평면을 복구했다. 그러나 지상 건물의 양식은 알 수 없어서 고려 시대 불교 건 축 양식으로 복원했다. 법 당의 규모는 정면 5칸, 측 면 3칸이다. 건물의 뒤편은 정면 쪽보다 1칸이 많다.

관음전 조선 성종 때 중수 했다가 불탄 것을 선조 때 해청 스님이 다시 지었다. 숙종 때 들어서도 두 차례 에 걸쳐 고쳐 지었으나 다 시 사라져 1973년에 복원 했다. 정면 3칸, 측면 3칸 의 규모로 정사각형에 가 깝다. 다포식 사모지붕 형 식으로 내부에는 안두리기 둥이 4개 있다.

관음전 영역 – 관세음보살 세계

관음은 아미타불의 협시보살이자 부처의 자비심을 형상화한 관세음보살, 즉 관음보살을 가리킨다. '나무아미타불, 관세음보살'이라는 염불이 대중적으로 퍼져 있는 것은 그만큼 아미타불과 관음보살이 가까운 존재임을 말해 준다. 관음보살은 남쪽 바다에 솟아 있는 보타락가산(낙산)에 거주하면서 속세를 굽어보고 중생들을 구원한다고 믿어지는 존재였다. 산스크리트어 아바로키테슈바라를 한자로 옮긴 '관세음' 자체가 구원해 달라는 중생의 소리를 들으면 즉시 구제해 준다는 뜻이다.

불국사에서 관음보살이 주재하는 관음전 영역은 비로전 영역 동쪽, 대웅전 영역의 뒤편에 자리 잡고 있다. 불국사에서는 가장 높은 곳이다. 관음전에 가려면 경사가 상당히 가파른 계단을 걸어서 올라가야 한다. 계단을 다 올라 뒤돌아보면 왼쪽 기와담 너머로 다보탑이 눈에 들어온다. 비록 복원한 사찰이지만 불국사의 기품을 느끼게 해 주는 광경 가운데 하나이다.

관음전은 그리 크지도 않고 별다른 특징이 엿보이지 않는 평범한 사찰 전각이다. 보살을 모신 이 평범한 전각을 부처를 모신 영역들보다 더 높은 곳에 배치한 까닭은 무엇일까? 널리 세상을 살펴 중생을 구제하는 관음보살의 특징을 고려한 것이 아닐까?

관음전에는 화관(花冠)을 쓴 관음보살상이 모

중생사 관음보살상 중생사 는 경주 낭산 일대에 있던 사찰로 679년(문무왕 19) 에 창건되었다. 정확한 시 기는 알 수 없지만 폐사되 었다가 1940년대 들어 옛 터에서 중창되었다.

셔져 있고, 그 뒤로는 천수천안관음보살을 그린 탱화가 자리 잡고 있다. 이처럼 불상의 뒤에 놓인 탱화를 '후불탱'이라 한다. 천 개의 손에 천 개의 눈이 달려 있는 모습으로, 세상을 보고 듣는 관음보살의 특징을 표현한 후불탱이다.

관음보살상은 본래 922년(경명왕 6) 경명왕비가 낙지공이라는 관리에게 명해 전단향(栴檀香)을 사용해 만들었다고 한다. 전단향은 인도에서 불상을 만드는 재료로 사용하는 향나무이다. 당시에는 경주 중생사의 관음보살상과 함께 영험이 크다고 여겨져 많은 사랑을 받았다고 한다. 아쉽게도 불국사의 관음보살상은 임진왜란 때 불타버렸다(『고금역대기』). 1694년(숙종 20) 다시 지을 때 새롭게 만들어 안치하고 1769년(영조 45)까지 세 차례나 금칠을 했다고 한다. 그러나 그마저도 나중에 유실되고 말았다. 지금 불국사에서 볼 수 있는 관음보살상과 천수천안관음보살 후불탱은 1973년 복원 때 새로 만들어 봉안한 것이다.

석굴암 미리 보기

입구인 전실(前室)과 본존불이 있는 주실(主室)이 복도 역할을 하는 통로로 연결되어 있다. 전실에는 팔부신중상이 좌우로 4구씩 있다. 통로 입구 좌우에는 금강역사상이 1구씩, 통로의 좌우 벽에는 사천왕상이 2구씩 조각되어 있다. 주실 입구 좌우로 8각 돌기둥이 서 있고, 주실에는 본존불이 모셔져 있다. 주실 벽면에는 범천과 제석천, 보살, 십대 제자 등이 새겨져 있다. 본존불 뒤에는 석굴에서 가장 정교하게 조각된 십일면관음보살상이 서 있다. 벽면 윗부분에는 마치 오페라 극장의 2층 객석처럼 열 개의 감실이 마련되어 그 안에 1구씩 조각된 보살들이 본존불에게 경의를 보내고 있다.

석굴암의 구조 직사각형의 전실, 좁은 통로, 원형의 주실로 이루어져 있다.

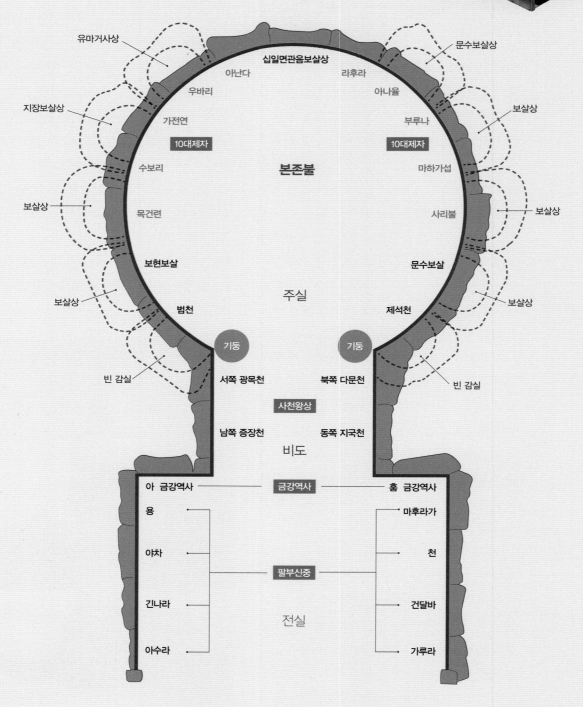

62

② 석굴암 – 불상 열전

토함산에 자리 잡은 석굴암은 동짓날 동해에서 해가 뜨는 방향을 바라보고 있다. 수평선을 박차고 떠오르는 태양이 쏟아 내는 햇살들은 석굴암으로 날아들어 가장 먼저 석굴암 본존불의 백호(白毫)에 꽂히게 되어 있다. 백호란 부처의 두 눈썹 사이에 있는 희고 빛나는 가는 터럭을 가리키는 것으로, 무량세계를 비춘다고 한다. 서쪽 인도에서 시작된 석굴 사원은 중앙아시아와 중국을 거친 뒤 동쪽 한반도에 이르러 이처럼 매일 아침 금강석처럼 빛나고 있었다.

석굴암의 본래 이름은 석불사(石佛寺)였다. 석굴이라는 형태보다는 주실에 모신 본존불에 강조점을 둔 이름이었다고 할 수 있다. 그 구조를 살피면 앞쪽은 네모나고 뒤쪽은 둥근 전방후원(前方後圓)의 모습을 하고 있다. 고대 동양의 우주관에 따르면 하늘은 둥글고 땅은 사각형이다. 석굴암에서도 신자들이 예배를 드리는 네모난 전실은 땅을 상징하고 본존불을 모신 원형의 주실은 하늘 세계를 상징한다. 땅과 하늘은 물론 연결되어 있다.

놀라운 것은 석굴암이 다른 석굴 사원처럼 자연 암벽을 직접 뚫어 만든 것이 아니라 화강암 판석들을 정교하게 짜 맞춰 조립한 것이라는 사실이다. 그것도 불과 360여 개의 판석으로 이처럼 아름다운 석굴 사원을 완성했다. 네모난 전실의 지붕과 둥근 주실의 지붕을 자연스럽게 연결한 솜씨도 대단하거니와 사각형 판석을 아무런 접착 도구도 없이 연결해 둥근 지붕을 만들었다는 사실은 놀랍다.

세계 건축사에서 석굴암 주실과 같은 형태의 건축 양식은 돔이라 불린다. 로마의 신전인 판테온이 고대 서양의 대표적인 돔 건축이다. 석굴암을 지은 신라 장인들이 판테온의 돔 기술을 알고 있었다는 증거는 없다. 그들은 석굴 안에 완벽한 하늘 세계를 창조하기 위해 고민하고 또 고민한 끝에 자신들만의 기법을 창안해 냈다. 네모난 판석을 짜 맞춰 올라간 다음 그 판석들 사이에 비녀 모양의 긴 돌을 박아 고정했다. 그런 다음 그 위에 작은 잡석들을 쌓고 맨 위에 덮개돌을 올려 완벽한 힘의 균형 상태를 연출했다. 이것이 토함산 중턱에 작은 우주가 내려앉게 된 내력이다. 돌로 비단을 짜고 수를 놓듯 했다는 '직조석감(織造石龕)'이라는 옛 기록의 표현이 결코 언어의 유희로 들리지 않는다. 이러한 불교 건축의 성취는 경덕왕 시기 신라인의 문화 역량과 불국토를 향한 진심이 어우러졌기에 가능했을 것이다.

돔 천장의 안과 밖 석굴암은 신라인이 돔 건축의 새로운 경지를 개척했음을 보여 준다. 네모난 판석과 비녀 모양의 긴 돌로 원형 주실의 천장을 구축한 건축 기법은 당대 세계에서 유례를 찾기 어려운 기술이다. 높은 수준의 수학과 기하학 지식이 엿보인다.

석굴암 전경 불국사의 부속 암자인 석굴암은 1995년 불국사와 함께 유네스코 세계 문화유산으로 공동 등록되었다. 석굴암 석굴은 국보로 지정되어 있다. 이곳에 새겨진 불상들은 동아시아 불교 조각 최고의 걸작이라 해도 지나치지 않다.

팔부신중1(왼쪽 벽) 왼쪽부터 아수라, 긴나라, 야차, 용(맨 오른쪽은 금강역사). 아수라는 머리와 발 부분이 없어졌지만 삼면육비(얼굴 셋, 팔 여섯)와 거의 나체라는 특징은 볼 수 있다. 긴나라는 가무의 신, 야차는 북쪽 다문천왕의 권속이다. 용은 신통력이 있어 구름과 비를 관장한다. 문무왕은 사후에 바다의 용이 되어 나라를 지키겠다는 유언을 남기고 동해에 묻혔다.

팔부신중

전실에 들어서면 먼저 양쪽 벽에 부조된 팔부신중(八部神衆)이 눈에 들어온다. 한쪽 벽에 네 명씩 총 여덟 명이다. 팔부신중은 불법을 수호하는 무사들로 천룡팔부라고도 한다. 팔부신중 부조 가운데 2구는 석벽이 무너져 파손되고 매몰되었다. 이들은 일제 강점기에 석굴암을 수리하면서 발견되어 굴 안쪽을 향한 서향으로 복원되었다. 이후 1962년 다시 조사하면서 이 같은 배열이 잘못된 것임을 알고 다른 신중상처럼 일렬로 배치해 지금의 모습이 되었다.

주실을 바라볼 때 왼쪽 벽의 네 신중 가운데 첫 번째인 아수라는 싸움의 신이었다가 불법을 지키는 신으로 변신한 존재이다. 긴나라는 본래 악사 기능을 담당했던 신으로 불교에 수용되어 팔부신중으로 자리매김했다. 야차는 고대 인도에서 악신(惡神)으로 여겨졌으나, 불교에서는 사람을 돕고 불법을 수호하는 신이 되었다. 용과 천은 천룡팔부라는 말이 시사하는 것처럼 팔부신중을 대표하는 수호신들이다.

오른쪽 벽의 마후라가는 땅속의 모든 요귀를 쫓아내는 임무를 맡은 신이다. 건달바는 본래 인도 신화에서 천상의 신성한 물인 소마를 지키는 신이었다. 음악을 다스리고 이리저리 떠돌아다니며 향을 먹고 노래와 춤을 즐기기도 한다. 이런 특징 때문에 훗날 빈둥빈둥 놀거나 게으름을 부리며 난봉을 부리고 다니는 사람을 가리켜 건달바의 준말인 '건달'이라 부르게 되었다. 가루라는 새벽 또는 태양을 인격화한 신화적인 새로, 금시조(金翅鳥)라고도 불린다.

팔부신중2(오른쪽 벽) 왼쪽부터 마후라가, 천, 건달바, 가루라(맨 왼쪽은 금강역사). 마후라가는 사람의 몸에 뱀의 머리를 가졌다. 천은 천계에 거주하는 신으로, 머리 위의 불꽃으로 사방을 환하게 비추고 있다. 건달바는 천상의 물을 지키는 신답게 오른손에 칼을 쥐고 왼손에는 군지(깨끗한 물을 담은 그릇)를 들고 있다. 가루라는 금시조라는 별칭에 어울리게 금빛 날개를 달고 있다.

금강역사

전실에서 주실로 들어가는 입구에는 양쪽으로 수문장인 금강역사(金剛力士)가 두 눈을 부릅뜨고 본존불을 지키고 있다. 주먹을 치켜든 모습이 강인하고 위협적으로 보여 죄인들은 감히 발길을 옮길 수 없을 것 같다. 석굴암 조각상 중에서도 돌출부가 가장 두드러져 위력을 지닌 장사의 모습을 생생하게 느낄 수 있다.

이 같은 금강역사는 동아시아 사원에서 일반적으로 볼 수 있는 신격이다. 그들은 인왕(仁王)이라는 별명처럼 단지 힘만 센 신이 아니다. 그들의 머리 뒤에 있는 두광이 신성한 지혜를 갖춘 신임을 보여 준다. 왼쪽의 금강역사는 입을 벌려 '아' 라는 소리를 내고, 우측 금강역사는 입을 다물고 '훔'이라고 소리를 낸다고 한다. '아훔(ﬔﬔ)'은 산스크리트어로 처음과 마지막을 의미한다. 그리스 알파벳에 비유하자면 금강역사는 불법 수호의 알파(a)요 오메가(Ω)인 셈이다.

석굴암의 금강역사는 해체 공사 당시 머리, 왼팔 등이 발견되어 국립경주박물관에서 보관하고 있다. 따라서 현재 석굴암에 남아 있는 금강역사도 처음에 만들어진 것이 아니고 훗날 새로 조성된 것으로 보인다.

사천왕

주실에 이르는 짧은 통로에는 사천왕(四天王)이 악귀 위에 올라타 호령하는 모습으로 서 있다. 그들은 중국 신화 속 상상의 산인 수미산을 동서남북으로 나누어 주재하던 천왕을 말한다. 동방은 지국천왕, 서방은 광목천왕, 남방은 증장천왕, 북방은 다문천왕이 다스린다. 사천왕은 이처럼 원래 동서남북의 사천을 담당하지만, 석굴암에서는 통로 양쪽에 두 명씩 배치했다. 왼쪽에 증장천왕과 광목천왕, 오른쪽에 지국천왕과 다문천왕이다. 다른 사찰에서는 입구 쪽에 천왕문을 세워 중앙의 통로 좌우에 2구씩 봉안하기도 한다.

지국천왕과 증장천왕은 칼을 들고 석굴 밖 동해를 향하고 있다. 광목천왕은 다른 천왕과 달리 두 다리를 앞뒤로 꼬고 있는 모습이다. 이들 세 천왕은 무인의 모습으로 긴 칼을 잡고 있지만, 다문천왕은 굴 안을 향해 오른손으로 보탑을 들고 있다. 보탑은 1962년 석굴암 중수 때 석굴 앞의 땅속에서 발굴된 것을 복원했다.

악귀들은 표정이나 몸의 비틀림이 각양각색이다. 그들은 어깨나 머리, 엉덩이로 천왕들을 떠받치고 하늘을 날아다니는 역할을 한다. 석굴암의 절묘한 조각 기법이 제대로 느껴지는 걸작이다.

금강역사(양쪽 끝) 왼쪽이 '아' 금강역사. 오른쪽이 '훔' 금강역사.

사천왕 왼쪽부터 증장천왕(남방), 광목천왕(서방), 다문천왕(북방), 지국천왕(동방). 증장천왕과 지국천왕은 두 손에 칼을 든 모습이 비슷하지만 올라타고 있는 악귀의 모습이 사뭇 다르다. 광목천왕은 얼굴 부분이 따로 제작되어 있어 후대에 보수된 것으로 추정된다. 왼손으로 옷자락을 쥐고 오른손으로 보탑을 받친 것이 다문천왕이다.

본존불

본존불은 주실 한가운데, 연꽃무늬가 위아래로 조각된 거대한 원형 대좌에서 결가부좌하고 있다. 불상의 3대 필수 요소는 불신, 대좌, 광배이다. 깨달음을 상징하는 광배는 다른 불상처럼 직접 머리에 부착하는 대신 머리에서 떨어진 후면 벽에 타원형으로 붙여 놓았다. 광배를 타원형으로 만든 것은 일정한 거리에서 보면 도리어 그것이 원형으로 보이기 때문이다. 그 일정한 거리는 본존불 키의 세 배쯤 되는 거리인데, 그 지점에서 보면 희한하게도 본존불의 머리가 광배의 한가운데 놓이게 된다. 이쯤 되면 석굴암의 장인들은 수학의 천재였다고 해도 틀린 말이 아니다.

석굴암의 본존불이 어떤 부처님인가에 대해서는 논쟁이 있다. 한편에서는 석가모니불이라고 주장하고 다른 한편에서는 아미타불이라고 주장한다. 양쪽이 나름의 근거를 대면서 팽팽히 맞서고 있는 것을 보면 둘 다일지도 모르겠다.

우선 석가모니불이라는 주장은 본존불의 크기와 모양이 현장의 『대당서역기』에 기록된 인도 부다가야(菩提伽)의 석가모니불과 정확하게 일치한다는 데 근거를 두고 있다. 본존불의 수인인 '항마촉지인'도 석가모니의 수인과 같다. 고행 끝에 보리수 아래에서 깨달음을 얻은 석가모니의 모습을 신라인이 경주에서 완벽하게 재현했다는 것이다.

아미타불이라는 주장도 만만치 않은 근거를 제시한다. 첫째, 일제 강점기에 일본 학자가 본존불을 석가여래로 보기 전에는 아미타불로 불려 왔다고 한다. 1891년(고종 28) 석굴암을 중수할 때 마련된 현판에는 '미타굴'이라고 쓰여 있었다. 그보다 먼저 만들어져 현재까지 석굴암에 걸려 있는 현판의 글씨는 '수광전'이다. 수광전은 아미타불을 뜻하는 무량수불, 무량광불에서 '수'와 '광'을 딴 것이다. 둘째, 석굴암 본존불은 서쪽에 앉아서 동쪽을 바라보는 방위를 취하고 있다. 아미타불이 있는 극락세계가 서방 정토라는 점에서 이것도 본존불이 아미타불이라고 주장하는 사람들의 근거로 제시되곤 한다. 셋째, 『삼국유사』에 따르면 석굴암은 불국사와 달리 세상을 떠난 선조의 명복을 빌기 위해 조성되었다. 그런 목적이라면 석굴암의 본존불로는 서방 정토의 아미타불을 봉안하는 게 합당하다고 한다.

광배 좌우(224.2센티미터)가 상하(228.2센티미터)보다 더 짧은 타원형이다.

석굴암 본존불 세계 석굴 조각의 걸작으로 꼽히는 높이 약 3.4미터의 거대한 불상. 연화좌 위에서 결가부좌한 모습을 화강석으로 조각했다. 본존불이 하고 있는 항마촉지인은 검지를 조금 들어 주위의 악마들을 물리쳤다는 깨달음의 순간을 상징하고 그것을 형상화한 수인이다.

십일면관음보살

본존불의 바로 뒤에는 십일면관음보살상이 조각되어 있다. 따라서 본존불 앞에 서 있으면 보이지 않는다. 본존불을 제외한 석굴암의 다른 조각상처럼 십일면관음보살상도 부조로 새겨져 있으나, 매우 정교하게 조각되어 마치 입체적인 환조(丸彫)처럼 보인다.

'십일면'이란 보살의 머리 위에 새겨진 열한 개의 얼굴을 가리킨다. 그 가운데 맨 꼭대기의 광배가 있는 조각상은 일본인이 근거 없이 만들어 올려놓은 것이라고 한다. 십일면관음보살상을 환조로 만들면 앞에 10면, 뒤에 1면을 조각한다. 그러나 석굴암에서처럼 부조로 새길 때는 뒷면을 표현할 수 없으므로 10면만 새긴다고 한다 (강우방 외, 『한국 미의 재발견 – 불교 조각』).

조각이란 어떤 면에서는 보이지 않는 마음을 밖으로 드러내는 작업이다. 중생에 대한 관세음보살의 무한한 자비심을 하나의 얼굴에 다 담는 것은 불가능하다. 바로

그런 다면적인 자비심을 여러 개의 얼굴 조각으로 표현한 것이라고 하겠다.

관음보살은 석가모니의 자비심을 형상화한 존재이다. 어머니의 자애로운 마음과 같은 자비심을 표현하기 위해 관음상은 종종 여성으로 나타난다. 석가모니는 남성이고 남성의 형상으로 표현되지만, 그 자비심은 여성으로 표현한 것이다. 음과 양이 합쳐 태극이 되듯이, 석가모니와 관음보살은 하나로 합쳐 완전한 모습이 된다. 그래서 십일면관음보살은 본존불의 등 뒤에 숨어 있는 것처럼 표현되었다. 이 같은 본존불과 관음상은 절대자의 모습이고, 주실의 나머지 조각상들은 본존불을 찬미하는 모습을 하고 있다.

십일면관음상 앞에는 원래 탑이 있었다. 주실 중앙의 본존불 앞뒤 두 곳의 사각형 대석(臺石) 위에 작은 석탑을 세웠다. 동서로 쌍탑을 배치한 불국사처럼 석굴에도 부처의 사리를 간직한 쌍탑을 조성한 것이지만, 지금은 볼 수 없다. 사리공이 뚫린 대석 두 개와 석탑 파편만이 국립경주박물관에 전시되어 있다.

십일면관음보살 불교의 자비심을 상징하는 관음보살은 자유자재로 몸을 바꾸어 나타나는 것이 특징이다. 십일면관음은 관음 신앙의 발전에 따라 나타난 다양한 변화관음 중 하나이다. 석굴암 십일면관음상과 경주 낭산에서 출토된 십일면관음상이 한국의 대표적인 십일면관음상으로 꼽힌다.

범천·제석천과 십대 제자

주실 벽면에는 십일면관음상을 중심으로 범천과 제석천, 문수보살과 보현보살, 좌우 다섯 명씩 열 명의 군상이 대칭을 이루며 배치되어 있다. 부처의 말씀을 듣기 위해 모여든 회중(會衆)이다.

양쪽 끝에서 본존불을 호위하고 있는 범천과 제석천은 인간 세상을 지키는 열두 하늘의 신인 십이천(十二天)의 구성원이다. 범천은 인도에서 브라흐마라고 불리며 창조주로 추앙받는 신이었다. 제석천은 인도에서 인드라라고 불리던 삼십삼천의 천황으로, 신들의 나라인 도리천을 다스렸다. 오른손에 중생을 인도하며 번뇌를 물리치는 지팡이인 불자(拂子), 왼손에 번뇌를 깨뜨리는 보리심을 상징하는 금강저(金剛杵)를 쥐고 있다. 두 신은 석가모니가 설법할 때 그 자리를 지키는 호법신이 되었다.

보현보살과 문수보살은 석가모니불을 좌우에서 모시는 협시보살로 알려져 있다. 『화엄경』에서는 비로자나불의 협시보살로 등장한다. 보현

보살은 속세에서 실천적인 구도자의 모습으로 수행하고, 문수보살은 지혜로움을 상징한다. 불교에서 지혜가 완성되었다는 것은 득도의 경지에 올라 깨달음을 얻었다는 뜻이다. 두 보살은 부처의 지혜와 실천을 의미하면서 부처와 함께 삼존불을 이룬다.

보현보살과 문수보살 사이에서 십일면관음상의 좌우에 다섯 명씩 자리 잡은 열 명의 군상은 왜소한 체구의 노인부터 건장한 청년까지 다양한 모습을 하고 있다. 본존불이 석가모니라면 이들은 『유마경』에 나오는 사리불, 마하가섭 등 석가모니의 십대 제자가 유력하다. 그러나 본존불이 아미타불이라면 그 군상을 석가모니의 제자로 보기는 어렵다. 그때는 그냥 열 명의 나한으로 부르기도 한다. 만약 그들이 석가모니의 십대 제자라면 한국 불교 미술에서 십대 제자를 구체적으로 표현한 최초의 사례라고 한다. 이국적인 골상과 눈, 코 등의 생김새가 동아시아에서는 비슷한 사례를 찾아볼 수 없는 조각상이다.

범천, 보현보살과 다섯 명의 군상(왼쪽부터) 범천은 달걀을 거꾸로 놓은 모양의 두광(頭光)이 돋보인다. 보현보살은 왼손에 경전을 잡고 본존을 향해 우아한 자태로 서 있다.

다섯 명의 군상과 문수보살, 제석천(왼쪽부터) 문수보살은 오른손으로 잔을 받쳐 들고 본존을 향해 우아한 자태로 서 있다. 제석천은 불자와 금강저를 들고 아직도 욕심을 끊지 못한 천상계의 존재들을 굽어보는 모습이다.

감실의 보살들 땅의 세계와 하늘 세계의 중간 다락방에서 본존불의 공덕을 찬양하고 있다. 모두 앉아 있는 모습으로 표현한 점이 눈길을 끈다. 왼쪽에서 세 번째가 지장보살이다. 한국에서 현존하는 지장보살상 가운데 가장 오래된 조각상이다. 그 오른쪽이 유마거사와 문수보살이다.

보살들의 대화

주실 벽면 윗부분에는 마치 오페라 극장의 2층처럼 본존불을 빙 돌아가며 열 개의 감실이 배치되어 있다. 그리고 감실마다 하나씩 보살 좌상을 모셨다. 입체적으로 구성된 감실들 덕분에 주실의 공간은 실제보다 훨씬 더 넓어 보인다. 각 감실의 주인인 보살 좌상들은 일제히 시선을 본존불에 맞추고 그를 찬미하고 있다. 밝고 부유한 곳보다는 어둡고 가난한 곳에서 부처의 지혜와 자비를 실천하는 보살의 특징이 잘 표현되어 있다. 감실을 이런 형식으로 배치하는 것은 중국과 인도의 석굴 사원에서도 쉽게 찾아볼 수 있다.

감실 속 좌상들은 유마거사와 문수보살, 그리고 『불정존승다라니염송의궤법』에 나오는 팔대보살로 추정된다. 그들 가운데 현재 이름을 알 수 있는 좌상은 유마거사와 문수보살 외에 지장보살 정도이다. 지장보살은 삭발한 머리에 왼손으로 보주(寶珠)를 받들고 가사를 걸쳤다. 그는 중생이 모두 성불하기 전에는 자신도 부처가 되지

않겠다고 결심하고 지옥문을 지키면서 중생을 구제하는 보살이다.

유마거사와 문수보살은 가운데 자리 잡은 두 감실에서 본존불의 광배를 두고 마주 보고 있다. 그들이 나누는 이야기는 『유마경』이라는 경전에 전한다. 재가 수행자인 유마거사가 몸이 아플 때, 문수보살이 병문안하러 가서 유마거사와 문답을 나누었다. 긴 대화 끝에 문수보살은 유마거사에게 궁극의 상태인 '불이법문(佛二法問)'이 무엇이냐고 물었다. 유마거사는 아무 말도 하지 않고 침묵으로 답을 대신했다. 그러자 문수보살은 "훌륭하도다. 문자도 언어도 없는 이것이야말로 절대 평등한 경지이다."라고 감탄했다고 한다.

부처 역시 궁극의 진리를 중생에게 전하기 위해 존재했다. 하지만 그 신묘한 진리를 어떻게 한계가 분명한 언어로 중생에게 전할 수 있겠는가? 이것이 곧 석가모니가 십대 제자 중 한 명인 마하가섭에게 아무런 말도 하지 않고 미소로 진리를 전한 '염화미소'의 마음이라고 한다.

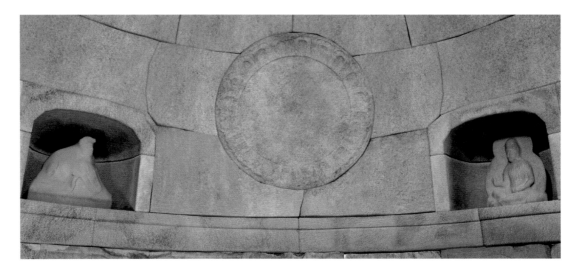

유마거사(왼쪽)와 문수보살 『유마경』에 나오는 문수보살과 유마거사의 문답을 묘사했다. 유마거사는 두건을 쓰고 움츠린 환자의 모습을 하고 있다. 낮은 자세로 병든 사람들 속으로 들어간다는 뜻이다.

경주 남산의 주요 불교 유적

신라의 흥망성쇠를 함께한 남산에는 수많은 유적, 그중에서도 특히 불교 유적이 밀집해 있다. 국립문화재연구원에 따르면 남산에는 왕릉 13기, 산성 터 4개소, 절터 147개소, 불상 118체, 탑 96기, 석등 22기, 연화대 19점 등 672점의 문화유산이 남아 있다.

탑곡 마애불상군 삼층석탑 마애불상군 남쪽에 서서 맞은편 바위에 새겨진 삼존불과 석불 입상을 바라보고 있다.

남간사지 당간지주 신라 사찰인 남간사 터에서 약 500미터 떨어진 논 가운데 세워져 있다. 통일 신라 중기 작품이다. 보물.

삼릉계곡 선각육존불 한국의 선각 마애불 중 으뜸가는 작품으로 꼽히는 선각육존불 가운데 동쪽 바위 면에 새겨진 석가삼존불이다. 경상북도 유형문화재.

용장사지 일제 강점기에 용장사곡을 발굴 조사하던 중 용장사라고 쓴 기와 조각이 발견되었다. 김시습이 이 절에서 『금오신화』를 썼다.

국립경주박물관
낭산마애삼존불
능지탑
낭산
상서장
불곡
선덕여왕릉
일성왕릉
옥룡암
사천왕사터
효공왕릉
나정
신문왕릉
남간사지 당간지주
탑곡마애불상군
탑곡
창림사지
보리사
미륵곡석불좌상
포석정지
지마왕릉
부엉골마애여래좌상
해목령 삼거리
삼불사
부흥사
늠비봉오층석탑
철와곡
선방곡선각여래입상
삼릉
삼릉계곡선각육존불
석조여래좌상
서출지
경애왕릉
삼릉계곡마애관음보살상
무량사
상선암
국사곡삼층석탑
남산동 삼층석탑
삼릉계곡마애석가여래좌상
남산부석
금오봉
국사곡
팔각정 터
염불사지
약수계곡
약수계곡마애불입상
지암골
약수계곡석불좌상
연화대좌
용장사곡삼층석탑
용장사지 마애여래좌상
이영재
용장사곡
용장사지
석조여래좌상
용장계곡
신선암마애보살반가상
천우사
칠불암 마애불상군
관음사
고위봉
칠불암
열반재
봉화대
백운재
천룡사
백운암
열암곡석불좌상
틈수골
열암곡마애불상
와룡사
천룡사지삼층석탑
백운골
새갓골
용산서원

열암곡 마애불상 2007년 5월 말 경주 남산 열암곡에서 경사면을 따라 앞쪽으로 넘어진 상태로 발견되었다. 통일 신라 때 작품. 불상을 새긴 바위는 폭 4미터, 높이 6.8미터, 두께 2.9미터의 크기에 무게는 무려 80톤에 이른다.

3 남산 – 거대한 불교 미술관

남산은 경주 남쪽에 한 장의 나뭇잎 모양으로 펼쳐져 있다. 어떤 이는 거북이가 서라벌 깊숙이 들어와 엎드린 형상이라고도 한다. 어느 쪽이든 남산은 앞에서 돌아본 토함산과는 다른 느낌의 산이다. 토함산은 재상 김대성이 전생과 현세의 부모를 위해 석굴암과 불국사를 지었다는 이야기가 전할 만큼 엄숙하고 귀족적인 분위기가 물씬하다. 반면 남산에 오르면 왕실이나 귀족은 물론 경주의 여염집마다 하나씩은 소유하고 있었을 듯한 암자와 불상을 곳곳에서 만날 수 있다. 토함산이 보통 사람은 범접하기 어려울 것 같은 국가적 신앙의 터전이었다면, 남산은 왕실부터 일반 백성에 이르기까지 경주에 사는 사람이라면 누구나 찾아가 소원을 비는 열린 공간이었다고 해도 틀린 말은 아닐 것이다.

남산 주변에는 시조 박혁거세와 관련된 초기 유적과 왕릉뿐 아니라 망국의 한이 어린 포석정 터도 있어 신라 천 년의 역사가 함께하고 있다. 남산에는 불교가 들어오기 전부터 신앙의 대상이 된 바위들이 있었다. 그 바위들이 마애불 같

목 없는 부처 경주 남산 냉곡 석조여래좌상. 삼릉에서 계곡 쪽으로 올라가면 만날 수 있다. 왼쪽 어깨에서 흘러내린 가사 끈, 아래옷을 동여맨 끈, 무릎 아래로 드리운 두 줄의 매듭이 사실적으로 표현되어 있다. 8세기 중엽 불상과 복식사 연구의 중요한 자료로 여겨진다. 삼릉계곡 석조여래좌상과는 다른 불상이다(76쪽 참조).

은 불상과 탑으로 바뀌어 남산을 불교의 성산으로 만들었다. 언제부터인가 남산은 신라 사람들에 의해 동쪽의 청송산, 서쪽의 피전, 북쪽의 금강산과 더불어 네 곳의 영험한 땅(四靈地)으로 불리게 되었다. 『삼국유사』에 따르면 신라인이 남산에서 국가 대사를 논의하면 반드시 이루어졌다고 한다. 그런가 하면 남산은 신라의 멸망을 예고한 땅이기도 했다. 어느 날 헌강왕(재위 875~886)이 포석정에 행차하자 남산의 신이 왕 앞에 나타나 춤을 추었다고 한다. 이것은 곧 망국의 경고였는데, 사람들은 이를 깨닫기는커녕 오히려 상서로운 징조라고 여겨 사치스러운 생활을 계속하다가 결국 멸망에 이르렀다는 것이다.

따라서 신라의 역사와 신라인의 불교문화를 온몸으로 느끼고 싶다면 남산으로 올라가는 것도 좋은 방법이다. 남산은 일반적으로 북쪽의 금오봉과 남쪽의 고위봉 사이에 있는 산과 계곡 전체를 일컫는다. 남북 약 8킬로미터, 동서 약 4킬로미터. 골은 길고 능선은 변화무쌍하며 기암괴석이 만물상을 이루고 있다. 그래서 남산을 작지만 큰 산이라고들 한다.

60여 개의 능선과 골짜기를 품고 있는 남산은 동남산과 서남산으로 구분하기도 한다. 동남산은 소나무 우거진 깊은 골짜기 곳곳에 절터와 탑, 불상 따위를 숨겨 두고 있는 것처럼 보인다. 서남산은 길게 뻗어 내린 타원형의 지형에 수많은 절터를 간직하고 있다. 서남산에는 크고 거친 바위가 많고 경사가 가파르지만, 암석의 질이 좋아 마애불도 많다. 그래서인지 동남산보다는 서남산에 불교의 유물과 유적이 더 많이 남아 있다.

신라 불교의 야외 박물관이라고 불리는 남산을 거닐다 보면 극락왕생을 꿈꾸던 신라인의 마음이 절절하게 와 닿을 것이다. 신라는 역사 속으로 사라졌지만, 남산은 오랜 세월 그 자리에서 신라인의 삶과 꿈을 간직하고 있다.

동남산 순례

동남산 기슭과 남천을 끼고 모여 있는 불교 유적은 천년 왕국 신라의 역사와 전설을 고스란히 간직하고 있다. 남천은 토함산에서 내려와 내동 평야를 가로지른 뒤 동남산을 감싸고 흐른다. 왕도의 풍요로움을 상징하는 이 물줄기는 계속해서 월명리를 거쳐 월성을 휘감아 돈다.

그 물길을 따라 남산으로 가는 길에 만나게 될 유적을 몇 가지만 꼽아 보자. 남천 위에 새로 놓인 월정교는 월성과 남산을 이어 주던 다리였다. 그곳을 지나면 당에 가서 고생하던 태종 무열왕의 둘째 아들 김인문을 위해 사람들이 지었다는 인용사 터가 나온다. 유학자 최치원이 국정 쇄신책인「시무 십여 조(時務十餘條)」를 지어 진성여왕에게 바쳤다는 상서장도 남산 초입에서 놓칠 수 없는 유적이다.

동남골 북쪽 기슭으로 들어가면 불곡이라는 골짜기에서 바위 속에 숨은 부처를 만날 수 있다. 바위에 조그마한 감실을 파고 그 속의 화강암을 다듬어 소담스러운 마애여래좌상을 빚어냈다. 프랑스 조각가 오귀스트 로댕은 조각이란 돌 속에 숨어 있는 형태를 찾아내는 것이라고 했다. 신라인은 그 말대로 남산의 이름 없는 바위에서 그 속에 숨어 있던 부처를 찾아낸 것이 아닐까? 제작 연대가 7세기 초로 추정되므로 현재로서는 신라에서 가장 오래된 석불이라 할 수 있다. 신라뿐 아니라 한국 역사상 최초의 여왕인 선덕여왕을 모델로 했다는 설도 있다.

불곡을 지나 조금만 더 들어가면 이번에는 탑곡이라는 골짜기가 나타난다. 불곡이 불상의 골짜기였다면 탑곡에는 탑이 새겨진 바위가 있을 것이라고 예상할 수 있다. 탑곡으로 들어가면 옥룡암이라는 사찰에서 잠시 쉬었다 갈 수 있다. 일제 강점기에 시인 이육사를 비롯한 애국지사들이 머물다 가기도 한 절이다. 사시사철 아름다운 풍광에 많은 사람이 찾는다.

옥룡암 뒤에 솟아 있는 거대한 바위는 사방에 부처님이 새겨져 있는 부처 바위이다. 동서남북의 바위 면에 돌아가며 새겨 넣은 그 부처님들을 탑곡 마애불상군이라고 한다. 바위의 동쪽 면에는 본존불과 보살이 나란히 앉아 있고 하늘에서 일곱 비천이 날아 내려온다. 본존불과 보살 왼쪽 아래에는 공양드리는 스님의 모습도 새겨져 있다. 서쪽 면에서도 다정다감한 모습의 부처와 비천을 만날 수 있다. 남쪽 면에는 앉아서 담소를 나누는 듯한 삼존불이 새겨져 있다. 그 옆에는 불상 하나가 덩그러니 서서 맞은편의 삼층석탑을 바라보고 있다(52쪽, 72쪽 참조). 북쪽 면에는 9층과 7층의 두 탑이 있고, 그 가운데 연꽃 받침대 위에 앉아 있는 부처님이 보인다. 9층 탑은 황룡사 구층목탑을 형상화한 것이라는 설이 전한다.

불곡 마애여래좌상(위 왼쪽) 이 불상에서 불곡이라는 이름이 유래했다. 한국에서 감실을 파고 불상을 새긴 가장 이른 사례로 꼽힌다. 보물.

탑곡 마애불상군 북쪽 면 탑곡 마애불상군은 높이 약 9미터, 둘레 약 26미터의 큰 바위 4면에 새겨진 수십 구의 불상과 기타 조각이다. 보물. 북면에는 9층 탑과 7층 탑이 서 있고, 탑 상륜부 사이 연꽃 대좌에 불상이 앉아 있다.

옥룡암(아래) 남산 동북쪽 기슭 탑곡에 있는 절. 오랫동안 옥룡암으로 불리다가 2000년대 들어 불무사(佛無寺)로 공식 명칭이 바뀌었다. 그러나 많은 사람이 여전히 옥룡암이라 부른다. 사진은 대웅전.

미륵곡 석조여래좌상 (위)
전체 높이 4미터, 불상 높이 2.35미터. 보물.

국사곡 제4사지 삼층석탑
9세기 중반 이후에 제작된 통일 신라 시기 석탑으로 추정된다. 경상북도 유형문화재.

신선암 마애보살반가상 (오른쪽) 높이 1.4미터. 구름 위에 앉아 있는 것처럼 보이는 조각상으로, 통일 신라 때인 8세기 후반의 작품으로 보인다. 보물.

탑곡 바로 남쪽이 미륵곡이다. 그곳에 있는 보리사는 남산에서 가장 큰 절로, 통일 신라가 기울어 가던 886년(헌강왕 12)에 지어졌다. 경술국치 직후인 1911년부터 중창과 중수를 거듭하다가 1980년에 대웅전, 선원(禪院), 승려들의 거처인 요사채를 세워 비구니 사찰로 새롭게 단장했다.

보리사 왼쪽으로 올려다보면 석조여래좌상이 우뚝 솟아 있다. 미륵곡뿐 아니라 신라 전체를 대표하는 2.7미터 높이의 화려한 광배가 인상적이다. 광배 뒷면에는 중생을 치료할 약그릇을 들고 있는 약사여래좌상이 가느다란 선으로 새겨져 있다. 이처럼 광배 뒷면에 새긴 불상을 '배면불'이라 한다. 배면불은 경상남도 밀양의 무봉사 석불좌상, 경북대학교 야외박물관의 석불좌상 등 그 사례가 매우 드물다.

석조여래좌상 부근 경사가 가파른 산허리의 바위에서는 보리사 마애석불이 등산객을 반가이 맞는다. 높이 2미터의 바위 벽을 얕게 파 1.5미터 정도의 공간을 만들고 그 안에 1미터가 채 안 되는 작은 부처를 돋을새김으로 조성했다. 생글거리면서 웃고 있는 모습에 힘겨웠던 발걸음이 다시금 가벼워진다.

멀리 선덕여왕이 잠든 낭산을 바라보며 남쪽으로 이동해 금오봉 쪽으로 올라가면 국사곡이 나온다. 동남산에서 세 번째로 큰 계곡으로, 길이가 1.2킬로미터에 이른다. 그곳의 유래는 다음과

같다. 경덕왕이 실제사의 잉여 스님을 궁궐에 청해 제를 지내고 절까지 모셔다 드리게 했는데, 도중에 스님이 사라졌다. 왕이 신기하게 여겨 그를 국사로 봉하고 그가 사라진 곳을 '국사방'이라 불렀다(『삼국유사』). 오늘날 국사곡이 그 자리로 추정되고 있다. 이곳에는 여러 개의 작은 사찰이 있었으나 지금은 대부분 터만 남아 있다. 그중 하나인 제4사지에는 아담한 삼층석탑이 남아서 그 옛날 장삼이사들의 불심을 전해 주고 있다.

능선을 타고 조금 더 내려가 고위봉 쪽으로 가다 보면 칠불암이 나온다. 칠불암 암벽에는 삼존불이 새겨져 있고, 그 앞 돌기둥의 네 면에도 모두 불상이 새겨져 있다. 이들은 남산의 대표적인 마애불상군으로 '사방불'이라고도 불린다.

칠불암 위에 솟은 신선암에서는 삼면 보관을 쓴 보살이 반가부좌를 하고 동해를 굽어본다. 남산의 유일한 반가상으로, 마치 구름 위에 앉아 있는 것처럼 보인다. 그에게 손을 흔들고 하산하다 보면 열암곡에서 발견된 석불좌상과 마애불상이 인사를 건넬 것이다(72쪽 참조).

동남산의 불교 유산은 안온하다. "아아, 임금답게 신하답게 백성답게 할지면 나라는 태평하리라."고 했던 충담사의 「안민가」가 떠오른다. 천 년의 세월 동안 남산에도 온갖 환란이 밀어닥쳤겠지만, 남아 있는 불상은 신라의 가장 평온하던 순간들을 포착해 그대로 머금고 있다.

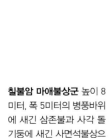

칠불암 마애불상군 높이 8미터, 폭 5미터의 병풍바위에 새긴 삼존불과 사각 돌기둥에 새긴 사면석불상으로, 모두 일곱 불상이 모셔져 있다. 국보.

서남산 순례

서남산이 자랑하는 석불의 위용은 삼불사 옆에 모셔 놓은 석조여래삼존입상에서 시작된다. 2미터가 훌쩍 넘는 커다란 체구에 어울리지 않는 어린아이 같은 표정이 정겹다. 삼국 시대 신라 석불의 걸작이라 할 만하다.

삼불사에서 조금 더 내려가면 동서로 나란히 자리 잡은 삼릉이 나온다. 아달라 이사금, 신덕왕, 경명왕 등 박씨 성을 가졌던 세 왕의 무덤이다. 북쪽의 오릉에 묻혀 있는 박혁거세, 남쪽에 묻힌 경애왕도 박씨라는 것을 고려하면 서남산 기슭은 박씨 왕가와 유난히 인연이 많은 셈이다.

삼릉 일대의 계곡을 삼릉계곡이라 하는데, 그곳이야말로 석불의 천국이라 해도 과언이 아니다. 삼릉계곡을 따라 상선암이라는 암자를 향해 걷다 보면 왼쪽으로 큰 바위에 새긴 마애관음보살상이 나타난다. 마치 하늘에서 방금 내려와 세상의 소리를 듣고 있는 듯 귀를 쫑긋 세우고 있다. 상선암을 지나면 이번에는 마애석가여래좌상이 나타난다. 머리만 인공으로 다듬었을 뿐 몸체는 자연 바위 그대로이다. 몸체에서는 인공을

배동 석조여래삼존불입상
아기 같은 짧은 체형, 단순화된 선 등이 북주, 수의 불상과 유사하다. 7세기 신라 불상 조각의 대표작으로 평가된다. 남산 기슭에 흩어져 있던 것을 1923년에 모아 놓았다. 세 불상의 양식이 같은 것으로 보아 처음부터 삼존불이었으리라 여겨진다. 근래 중창된 삼불사 옆에 있다. 본존불 높이 2.75미터, 좌우 협시상 높이 각각 2.36미터. 보물.

생략하고 선각으로만 손발을 묘사하는 방식으로 주위의 바위산과 조화를 지향했다.

마애관음과 마애석가 사이에는 선각육존불과 석조여래좌상이 자리 잡고 있다. 선각육존불은 바위를 화폭 삼아 석가삼존불과 아미타삼존불을 그린 선화(線畵)이다. 종이나 비단에 그린들 그보다 섬세하고 정교할까 싶다. 동쪽에는 석가삼존불을 새기고 서쪽에는 아미타삼존불을 새겨 현생과 내세를 상징했다(72쪽 참조).

석조여래좌상은 선각육존불을 지나 상선암 못 미친 곳에 있다. 다부진 표정, 왼쪽 어깨에만 걸쳐 입은 옷, 균형감 있는 앉은 자세, 가는 허리에서 힘과 안정감이 느껴진다.

삼릉계곡 마애석가여래좌상(왼쪽) 높이 7미터, 너비 5미터의 거대한 자연 암벽에 6미터 높이로 새겼다. 남산의 불상 중 두 번째로 크고, 좌불 중에서는 가장 크다. 통일 신라 시대 후기의 작품으로 추정된다. 경상북도 유형문화재.

삼릉계곡 석조여래좌상
계곡에 묻혀 있던 것을 1964년에 발견해 옮겨 놓았다. 팔각의 연화 대좌에 새겨진 연꽃무늬와 당당하고 안정된 자세 등으로 볼 때 8~9세기에 만들어진 통일 신라 시기 작품으로 보인다. 보물.

약수계곡 마애불입상(왼쪽) 약수계곡의 큰 바위 남쪽 면에 새겨져 있다. 바위를 깎아 높이 8.6미터의 불상 몸체를 만들고, 머리와 양발은 별도의 돌을 다듬어 올렸다. 안타깝게도 머리와 오른발은 없어졌다. 경상북도 유형문화재.

용장사곡 석조여래좌상 '삼륜대좌불'이라고도 한다. 머리 부분이 없어져 양식을 명확히 알 수 없지만, 석굴암 감실의 불상들과 비슷한 점이 많은 것으로 평가된다. 통일 신라 시기. 보물. 전체 높이 4.56미터.

상선암을 지나 금오봉에 오르면 약수계곡 내려가는 곳에서 남산 최대의 불상인 마애불 입상을 볼 수 있다. 남산에 이처럼 마애불이 많은 것은 신라 불교가 전통의 바위 신앙을 이어받았기 때문이다. 불교가 들어오기 전부터 남산의 바위 속에 깃들었다고 믿어진 신들이 불교 전래 이후에는 부처와 보살로 변신해 남산을 불교의 성산으로 만들었다.

금오봉에서 남쪽으로 하산하는 길에 용장계곡이 있다. 신라 고승 태현이 머물면서 법상종의 토대를 닦은 용장사에서 유래한 이름이다. 신라의 거대 사찰 가운데 하나로 손꼽힌 용장사는 지금은 터만 남아 있다. 김시습이 이곳에서 『금오신화』를 집필했다는 기록으로 볼 때 조선 중기까지는 사찰이 있었던 것으로 여겨진다. 동쪽 능선 위에는 용장사곡 삼층석탑이 우뚝 서 과거의 영화를 증언하고 있다(47쪽 참조).

용장사 터 부근에 머리 없는 용장사곡 석조여래좌상이 앉아 있다. 한국 불상 가운데는 유례를 찾아볼 수 없는 삼륜(삼층) 대좌 위에 석불을 올려놓았다. 『삼국유사』에 따르면 태현 스님이 용장사에서 미륵에게 기도하면서 돌면 미륵도 스님을 따라 고개를 돌렸다고 한다. 용장사곡 석조여래좌상이 바로 그 미륵 아니었을까? 지금은 머리가 없으니 이 석불이 정말 기도하는 사람을 따라 고개를 돌리는지 확인할 길은 없다.

고위봉에서 남쪽으로 내려가다 보면 또 하나의 큰 절이었던 천룡사 터와 만난다. 이곳은 그야말로 빈터였으나 고고학자들의 노력에 의해 1990년 통일 신라 시절의 탑이 복원되었다. 천룡사지 삼층석탑. 남산의 하산 길을 허전하지 않게 하는 또 하나의 감상 포인트가 생긴 것이다.

천룡사지 삼층석탑 단층 기단 위에 3층의 탑신을 쌓은 통일 신라의 일반형 석탑. 높이 7미터. 9세기 무렵에 조성된 것으로 추정된다. 천룡사의 옛터에 무너져 있었으나 고고학자들의 노력에 의해 복원되었다. 보물.

통도사 개산대제 통도사는 646년(선덕여왕 15) 자장이 창건한 것으로 전한다. '개산(開山)'은 산문(山門)을 여는 일, 즉 산사의 창건을 뜻한다. 따라서 개산대제는 절의 창건일을 기념해 여는 큰 법회를 말한다. 통도사 개산대제는 자장이 영축산에 금강계단을 쌓아 부처의 사리와 가사를 봉안하고 통도사의 산문을 연 음력 9월 9일을 기념해 열리고, 보통 사나흘 동안 계속된다. 사진은 개산대제 때 꽃가지를 든 석가여래의 모습이 단독으로 그려진 괘불을 법당 앞뜰에 걸어 놓고 법회를 드리는 모습.

3

한국 가람 탐방

왼쪽 사진은 한국 최대의 사찰로 불리는 경상남도 양산 통도사에서 열리는 법회의 한 장면이다. 통도사는 부처님 사리를 모신 불보 사찰로서 고려 대장경을 보관한 법보 사찰 해인사, 고승들로 유명한 승보 사찰 송광사와 더불어 한국의 삼보 사찰로 꼽힌다. 영축산에 깃든 통도사는 전국의 명산에 자리 잡은 마곡사, 부석사, 봉정사 등 여섯 산사와 함께 한국을 대표하는 산지 승원으로 유네스코 세계문화유산에 등재되기도 했다. 부처님을 모시는 이 같은 대형 사찰 외에도 전국의 바닷가와 산속에는 관음보살, 지장보살, 미륵보살, 문수보살 등 특정한 보살을 모시는 곳으로 유명한 가람도 적지 않게 분포해 있다. 아울러 분단으로 인해 쉽게 가 볼 수 없게 된 북녘에도 오랜 전통을 이어 온 명찰들이 곳곳에서 명맥을 이어 가고 있다. 삼천리 강산을 일주하며 1500여 년 한국 불교의 깊고 넓은 자취를 살펴보자.

🔢 삼보 사찰

불교는 "삼보(三寶)를 거역하거나 불신하면 생사 윤회의 길에서 벗어나지 못한다."라고 가르친다 (『대품반야경』). 출가해 승려가 되려는 자는 반드시 삼보에 귀의하는 의식인 삼귀계를 거쳐야 한다. 이처럼 중요한 삼보는 무엇일까? 그것은 불교를 지탱하는 세 기둥이자 변치 않는 세 가지 보배를 가리킨다. 부처를 가리키는 불보(佛寶), 부처의 가르침인 경전을 지칭하는 법보(法寶), 그리고 부처의 가르침을 따르는 수행자를 일컫는 승보(僧寶)가 그것이다.

삼보는 석가모니가 녹야원에서 첫 설법을 한 후 다섯 비구가 출가해 교단을 형성했을 때 성립했다. 여기서 '비구'란 불교에서 출가해 구족계를 받은 남자 승려를 가리키는 말이고, 구족계는 승려가 지켜야 할 계율을 의미한다. 출가해서 구족계를 받은 여자 승려는 '비구니'라고 한다. 결국 불보는 석가모니, 법보는 그의 설법을 기록한 경전, 승보는 출가한 비구와 비구니였다.

한국 불교에는 바로 이 삼보를 하나씩 대표하는 삼보 사찰이 있다. 신라 때 창건된 통도사, 해인사, 송광사가 그것이다. 양산의 통도사는 부처님의 진신 사리를 봉안해서 불보 사찰, 경상남도 합천의 해인사는 고려 대장경을 봉안해서 법보 사찰, 전라남도 순천의 송광사는 청정한 수행자를 많이 배출해서 승보 사찰이 되었다. 통도사에 부처님의 진신 사리와 가사를 봉안한 사람은 신라 승려 자장이었다. 해인사는 강화도 선원사에 있다가 잠시 서울에서 보관하고 있던 고려 대장경판을 옮겨 왔다. 송광사는 고려 후기에 보조 국사 지눌이 결사불교운동을 펼치던 수선사였다. 보조 국사의 제자 가운데 열다섯 명이 국사의 지위에 오르면서 송광사는 뛰어난 스님을 여럿 배출한 사찰이 되었다.

세 사찰이 함께 삼보 사찰로 불리게 된 것은 조선 후기로 보인다. 19세기 후반의 성리학자 홍석주의 저서 『연천옹유산록(淵泉翁遊山錄)』에 그러한 호칭이 처음으로 나타났다. 불교계에서 처음으로 삼보 사찰을 언급한 기록으로는 조선 말기의 조계종 승려 설두유형이 쓴 「유형약초(有炯略抄)」가 꼽힌다.

해인사 고려 대장경판 고종(재위 1213~1259) 때 만든 대장경판. 경판의 수가 8만여 매에 이르러 '팔만대장경'으로 불린다. 초조대장경이 1232년 고려-몽골전쟁 때 불타자 다시 새겼으므로 '재조대장경판'이라고도 한다. 국보. 2007년 유네스코 세계기록유산 등재.

송광사에서 결사 불교를 펼친 지눌 송광사를 중심으로 활약한 고승 16명의 초상화 중 하나. 1780년(정조 4) 작품.

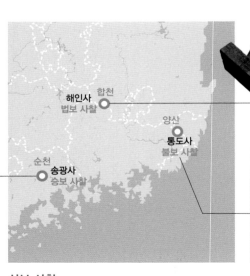

삼보 사찰
전통적인 승려 교육 과정에 필요한 선원, 강원, 율원의 기능을 다 갖추고 있어 '총림(叢林)'이라 부르기도 한다.

통도사 금강계단(金剛戒壇) 부처의 진신 사리를 모신 곳. 본래 커다란 연못이 있었는데, 그 연못을 메운 다음 그곳에 금강계단을 쌓고 통도사를 창건했다 전한다(『통도사사리가사사적약록』).

통도사

진입 문이 동쪽에 자리 잡은 구조이다. 전체적으로 남향이지만 여러 전각이 동서로 길게 배치되어 있다. 지형을 고려한 배치로 보인다. 경상남도 양산시 하북면 영축산.

해장보각
금강계단
산령각
삼성각
취운헌
대웅전
세존비각
응진전
탑광실
명부전
설법전
감로당
화엄전
관음전
불이문
대광명전
영각 응향각
한주실
용화전
황화각
영산전
약사전
극락보전
범종각
천왕문
명월료
성보박물관
일주문
탑전

통도사 - 불보 사찰

통도사는 50여 동의 전각과 20여 개의 암자를 거느린 한국 최대의 사찰이다. 통도사가 자리 잡은 영축산은 석가모니가 설법한 인도 영축산과 닮았다는 데서 비롯된 이름이다.

오랜 역사를 자랑하는 이 거대 사찰이 불보 사찰로 불리게 된 내력은 다음과 같다. 645년(선덕여왕 14) 자장이 당에서 부처의 머리뼈와 어금니, 불사리 100낱과 가사를 가져왔다. 그는 이듬해 통도사를 세우고 금강계단에 가사와 함께 사리 3분의 1을 봉안했다. 나머지 사리는 황룡사 탑과 울산의 태화사 탑에 두었다(『삼국유사』). 황룡사 탑은 고려-몽골전쟁 때, 태화사 탑은 조선 초에 사라졌으나 통도사 금강계단은 남아 있다.

통도사는 11세기 들어 고려 왕실로부터 지원을 받고, 13세기에는 원(元) 사신이 금강계단에 참배하는 등 명성을 떨쳤다. 1326년(충숙왕 13) 인도 승려 지공은 통도사에서 금강계단을 참배하고 석가의 가사와 사리를 직접 본 뒤 법회를 열었다. 지공은 당시 부처의 후신으로 일컬어질 만큼 존경받는 승려였다. 그런 고승이 직접 참배하고 법회를 열 정도라면 통도사의 격이 얼마나 높았는지 짐작할 수 있다. 고려 말에는 왜구의 잦은 침탈로 말미암아 통도사에 봉안된 부처님 사리 일부를 개경 용수산의 송림사 사리탑으로 옮겨 봉안하기도 했다.

이성계는 송림사에 봉안된 머리뼈 사리 일부를 가져다 두 번째 왕비 신덕 왕후의 원찰인 흥천사의 석탑에 안치했다(50쪽 참조). 태종(재위 1400~1418)은 살아생전 계모인 신덕 왕후와 사이가 좋지 않았다. 그는 아버지 태조가 죽자 흥천사에 모신 사리에서 치아 사리를 빼 궁궐 북쪽의 영당과 불당으로 옮겼다. 세종(재위 1418~1450)은 통도사 주지 덕관에게서 사리의 일부를 헌정받았다. 성리학을 숭상한 조선 왕실에서도 불사리는 이처럼 영험한 것으로 신봉되었다.

임진왜란 때는 일본군이 통도사의 사리를 약탈해 갔으나, 훗날 되찾아 금강계단에 다시 봉안했다고 한다. 이 같은 사실은 통도사의 사바교주 석가세존 금골사리 부도비에 적혀 있다.

통도사 대웅전 대웅전은 본래 석가모니불을 모시는 법당이지만, 이곳에는 불상이 없다. 별도로 금강계단을 설치해 부처의 진신 사리를 모시고 있기 때문이다. 4면에 다른 현판(대웅전, 대방광전, 금강계단, 적멸보궁)을 걸어 놓은 것도 특징이다. 국보.

해인사 - 법보 사찰

해인사는 합천 가야산에 자리 잡고 있다. 가야산이라는 이름은 석가모니가 깨달음을 얻은 인도의 부다가야에서 유래했다. '해인(海印)'은『화엄경』에 나오는 해인삼매에서 따온 이름으로, 삼매라는 수행법으로 모든 번뇌를 깨친 부처의 경지를 의미한다. 신라 화엄종을 시작한 의상의 제자 순응이 창건한 절인 만큼 화엄의 정신이 그 이름에도 깊이 배어 있다.

이처럼 심오한 뜻을 가진 해인사가 법보 사찰로 불리게 된 내력은 다음과 같다. 해인사는 802년(애장왕 3) 순응이 짓기 시작해 이정이 완성했다. 10세기 초 해인사 주지 희랑은 왕건이 견훤을 물리치고 후삼국을 통일하는 데 도움을 주었다. 그 공으로 고려 왕실의 지원을 받게 된 해인사는 고려-몽골전쟁 뒤에『고려왕조실록』을 소장하는 국가 사고(史庫)로 지정되었다.

13세기 고려-몽골전쟁이 한창일 때 고려 왕조는 부처님의 힘으로 외적을 몰아내겠다는 일념 아래 지금의 경상남도 남해에서 팔만대장경을 제작했다. 완성된 팔만대장경은 당시 고려 조정이 임시 왕도로 삼고 있던 강화의 선원사에 보관되었다. 팔만대장경이 해인사로 옮겨진 것은 조선 태조 때로, 지금의 장경판전은 성종(재위 1469~1494) 때 세워졌다.

장경판전은 3단 구조를 이루는 해인사의 가장 높은 곳에 자리 잡고 있으며 남쪽의 수다라장, 북쪽의 법보전 두 건물로 이루어져 있다. 둘 다 1488년(성종 19)에 창건되었는데, 오늘날 남아 있는 조선 전기 창고 건물은 이들뿐이다. 대장경을 보관하는 창고는 환기창의 모양과 크기를 면마다 달리해 내부 공기의 흐름이 원활하도록 배치했다. 내부 바닥재는 목판이 상하지 않도록 습도를 조절하고 해충을 예방하기 위해 숯, 횟가루, 소금을 섞어 만들었다. 팔만대장경이 그 오랜 세월 동안 원형대로 보존되어 세계기록유산으로 지정될 수 있었던 것은 바로 이 같은 보존의 과학 덕분이다.

장경판전 내부(왼쪽) 습도와 통풍이 자연적으로 조절되도록 설계했다. 일제강점기의 모습.

해인사 장경판전 대적광전 위에 자리 잡고 있어서 대적광전의 비로자나불이 대장경을 머리에 이고 있는 형국이다. 1995년 유네스코 세계문화유산에 등재되었다.

해인사

해인사는 크게 3단으로 나눌 수 있다. 아랫단은 입구를 비롯한 진입부이고, 중간단은 구광루와 대적광전을 중심으로 승방들이 배치된 영역이다. 대적광전 서쪽으로 관음전, 명부전 등 보살전들이 산재해 예불 공간을 이룬다. 장경판전은 맨 윗단에 자리 잡고 있다. 경상남도 합천군 가야면 해인사길 122.

송광사 – 승보 사찰

송광사의 전신은 통일 신라 말기에 창건된 길상사였다. 처음에는 평범했던 절이 승보 사찰로 불리게 된 내력은 이렇다. 1197년(고려 명종 27) 보조 국사 지눌은 길상사에 터를 잡고 수선사라는 신앙 결사를 조직했다. 당시는 무신정변으로 사회가 혼란스러워지고 불교계도 귀족과 결탁해 타락 일로를 걷고 있었다. 지눌은 종교와 정치의 분리를 주장하며 승려 본연의 모습으로 돌아가자는 운동을 전개했다. 그 후 송광사로 명칭이 바뀐 이 절은 조계종의 으뜸 사찰이 되었다. 송광사는 지눌의 제자들 중에서도 15명의 국사를 배출해 '동방제일도량'으로 높은 명성을 누렸다. 조선 중기 승려 무용수연의 말이다.

"송광사는 해동의 명찰로서 온 나라 사람이 귀천이 없이, 이것을 한 번 못 보는 것을 일생의 한으로 삼는다. 그것은 오직 16성(聖)의 옛 자취가 아직 보존되어 있기 때문이다."(『무용집』)

'16성'은 지눌과 그의 15제자를 가리킨다. 그러나 송광사가 배출한 고승은 그들에 국한되지 않는다. 조선 후기에는 고려 말의 고승인 나옹과 그의 제자인 무학을 송광사 주지로 추존하고, 두 고승을 앞선 16국사와 같은 반열에 올렸다. 이로써 송광사는 18국사를 배출한 승보 사찰이 되었다. 나옹과 무학은 그들의 스승인 인도 승려 지공과 함께 고려 말 조선 초의 3대 화상(和尙)으로 불리기도 한다.

송광사는 정유재란 때 화재로 황폐해진 것을 17세기 들어 네 차례나 고쳐 지었다. 그러나 해방 후 여수·순천사건과 한국전쟁이라는 비극을 거치면서 몇 차례 화재를 겪고 1988년 대대적으로 다시 지었다. 그래도 국사전, 약사전 등 오래된 법당과 임경당 등 유서 깊은 요사채는 일부 옛 모습을 간직하고 있다.

송광사 국사전(오른쪽) 보조 국사 지눌 등 송광사를 중심으로 활동한 16국사의 초상화를 봉안하기 위해 건립한 건물. 국보. 1995년에 발생한 도난 사건으로 지금은 3점의 초상화(보조 국사, 진각 국사, 정혜 국사)만 남아 있고 나머지는 사진으로 전한다.

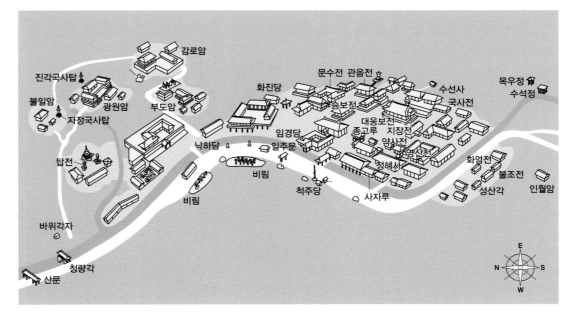

송광사

대웅전 등 중심부가 소실되기 전에는 80여 동의 건물이 줄지어 들어차 처마 밑으로 다니면 비를 맞지 않고 이동할 수 있었다고 한다. 전라남도 순천시 송광면 송광사안길 100. 송광사 홈페이지 (http://www.songgwangsa.org 〉 송광사 안내 〉 사찰둘러보기) 참조.

❷ 산사, 한국의 산지 승원

한국의 사찰은 도시형 사찰과 산사로 나뉜다. 조선 왕조가 불교를 억압하는 정책을 펴면서 도시형 사찰은 자취를 감추었다. 그러나 산사들은 종교 본연의 목적인 수행 도량으로 시설과 공간을 조성해 살아남았다. 어떤 의미에서는 전화위복이라고 할 수도 있었다. 오늘날 남방 불교 지역에서는 탁발하기 좋은 환경인 도시 근처에 절이 있고, 중국은 문화대혁명 이후 산사의 전통이 끊겼다. 신앙생활과 수행이 함께 이루어지는 산사의 전통을 지금까지 이어 오는 나라는 한국뿐이다.

바로 그런 이유로 한국의 일곱 산사는 2018년 '산사, 한국의 산지 승원'이라는 이름으로 유네스코 세계문화유산에 등재되었다. 충청북도 보은의 법주사, 충청남도 공주의 마곡사, 경상북도 영주의 부석사, 안동의 봉정사, 경상남도 양산의 통도사, 전라남도 순천의 선암사, 해남의 대흥사가 그 주인공이다.

유네스코 세계문화유산의 조건은 '유산의 완전성과 진정성 및 탁월한 보편적 가치(Outstanding Universal Value)'이다. 그것은 '현존하거나 이미 사라진 문화적 전통이나 문명의 독보적 또는 적어도 특출한 증거'라야만 한다. 또 '인류 역사에 있어 중요 단계를 예증하는 건물, 건축이나 총체, 경관 유형의 대표적 사례'여야 한다. 일곱 산사는 이 같은 까다로운 조건에 따른 심사를 거쳐야 했다. 세계유산위원회는 심사를 마친 뒤 "서기 7~9세기 창건 이후 현재까지 이어지는 지속성, 한국 불교의 깊은 역사성"을 높이 평가해 등재 판정을 내렸다.

한국의 산사에서 지속하고 있는 불교의 전통은 무엇일까? 내면적으로는 사찰 본연의 임무인 수행 정진의 진정성을 지키고 있는 것을 들 수 있다. 지금도 산사의 승려들은 선원, 강원, 염불원, 율원 등에서 전통적인 방법으로 공부와 수행에 정진하고 있다. 그들은 전통적 승가 공동체를 유지하면서 보편적인 신앙 의례를 지키고 있다. 새벽부터 시작하는 세 차례의 예불, 망자의 혼을 극락으로 인도하는 사십구재, 죽어서 좋은 곳으로 가기 위해 생전에 올리는 예수재(豫修齋) 등이 그것이다. 부처님 오신 날, 열반일, 지장재일 등에 정기 의례도 봉행한다.

산사의 승려들은 수천 년을 이어 온 불교의 보편적 정신을 이어받아 자급자족의 원칙에 따라 각자 소임을 가지고 노동하며 사찰을 운영한다. 그들에게 행정, 밭농사, 차밭 운영 등의 육체노동은 수행의 한 과정이며 인간의 보편적 가치를 실현하는 행위이다.

외형적인 측면에서 산사는 인간과 자연이 공존하는 자연 친화적 입지와 경관을 바탕으로 한다. 산사 공간은 20세기 중반 이래 시행된 문화재 보호법에 따라 잘 보존되고 있다. 산세와 계곡은 물론 훼손되지 않은 채 남아 있는 산속 종교 시설은 저절로 경건한 마음을 자아낸다. 불화, 불상, 목조 건물 등 문화유산도 잘 보존되어 있다.

청정한 자연, 오랜 역사, 승려들의 수행·의식·생활 문화가 어우러지면서 산사는 유기적인 공간으로 살아 움직이고 있다.

영축산 통도사 불보 사찰 통도사의 영산전과 그 앞의 작은 연못. 영산전 앞마당에는 삼층석탑을 중심으로 동쪽과 서쪽에 극락보전과 약사전이 자리하고 있다. ⓒ 한국관광공사—김지호.

태화산 마곡사 비로자나불을 모신 대광보전은 마곡사의 중심 법당. 보물. 그 앞의 오층석탑은 원의 영향을 많이 받은 고려 후기에 조성된 것으로 추정된다. 높이 8.4미터. 보물.

봉황산 부석사 본전인 무량수전은 고려 시대인 13세기에 처음 건립된 것으로 추정된다. 무량수전과 그 앞의 석등 모두 국보로 지정되었다.

강원도

경기도

충청북도

부석사 ○ 영주

공주 보은 안동
○ ○ ○
마곡사 법주사 봉정사

충청남도 경상북도

전라북도

양산
○
통도사

경상남도

순천
○
선암사

전라남도

해남
○
대흥사

천등산 봉정사 한국에서 가장 오래된 목조 건물이 있는 곳이지만, 창건 내력은 전설에 의존하고 있다. ⓒ 한국관광공사–라이브스튜디오.

속리산 법주사 팔상전으로 유명하다. '속세를 떠난 산'을 뜻하는 속리산은 그 이름부터 불교와 관련이 있다.

조계산 선암사(오른쪽) 자연석 기단 위에 민흘림 기둥을 세워 지은 대웅전. 기둥머리에는 용머리 장식을 했다. 선암사의 중심 법당인 대웅전 앞마당에는 삼층석탑(보물) 2기가 나란히 서 있다.

두륜산 대흥사(왼쪽) 공양천인상이 함께 표현된 독특한 도상의 북미륵암 마애여래좌상. 규모가 크고 조각 수법도 양감이 있고 유려해 한국 마애불상 중 그 예가 드물고 뛰어난 상으로 평가된다. 고려 시대. 국보.

부석사 - 공중에 뜬 돌의 사연

소백산맥 줄기인 봉황산 중턱에 높이 자리 잡은 부석사는 676년 의상이 창건했다. 의상과 그의 제자들은 신라 곳곳에 화엄 도량을 건립했는데, 그 가운데 빼어난 열 곳이 '화엄 십찰'로 불렸다. 부석사는 최초이자 최고의 화엄 십찰이라고 할 수 있다.

설화에 따르면 의상이 당에 유학하고 있을 때 선묘라는 낭자가 의상을 매우 흠모했다. 의상이 귀국선에 오르자 현세에서 사랑을 이룰 수 없게 된 선묘는 바다에 몸을 던져 의상을 보호하는 용이 되었다. 의상이 봉황산에 이르렀을 때 도둑의 무리 500명이 절의 창건을 방해했다. 선묘 용은 공중에 뜬 커다란 바위로 변해 도적들을 몰아내 주었다. 이처럼 공중에 뜬 바위 덕분에 절을 지을 수 있었다고 해서 의상은 절의 이름을 '부석(浮石)'이라고 지었다(『송고승전』).

안양루를 지나 무량수전에 이르는 동선은 부석사가 아미타불의 도량이라는 것을 말해 준다. 안양은 아미타불이 살고 있는 정토를 가리키는 말이고, 무량수불은 아미타불의 다른 이름이기 때문이다. 용이 지켜 준 절이라서일까? 부석사는 무량수전과 그 안의 소조여래상, 무량수전 앞 석등, 창건자 의상을 모신 조사당과 그 안의 벽화 등 국보만 다섯 점을 보유하고 있는 보고 같은 절

이다. 부석사 자체가 말 그대로 국보급 문화재인 셈이다.

무량수전과 조사당은 전국적으로 얼마 남아 있지 않은 고려 시대 목조 건물이기도 하다. 특히 무량수전은 봉정사 극락전의 연대가 확인되기 전까지는 현존하는 가장 오래된 목조 건물로 유명했다. 이 건물은 특히 최순우의 『무량수전 배흘림 기둥에 기대서서』에서 한국의 옛 건축을 대표하는 건물로 극찬되었는데, 1994년 이 책이 새롭게 간행되면서 단박에 '국민 문화재'로 등극했다. 무량수전 배흘림기둥에 기대서면 멀리 서방 정토가 한눈에 들어오는 것 같다. 아니, 배흘림기둥에 기대선 그 자리가 이미 아미타불과 함께하는 서방 정토라고 하겠다.

부석사

여러 개의 대석단을 쌓아 계단식으로 터를 마련해 사찰을 구성했다. 산사 입구부터 무량수전에 이르는 진입 축이 전체적인 사찰의 구성 축이다. 진입 축 선상에서 보아 천왕문, 범종루, 안양루를 기준으로 3단계의 영역으로 구분할 수 있다. 문화재자료. 경상북도 영주시 부석면 부석사로 345.

선묘각(왼쪽) 부석사의 수호신인 선묘를 모신 건물. 정면, 측면 각 1칸.

부석사 무량수전 배흘림기둥 중간의 지름이 크고 위아래로 갈수록 지름을 점차 줄여 만든 기둥. 고대 그리스나 로마의 신전에서도 나타나는 오랜 역사가 있는 건축 기법으로 엔타시스(entasis)라고 한다.

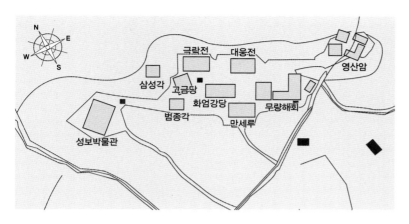

봉정사 – 살아 있는 목조 박물관

봉정사는 672년(문무왕 12) 의상의 제자 능인이 경상북도 안동 천등산 기슭의 급경사지에 창건한 것으로 전한다. 전설에 따르면 능인이 천등산 동굴에서 수행하고 있을 때 선녀가 나타나 온갖 방법으로 유혹의 손길을 뻗었다. 그러나 능인이 곁눈조차 주지 않자 선녀는 감동했다. 그녀는 능인의 수행에 도움을 주기 위해 옥황상제의 등불을 남기고 동굴을 떠났다. 하늘의 등불을 뜻하는 '천등(天燈)'은 그때 산의 이름이 되었다. 수행을 마친 능인은 절을 짓기에 좋은 장소를 찾기 위해 종이로 봉황을 접어 날려 보냈다. 그때 종이 봉황이 내려앉은 곳이 지금의 봉정사 자리였다. 봉황이 머물렀다는 뜻의 봉정'(鳳停)'은 그래서 절의 이름이 되었다.

봉정사가 유명해진 것은 무엇보다도 극락전 때문이었다. 1972년 극락전을 수리하는 과정에서 먹으로 쓴 글씨가 발견되었다. 여기에 1363년(공민왕 12) 지붕을 고쳐 쌓은 기록이 담겨 있었다. 그 무렵은 원에서 일어난 홍건적 무리가 고려에 쳐들어와 큰 혼란을 일으킬 때였다. 공민왕은 난리를 피해 잠시 안동에 머물다가 그해에 환도했다. 바로 그때 임금이 머물렀던 곳이라고 해서 봉정사를 크게 다시 지었다. 통상 목조 건물은 창건 후

대략 100~150년 후에 지붕을 고쳐 짓는다는 기준으로 볼 때 극락전은 13세기 초반에 세워진 법당이었다고 할 수 있다. 그러면 부석사 무량수전보다 먼저 세워진 전각이라는 추산이 나온다고 한다. 그리하여 부석사 무량수전에 부여되었던 한국에서 가장 오래된 목조 건물의 지위는 봉정사 극락전이 물려받게 되었다.

극락전만이 아니다. 석가모니불을 모신 대웅전은 조선 초기를 대표하는 목조 건물이다. 또 본래 승려가 참선하는 선방이었다가 지금은 요사채로 쓰이고 있는 고금당(보물)은 조선 중기를 대표하는 목조 건물로 꼽힌다. 승려들이 불교의 기초 교학을 배우는 곳인 화엄강당(보물)도 조선 중기에 지은 목조 건물이다.

이처럼 봉정사는 고려 시대와 조선 시대의 각 시기 목조 건축 양식을 대표하는 전각들을 보유하고 있다. 봉정사는 '한국의 목조 박물관'이라고 불릴 만한 충분한 이유가 있다.

법주사 – 불법이 머무는 곳

법주사는 속리산 8봉 가운데 수정봉과 관음봉을 잇는 능선 골짜기 평지에 자리 잡고 있다. 신라에서 이차돈이 순교하고 불교가 공인된 지 얼마 안 된 553년(진흥왕 14) 창건되었다고 전한다. 그해 서역에서 불교를 공부하고 돌아온 승려 의신이 흰 노새에 불경을 싣고 와서 이 절에 머물렀다. 의신은 자신이 가져온 불경을 이곳에 보관했기 때문에 불법이 머문다는 뜻의 '법주(法住)'가 절의 이름이 되었다.

법주사를 미륵 신앙의 도량으로 발전시킨 것은 779년(혜공왕 15) 진표와 그의 제자 영심이었다. 당시 법주사는 신라 왕실의 비호를 받으며 전성기를 누렸다. 전각 60여 동이 있었고 주위에는 70여 암자가 있었다고 한다. 임진왜란 때 불타 버린 것을 1624년(인조 2) 다시 지어 현재의 기틀을 잡았다. 그때 한국 3대 불전 가운데 하나인 대웅보전을 건립하고 『화엄경』의 삼신불인 법신불·보신불·화신불을 봉안했다. 영원토록 변하지 않는 부처의 본체를 상징하는 법신불은 비로자나불, 부처의 충만한 공덕을 상징하는 보신불은 노사나불, 부처가 중생을 교화하기 위해 나타난 모습인 화신불은 석가모니불이다.

본래는 대웅보전보다 더 큰 주불전으로 미륵

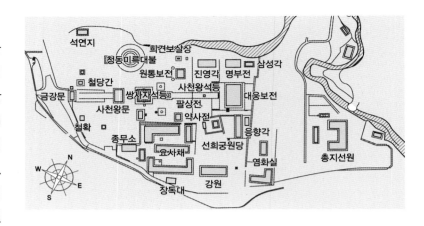

불을 봉안한 용화보전이 있었으나, 1872년(고종 9) 경복궁을 중수한다면서 헐어 버리고 불상을 압수했다(「법주사도」). 일제 강점기 때 그 자리에 조각가 김복진이 만든 대형 미륵불상을 세우면서 전국적으로 유명해졌다. 1990년에는 동양 최대 규모의 청동미륵대불이 건립되었다. 2002년 들어서는 한일월드컵의 성공적인 개최를 기원하며 대불의 검푸른 청동 녹을 벗겨내고 금동을 입혔다.

미륵대불과 대웅보전 사이에 있는 것이 법주사의 상징이라고도 할 수 있는 팔상전이다. 신라 때 만들어진 오층목탑이 임진왜란 때 불타고 기단만 남은 것을 유정의 지휘 아래 다시 지었다. 바로 그때 지금과 같은 피라미드 모양을 갖게 되었다고 한다.

법주사
화엄 신앙의 대웅보전과 미륵 신앙의 용화보전이 두 개의 중심을 이룬다. 두 중심축이 직각으로 교차하는 지점에 팔상전이 세워졌다. 여덟 봉우리가 연꽃 잎처럼 절을 감싼 불국토의 형국으로 해석되기도 한다. 충청북도 보은군 속리산면 법주사로 405.

법주사 팔상전과 금동미륵입상(왼쪽) 팔상전은 팔상도(석가모니의 일생을 여덟 단계로 나눠 표현한 그림)를 보관한 전각. 현존하는 한국 유일의 목조 5층 탑이다. 국보. 금동미륵입상의 높이는 33미터.

법주사 쌍사자 석등 법주사 대웅보전과 팔상전 사이에 있는 통일 신라 때의 석등. 사자를 조각한 석조물 가운데 가장 오래되었고, 매우 독특한 형태를 하고 있다. 국보.

마곡사 대웅보전(왼쪽)과 영산전 대웅보전은 대광보전 뒤, 북원 끝에 있다(아래 지도 참조). 석가모니불을 중심으로 약사여래불, 아미타불을 모시고 있다. 보물. 남원의 영산전은 석가모니불의 일대기를 담은 팔상도를 모신 법당. 천불(千佛)을 모시고 있어 '천불전'이라고도 부른다. 보물.

마곡사 – 골짜기를 메운 신도들

마곡사는 충청남도 공주 태화산 동쪽 산허리에 자리 잡고 있다.『태화산마곡사 사적입안』이라는 기록에는 640년(백제 무왕 41) 신라의 자장이 창건한 것으로 되어 있다. 그러나 이 기록은 좀 이상하다. 마곡사가 있는 공주는 한때 백제의 왕도였던 웅진으로, 640년 당시 백제의 왕도였던 사비(충청남도 부여)에서 지척인 곳이다. 백제와 신라의 사이가 좋지 않던 당시에 신라 승려인 자장이 백제의 중심지에 들어가 사찰을 세웠다는 것은 이해하기 어렵다. 창건 시기에 혼선이 있는 것으로 보인다.

마곡사라는 이름은 고려 때 지눌이 절을 고쳐 지은 뒤에 생겼다. 당의 선승 보철이 이 절에 있을 때 그의 설법을 듣기 위해 모여든 사람이 골짜기(谷)를 빽빽이 메웠다고 한다. 그 모습이 마치 삼(麻)밭에 삼이 들어찬 듯해 '마곡(麻谷)'이라는 절 이름도 생기고 보철도 '마곡보철'로 불렸다는

마곡사
개울을 가로지르는 극락교를 사이에 두고 남원(南院)과 북원(北院)으로 구분된다. 남원 영역에 가람을 창건했다가, 고려 중기에 사찰을 확장하면서 개울 건너 북원의 건물을 세운 것으로 보인다. 충청남도 공주시 사곡면 마곡사로 966.

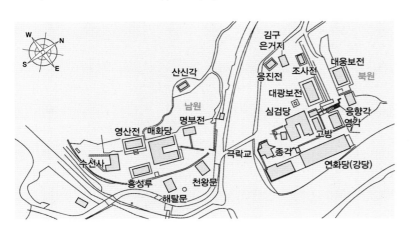

것이다. 본래 그 골짜기가 삼을 많이 재배하던 곳이라서 마곡사라 했다는 설도 있다.

근대 들어 마곡사가 명성을 얻은 것은 백범 김구의 도피처가 되면서였다. 김구는 일본군 장교를 명성 황후 시해범으로 오인해 살해한 뒤 사형수가 되어 인천 형무소에 갇혀 있었다. 김구의 형 집행은 고종의 결정에 따라 미뤄지고 있었는데, 그 틈을 타서 탈옥한 김구는 마곡사에 은신하게 되었다. 이후 김구는 중국 상하이로 가서 대한민국임시정부를 이끌게 되었으니, 마곡사가 없었으면 우리는 걸출한 독립운동가 한 명을 볼 수 없었을지도 모른다. 비로자나불을 모신 대광보전 앞에는 김구가 심었다는 향나무가 자라고 있다.

마곡사의 중심 전각인 대웅보전은 화엄사 각황전, 법주사 대웅전, 충청남도 부여의 무량사 극락전과 함께 현존하는 조선의 4대 중층 불전으로 꼽힌다. 그 앞에는 또 마곡사에 현존하는 유적 가운데 가장 오래된 오층석탑이 우뚝 솟아 있다. 고려 시대인 13세기에 건립된 것으로 보이는 오층석탑의 탑신 상륜부에는 풍마동(風磨洞)이라는 독특한 모양의 청동 장식이 붙어 있다. 그 장식 때문에 '풍마동다보탑'이라고도 불린다. 이는 티베트 불교의 불탑을 축소해 놓은 것으로 매우 희귀한 탑이다. 원 간섭기에 고려에도 티베트 불교가 유입되어 영향을 미친 역사를 간직하고 있다고 하겠다(85쪽 참조).

선암사 - 전통 조경의 백미

전라남도 순천의 조계산은 동쪽에 선암사, 서쪽에 송광사를 품고 있는 불교의 성지이다. 선암사의 유래는 삼국 시대로 거슬러 올라간다. 전하는 바에 따르면 본래 이곳에는 비로암이라는 작은 암자가 있었다. 통일 신라 말기의 고승 도선은 조계산에 신선이 바둑을 두는 바위, 즉 '선암(仙巖)'이 있다고 하면서 비로암을 가리킨 뒤 그 비로암을 선암사로 재창건했다고 한다. 이후 선암사는 몇 차례 보수 공사를 거쳐 18세기 초에 350여 명의 승려가 상주하는 대가람으로 성장했다. 현재 남은 전각의 배치는 1824년(순조 24)의 중창 때와 비슷하다고 한다.

선암사는 진입로가 특히 아름답다. 조계산 골짜기를 따라 한 쌍의 무지개다리인 승선교가 계곡을 두 번 가로지른다. 조선의 돌다리 가운데 가장 아름다운 아치교이다. 절 입구의 방생 못인 삼인당과 가산(假山), 인공 폭포 등은 한국 전통 조경술의 백미로 꼽힌다.

절 안으로 들어서면 동쪽의 법당 영역과 서쪽의 승방 영역이 조화를 이루면서 마치 풍요로운 시골 마을을 찾은 듯한 감흥을 준다. 동쪽 법당 영역의 중심은 대웅전인데, 눈에 띄는 곳 중 하나는 대웅전 뒤에 있는 원통전이다. 18세기 후반의 승려 눌암 선사가 이곳 원통전에서 백일기도를 올린 공덕으로 훗날 순조(재위 1800~1834)가 태

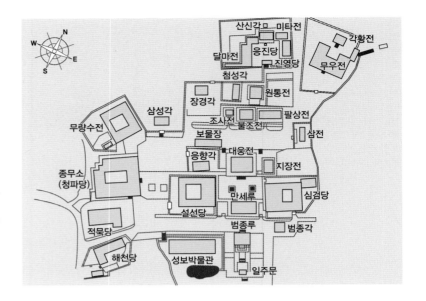

어났다는 이야기가 전한다. 원통전 서쪽에 있는 장경각은 순조가 세운 왕실의 원당이다.

원통전을 지나 계단을 오르면 '칠전선원(七殿禪院)'으로 불리는 응진당, 미타전, 진영당 등 일곱 전각이 나온다. 일곱이란 숫자는 석가모니 이전에 세상에 출현했던 일곱 부처를 상징한다고 한다. 칠전선원은 묘향산 보현사선원, 금강산 마하연, 지리산 칠불암선원과 함께 조선의 4대 선원으로 꼽혔다.

골목과 안길로 연결된 선암사의 공간 구조 사이에는 다양한 모양의 샘과 연못을 배치해 조형적인 완결을 꾀하고 흥취를 더했다. 산사의 모범 답안이라고 할 만한 청정함과 아름다움이 선암사 전역에 가득하다.

선암사
진입로의 승선교와 강선루는 일주문 남동쪽으로 걸어서 5분 거리에 있다. 선암사는 일주문, 범종루, 만세루, 대웅전이 중심축을 이룬다. 한국전쟁 전에는 65동의 건물이 있었으나, 전쟁 중에 다수가 불타 현재는 20여 동의 건물이 남아 있다. 전라남도 순천시 승주읍 선암사길 450.

선암사 삼층석탑(왼쪽) 대웅전 앞에 좌우로 서 있다. 통일 신라. 보물.

선암사 승선교와 강선루
무지개 모양의 승선교는 1698년(숙종 23) 호암이 건립했다. 보물. 승선교 아래 보이는 누각이 선암사의 문루 역할을 하는 강선루. 사찰의 문루는 대개 일주문 안쪽에 있으나 선암사는 밖에 두어 계곡과 어울리도록 했다.

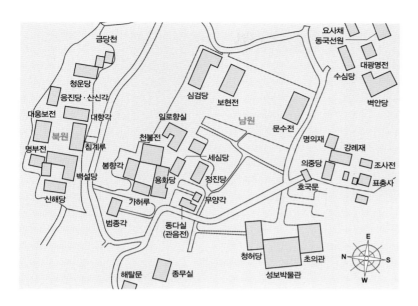

금당천
청운당
응진당·산신각
대웅보전   대향각
명부전   침계루
백설당
신해당
범종각
금강문
해탈문   종무실
심검당
보현전
일로향실
천불전
세심당
봉황각
용화당   정진당
가허루   무양각
동다실
(관음전)
청허당   초의관
성보박물관
요사채
동국선원
대광명전
수심당
벽안당
문수전
명의재
강례재
의중당   조사전
호국문   표충사
북원
남원

대흥사

넓은 산간 분지에 있는 대흥사는 크게 남원. 북원. 별원의 세 영역으로 나뉘어 있다. 사적. 전라남도 해남군 삼산면 대흥사길 400.

대흥사 응진당과 삼신각 (오른쪽) 응진당이 산신각과 한 채에 있다는 것이 특징이다. 응진당과 산신각은 쪽문으로 연결된다.

대흥사 천불전 천불상 남원의 중심 불전. 1811년에 불타 2년 후 중건되었다. 천불상은 이 절의 승려 10명이 6년에 걸쳐 경주 옥돌로 만들었다. 보물.

대흥사 – 만 년 동안 흥할 절

전라남도 해남의 두륜산에 대흥사가 창건된 시기에 관해서는 5세기, 6세기, 9세기 등 설이 분분하다. 조선 시대의 지리지 『동국여지승람』은 통일 신라 말기에 창건된 것으로 보고 있다. 대둔사라고도 했는데, 이는 두륜산이 대둔산으로도 불렸기 때문이다.

임진왜란이 끝난 뒤 휴정은 전혀 연고가 없는 대흥사에 자신의 유품을 보관하라는 유언을 남겼다. 그는 두륜산 일대를 가리켜 "전쟁을 비롯한 삼재가 미치지 못할 곳으로 만 년 동안 훼손되지 않을 땅"이라고 했다. 휴정의 가사와 바리때(공양

그릇)를 보관하면서 평범한 산사였던 대흥사는 급속하게 발전했다. 크게 흥한다는 뜻의 대흥사라는 이름은 그때 생겼다.

오늘날 대흥사 경내는 금당천을 중심으로 북원과 남원으로 나뉜다. 북원은 대웅보전을 중심으로 한 영역이고, 남원은 천불전·표충사·대광명전의 세 영역으로 구성된다. 사찰의 구조가 이렇게 된 것은 원래의 터에서 새로운 터로 넓히면서 규모가 커졌기 때문이다. 북원에만 자리 잡고 있던 대흥사의 영역이 남원으로 확장된 것은 휴정의 유품을 보관하면서부터였다. 1669년(현종 7)에는 휴정의 초상을 모신 영당을 건립하고 표충사라 이름 지었다. 남원의 대광명전은 그 후에 조성된 것으로 여겨진다.

대흥사는 휴정의 제자로서 조선 후기 불교계를 이끈 열세 명의 고승을 배출한 것으로 유명하다. 해동 화엄종의 중흥조로 받들어진 의심, 육신보살로 칭송받은 문신, 유학자 사이에서도 학문으로 명망을 떨친 대우 등 열세 명의 고승을 '13대종사(大宗師)'라고 부른다. 제10대 대종사인 체정의 제자 열세 명은 별도로 '13대강사(大講師)'로 불린다. 절 입구에는 이 고승들의 사리를 안치한 부도가 밭을 이루고 있다. 제13대 대종사인 초의는 차(茶)와 선(禪)이 별개의 것이 아니라며 차를 통한 수양을 강조한 것으로 유명하다. 그로 인해 대흥사는 한국 차 문화의 성지로 알려지게 되었다.

지장보살을 모신 심원사 명주전 지장은 지옥에서 고통받는 중생을 구원하는 보살. 심원사는 고려 시대 이래 유명한 지장 도량으로 경기도 연천군 보개산에 있었으나, 한국전쟁 때 불탄 뒤 현 위치로 옮겼다. 강원도 철원군 동송읍 상노1길 58.

문수보살을 모신 오대산 월정사 문수보살은 복덕과 지혜를 상징한다. 월정사가 있는 오대산은 문수보살이 깃든 곳으로 알려져 왔다. 사진은 국보로 지정된 월정사 팔각구층석탑과 적광전. 강원도 평창군 진부면 오대산로 374-8.

미륵보살을 모신 금산사 미륵전 미륵은 미래에 나타나 세상을 구원할 보살이다. 국보. 전라북도 김제시 금산면 모악15길 1.

관음보살을 모신 보리암의 전(傳)삼층석탑 관음은 자비로 중생을 구제하는 보살이다. 원효가 관음보살을 만난 뒤 창건했다는 보리암 부근 금산의 삼층석탑. 경상남도 남해군 상주면 보리암로 665.

낙산사 낙산은 관음보살이 거주하는 '보타락가산'의 줄임말. 그곳에 관음보살이 있다고 믿으면서 산의 이름이 낙산이 되었다. 『화엄경』에 따르면 금강산은 보타락가산 옆에 있다. 낙산에서 가까운 산이 금강산으로 불리게 된 연유이다. 사진은 연꽃으로 유명한 낙산사 관음지. 강원도 양양군 강현면.

3 보살행의 길

관음 – 세상의 소리를 듣다

관음 신앙은 불교를 대표하는 신앙으로 동아시아 불교문화권 전역에 널리 퍼져 있다. 한국에서도 관음은 불교 신자들에게 널리 사랑받는 존재이다. 앞서 살펴본 것처럼 관음은 세상의 소리를 듣는 보살을 뜻하는 관세음보살이다. 그는 신통과 자비를 베풀어 고해를 헤매는 중생의 고통을 없애고 소원을 이루게 해 준다.

이처럼 자비로운 관음보살의 정체는 무엇일까? 그는 어떤 경로를 통해 그러한 능력을 갖추게 되었을까? 대답은 의외로 간결하다. 관음보살은 바로 석가모니 부처이다. 석가모니는 중생을 구제하고 이끌기 위해 직접 자신의 몸을 보이기도 하고 다른 모습으로 등장하기도 한다. 『법화경』의 「여래수량품」에 따르면 그 다양한 모습의 본신(本身)은 다 석가모니이다. 세상의 소리를 듣고 구원을 베푸는 관음보살 역시 석가모니의 분신이다.

관음 신앙은 지극정성으로 '관세음보살'을 부르면서 기도를 하는 형태로 이루어진다. 『법화경』의 「보문품」에서도 "일심으로 관세음보살의 명호를 부르고, 관세음보살께 예배 드리고 공양

보문사 마애관세음보살 금강산 주지와 보문사 주지가 1928년 낙가산 중턱에 조각한 석불 좌상. 여기에 기도하면 아이를 가질 수 있다는 이야기가 있다. 인천광역시 유형문화재. 인천 강화군 삼산면.

올릴 것"을 강조하고 있다.

한국에는 '관음 성지'로 꼽히는 곳이 서른세 군데에 이른다. 그중에서도 3대 관음 성지는 양양 낙산사, 남해 보리암, 강화 보문사이다. 낙산사는 의상이 관음보살을 만난 뒤 그의 지시에 따라 창건한 절이라고 전한다. 원효도 관음보살을 만나기 위해 양양 낙산사를 찾은 일이 있다. 그는 도중에 한 여인을 만났는데, 그 여인이 바로 관음보살이었다는 설화가 전한다. 대중적으로 인기가 높았던 관세음보살과 관련된 설화는 『삼국유사』에서 얼마든지 찾아볼 수 있다.

동해에 낙산사가 있다면 서해에는 보문사가 있다. 고려 초기에 보덕굴에서 관음보살을 만난 회정이 건립한 가람이다. 또 남해에는 이성계의 조선 창건 설화가 전하는 보리암이 있다. 이성계는 조선 개국 전 보광사에서 백일 관음 기도를 드리고 꿈에서 관음보살을 만나 금을 하사받았다. 이러한 연유로 이성계는 그 산의 이름을 '금산'으로 바꾸었다. 1660년에는 현종(재위 1659~1674)이 보광사를 왕실 원당으로 삼고 보리암으로 이름을 바꿨다. 보리암에는 이순신 장군을 도와 대승을 거두게 했다는 삼련(묘련, 보련, 법련) 비구니에 관한 설화도 서려 있다.

미륵 – 미래의 부처

미륵 신앙은 미래 부처를 희망하는 정토 신앙이다. '정토'란 현세의 온갖 부정이 사라진 불국토를 가리킨다. 역대 왕조 말기에 정치적 혼란으로 민심이 피폐해졌을 때 세상을 바꾸겠다는 야심가들은 스스로 미륵을 자처하곤 했다. 후고구려의 궁예(재위 901~918)가 대표적인 예이다. 임진왜란과 같은 환란이 닥쳤을 때는 미륵이 내려와 세상을 구제하기를 바라는 신앙이 민중 사이에 퍼졌다. 힘겨운 세상을 사는 민중에게 미륵불은 희망의 등불이었다.

근대 들어 불교뿐 아니라 다른 종교에서도 미륵불을 숭상하는 흐름이 나타났다. 특히 민족주의적 색채를 띠고 나타난 신종교에서 그런 흐름을 찾아볼 수 있다. 증산교, 원불교 등의 신종교는 한결같이 미륵 신앙을 교리의 일부로 포용하고 있다.

지장 – 미륵이 올 때까지

지장보살은 무불 시대(無佛時代)의 부처로 존재한다. 무불 시대는 석가모니가 열반하고 미래불인 미륵불이 도래할 때까지의 중간 시기를 말한다. 그래서 지장보살은 미륵불의 전 단계라고 볼 수 있다. 지장 신앙은 삼국 시대부터『대승대집지장십륜경』등 관련 경전을 근거로 삼아 관음 신앙과 함께 한국 불교의 한 축으로 자리 잡았다. 관음이 자비심의 화신이라면 지장은 중생을 구제하겠다는 비원(悲願)의 상징이다.

석굴암에서 본 것처럼 지장보살은 중생이 모두 성불하기 전에는 자신도 부처가 되지 않겠다고 다짐했다. 스스로 지옥문 앞을 지키면서 설법해 중생이 들어가지 못하도록 막거나 중생을 지옥에서 건져 내어 고통을 덜어 주고 극락으로 인도한다. 지장보살을 모시는 지장재(음력 7월 24일), 망자의 명복을 비는 사십구재 등 각종 공양에서 지장 신앙을 발견할 수 있다.

한국의 지장 신앙은 통일 신라의 법상종을 대표하는 승려 진표와 그의 제자들에 의해 초석이 놓였다. 조선 시대에도 지장 신앙의 모임이 성행하면서 현세의 이익을 추구하는 민간 신앙의 형태로 발전했다.

관촉사 석조미륵입상(왼쪽) 고려 광종의 명으로 968년 무렵 혜명이 만들었다. 높이 18.12미터, 둘레 9.9미터로 한국 최대 규모의 석불이다. 국보. 충청남도 논산시 관촉로1번길.

선운사 도솔암 금동지장보살좌상 두건은 고려 지장보살화에서 흔히 나타나는 특이한 형식이다. 오른손의 설법인과 왼손의 독특한 수인도 당대의 지장보살 형식을 나타내는 것으로 보인다. 보물. 전라북도 고창군 아산면.

청평사지 1089년(고려 선종 6) 이자현이 보현원을 문수원으로 중건했고, 1550년(조선 명종 5) 보우가 청평사로 개칭했다. 강원도 춘천시 북산면 청평리 산 189-2.

지장보살을 모신 지장전이나 명부전은 전국의 사찰에서 관음전만큼이나 많이 만날 수 있는 대표적 전각이다. 그곳은 망자의 넋을 위로하는 기도처의 기능을 한다. 지장보살을 모신 대표적인 도량으로는 강원도 철원의 심원사, 충청남도 서산의 개심사, 전라북도 고창의 선운사 도솔암, 완주의 송광사 등이 꼽힌다.

문수 – 최고의 지혜

문수보살은 대승 불교에서 최고의 지혜를 상징하는 보살이다. '문수(文殊)'는 훌륭한 복덕을 지녔다는 뜻이다. 그는 부처가 열반한 뒤 태어나 『반야경』을 편집했다고 한다. 또 부처의 교화를 돕기 위해 보살의 지위에 머물고 있지만, 이미 오래전에 성불해 대신불 등의 이름을 가지고 있다고도 한다.

한국에는 삼국 시대에 문수 신앙이 들어와 전승되었다. 문수 신앙은 고려-몽골전쟁 시기에 외적을 물리치는 신앙으로, 고려 말에는 왜구의 침략에 대응하는 신앙으로 기능했다. 인도에서 온 승려 지공은 고려인에게 문수의 무생계(無生戒)를 설법해 대중의 환영을 받았다. 공민왕(재위 1351~1374) 때 권력을 휘두른 승려 신돈은 매

년 밀교에 기초한 문수회를 개최하고, 당시의 신하들은 공민왕의 후사를 기원하는 문수회를 개최하기도 했다.

신라의 자장은 중국 유학 중 문수 신앙의 본산인 산시성의 오대산(우타이산)을 참배했다. 불교 경전에는 문수보살이 청량산에 머물고 있다고 나오는데, 중국에서는 오대산을 청량산으로 간주하고 있었다. 귀국한 자장은 강원도의 오대산을 문수보살의 성지로 받들었다. 그는 오대산에 문수의 진신(眞身)을 모시고자 암자를 짓고 머물러 그곳이 월정사의 터가 되었다. 자장은 이곳에 석가모니의 진신 사리를 보관하는 적멸보궁을 건립해 문수 신앙의 중심 도량으로 만들었다. 월정사는 오늘날 조계종 25본산 중 하나로 여러 암자와 말사를 관장한다.

상원사 역시 오대산에 있는 유서 깊은 문수 신앙의 도량이다. 신라의 왕자였던 보천과 효명 두 승려가 창건한 진여원이 상원사의 전신이었다. 이곳은 세조(재위 1455~1468)와 문수보살에 얽힌 이야기로 유명하다. 피부병으로 고생하던 세조는 상원사에서 백일기도를 올리다가 동자로 변신한 문수보살의 감응을 받아 병을 치료했다고 한다. 그 덕분에 조선의 불교 억제 정책에도 불구하고 문수 신앙은 더욱 성행했다. 상원사에는 세조가 보았다는 문수보살을 형상화한 목각 문수동자상이 있다. 오대산 이외에도 춘천의 청평사가 한국의 대표적인 문수 신앙지이다.

김홍도가 그린 월정사 「금강사군첩(金剛四郡帖)」 속의 오대산 월정사. 「금강사군첩」은 김홍도가 1788년(정조 12) 금강산과 관동 팔경을 그려 오라는 어명을 받고 강원도에 가서 그린 산수화를 모아 엮은 화첩이다. 그림 가운데 팔각구층석탑이 있다.

월정사

원효의 길

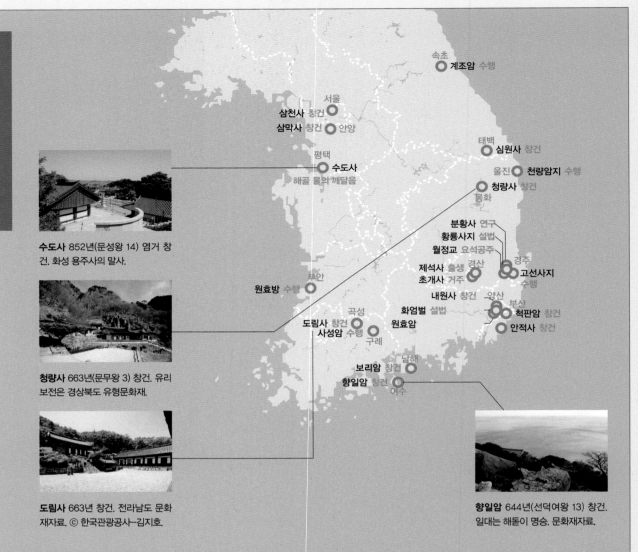

속초 계조암 수행
삼천사 창건 서울
삼막사 창건 안양
태백 심원사 창건
평택 울진 천량암지 수행
수도사 청량사 창건
해골 물과 깨달음 봉화
분황사 연구
황룡사지 설법
월정교 요석공주
부안 제석사 출생 경산 경주
원효방 수행 초개사 거주 고선사지 수행
내원사 창건 양산
곡성 화엄벌 설법 부산
도림사 창건 원효암 척판암 창건
사성암 수행 구례 안적사 창건
보리암 창건 남해
향일암 창건 여수

수도사 852년(문성왕 14) 염거 창건. 화성 용주사의 말사.

청량사 663년(문무왕 3) 창건. 유리보전은 경상북도 유형문화재.

도림사 663년 창건. 전라남도 문화재자료. ⓒ 한국관광공사–김지호.

향일암 644년(선덕여왕 13) 창건. 일대는 해돋이 명승. 문화재자료.

길은 어디에서 왔는가, 앞으로 어디로 가야 하는가를 알려 주는 이정표이다. 불교의 역사는 부처의 길이기도 하다. 부처는 길 위에서 태어나 길 위에서 잠들었다. 불교의 길은 부처가 강조한 '보살행'의 수행 도량이기도 하다. 한국 불교의 산맥으로 추앙받는 원효도 수행의 길 위에서 깨달음을 얻고 불교 역사에 큰 자취를 남겼다. 그의 주요 저서인 『금강삼매경론』도 고향인 상주(경상북도 경산)에서 소가 끄는 수레를 타고 경주로 가는 길에 지었다고 한다.

원효의 발자취를 따라가다 보면 129곳의 사찰과 장소를 만날 수 있다. 현실적으로 답사가 어려운 북한 지역의 4곳을 제외하더라도 100여 곳이 넘는 장소가 한국에 산재해 있다(이재수, 「불교문화콘텐츠를 활용한 문화관광 활성화 방안– 원효대사 소재 콘텐츠를 중심으로」). 전 국토에 원효와 관련된 불교 유적이 있다고 해도 과언이 아닐 것이다. 원효 관련 사찰에서 밝히고 있는 원효의 창건 연대는 역사적인 사실로 받아들이기 어려운 대목도 있는데, 후대에 정확도가 떨어지게 기록했기 때문일 것이다.

경산의 제석사는 원효의 탄생 성지이다. 그곳의 원효성사전에 「원효보살팔상도」가 봉안되어 있다. 원효성사전에서는 원효 탄생 다례제를 봉안한다. '원효보살'이라는 별칭에서도 알 수 있듯이 원효는 이미 신격화되어 현재 진행형으로 한국 불교에서 존경과 숭배의 대상이 되고 있다. 경주로 간 그는 신라를 대표하는 사찰인 황룡사에서 『금강삼매경론』을 강론했다. 원효는 661년(문무왕 1) 지금의 경기도 화성인 당항성에서 당으로 유학을 떠나려 했다. 그때 해골 물을 마시고 깨달음을 얻어 유학을 포기한 곳으로 알려진 경기도 평택의 수도사는 '원효 오도(悟道) 성지'로 추앙된다. 마음이 얼마나 중요한지 깨달았다는 그 이야기는 원효의 수많은 일화 중에서 가장 유명하다. 원효가 열반한 장소는 경주 남산 부근으로 추정되지만 고증할 수는 없다고 한다.

예수의 제자 성 야고보의 무덤을 찾아가는 에스파냐의 산티아고 순례길처럼 한국도 원효 순례길을 활성화하자는 말이 있다. 그런 길이 생긴다면 불교 신자에게는 성지 순례의 길이 될 것이고, 일반인에게는 자기 성찰로 들어서는 길이 될 것이다.

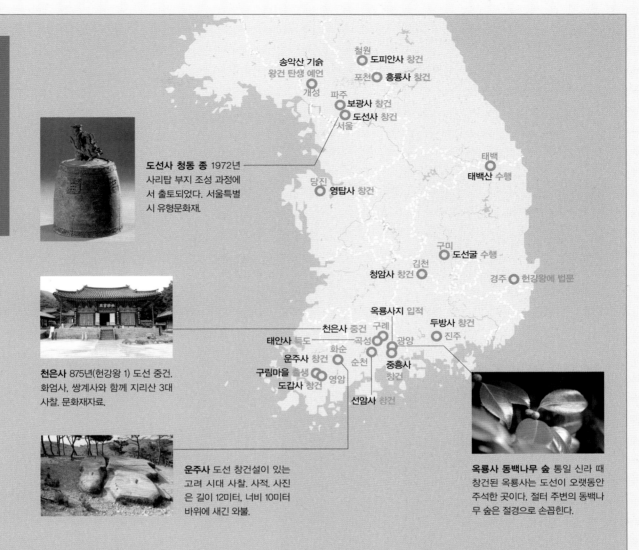

도선사 청동 종 1972년 사리탑 부지 조성 과정에서 출토되었다. 서울특별시 유형문화재.

천은사 875년(헌강왕 1) 도선 중건. 화엄사, 쌍계사와 함께 지리산 3대 사찰. 문화재자료.

운주사 도선 창건설이 있는 고려 시대 사찰. 사적. 사진은 길이 12미터, 너비 10미터 바위에 새긴 와불.

옥룡사 동백나무 숲 통일 신라 때 창건된 옥룡사는 도선이 오랫동안 주석한 곳이다. 절터 주변의 동백나무 숲은 절경으로 손꼽힌다.

지도 내 표기
- 송악산 기슭 왕건 탄생 예언
- 개성
- 철원 도피안사 창건
- 포천 흥룡사 창건
- 파주 보광사 창건
- 서울 도선사 창건
- 태백 태백산 수행
- 당진 영탑사 창건
- 구미 도선굴 수행
- 김천 청암사 창건
- 경주 헌강왕에 법문
- 옥룡사지 입적
- 천은사 중건
- 구례
- 곡성
- 태안사 득도
- 광양 두방사 창건
- 진주
- 화순 운주사 창건
- 순천
- 중흥사 창건
- 구림마을 출생
- 영암
- 도갑사 창건
- 선암사 창건

도선의 길

도선은 한국 불교사에 큰 자취를 남긴 고승이다. 도선이 창건, 중창하거나 어떤 식으로든 관련된 사찰은 전국 곳곳에 분포해 있다. 그중에는 도선이 직접 관련되었다기보다는 간접적인 영향력을 미친 사찰도 많을 것이다(최원석, 「도선 관련 사찰과 저술의 역사지리적 비평」). 사찰만이 아니다. 서울 성동구에는 도선동이라는 동네 이름이 있고, 도선이 머물던 전라남도 광양 옥룡사 근처에는 도선 국사 마을이 있다. 지금까지도 도선은 전국 곳곳에서 살아 숨 쉬고 있다.

도선은 통일 신라 말기에 살았던 역사적 인물이다. 그러나 후대에 도선의 이름으로 만들어진 이야기도 많다. 따라서 도선의 행적으로 알려진 일들 가운데 어느 것이 사실이고 어느 것이 허구인지를 가려내는 것은 매우 어렵게 되었다. 현존하는 문헌 가운데 가장 실상에 가깝다고 평가되는 것은 전라남도 광양 옥룡사의 도선 비문이다. 그 비문에 따르면 도선은 30세 때 지리산에서 미점사, 전라남도 구례에서 도선사와 삼국사를 창건했다. 38세 때 옥룡사에 머물고, 이듬해에는 옥룡사 근처에서 운암사를 창건했다. 미점사 터는 어디인지 확인되지 않았으나

구례 죽마리나 월전리에 있었을 가능성이 크다. 운암사 터는 지금의 운암골이라는 설과 옥룡사지 건너편 비석거리 아래라는 설이 있다.

고려 태조 왕건은 유훈인 「훈요십조」에서 새로 지은 모든 절은 다 "도선이 산수의 순(順)과 역(逆)을 점쳐 놓은 데 따라 개창했다."라고 밝혔다. 불교 국가인 고려에서 도선의 영향력이 얼마나 컸는지 알려 주는 사례이다. 산수의 순과 역을 점친다는 것은 풍수 사상의 핵심이다. 훗날 조선 왕조가 시행한 불교 탄압 정책에 대해 사찰들은 이 같은 풍수 사상으로 대응했다. 실제로도 풍수지리적으로 의미를 인정받은 비보 사찰은 없어질 위기를 넘길 수 있었다.

고려와 조선의 문헌에 도선이 창건하거나 중수한 것으로 기록된 사찰은 전라남도에 44곳, 경상남도 10곳, 경상북도 13곳, 충청남북도 9곳, 서울·경기 17곳 등 총 128곳에 이른다(최원석, 「도선 관련 사찰과 저술의 역사지리적 비평」). 특히 도선이 주로 활동한 지리산 권역에서 많은 분포를 보인다. 고려 시대에 도선의 풍수사상이 정치·사회적 이념으로 활용되면서 전국의 사찰들이 도선과 관련을 맺게 된 것이다.

광법사 1667년(현종 8)에 세워진 사적비에 따르면 대성산에 있던 수십 개의 사찰 중 규모가 가장 컸다. 북한 국보 문화유물 제164호. 사진은 대웅전 앞 주간포. 평양시 대성구역 대성동 대성산 기슭.

보현사 한국 5대 사찰 중 하나로 꼽힌다. 968년(고려 광종 19) 안심사로 창건되고 1042년(정종 8) 보현사로 개칭되었다. 사진은 북한 국보 문화유물 제141호인 영산전. 평안북도 향산군 묘향산.

개심사 발해의 남경남해부가 있던 지역에 남아 있는 사찰. 1980년대 발굴 조사를 통해 826년(발해 선왕 8) 창건된 발해의 절이라는 것이 밝혀졌다. 북한 국보 문화유물 제120호. 함경북도 명천군 보촌리 칠보산의 내칠보 기슭.

원명사
묘향산 **법왕대**
보현사 **금성대**
광제사
만년사
심원사
자강도
양강도
함경북도
평안북도
함경남도 귀주사
용흥사
안불사
양천사
명적사
석왕사
평안남도
동금강암 안국사
법운암 광법사
정릉사
금강산 표훈사
정양사 신계사
묘길상
귀진사
월정사 성불사 **강원도**
송월암 **황해북도**
자혜사
관음사
대흥사 영통사
황해남도 강서사 안화사

묘길상 고려 시대의 마애불. 북한 국보 문화유물 제102호. 강원도 금강군 내금강리.

영통사 1027년(고려 현종 18) 창건된 사찰. 사진은 보광원으로 비로자나불 좌우에 석가모니불과 노사나불을 모셨다. 개성시 용흥동 오관산 기슭.

광제사 1467년(조선 세조 12)에 창건된 사찰. 사진은 대웅전으로 북한 국보 문화유물 제150호. 함경남도 북청군 죽상리 대덕산.

4 북녘의 사찰들

고구려가 불교를 도입했을 때의 왕도는 지금의 중국 땅에 있었다. 그러나 그 무렵부터 고구려는 불교를 널리 전파할 중심으로 평양을 주목하고 그곳에 아홉 개의 절을 지었다고 한다. 해인사 팔만대장경의 전신인 초조대장경은 고려 시대에 개경(개성)의 사찰에서 제작되어 대구 팔공산 부인사에 보관되었다. 임진왜란 때 의승군의 총사령관이었던 휴정은 해남의 대흥사에 자신의 유품을 보관하게 하고 묘향산의 보현사에서 유정을 비롯한 제자들이 보는 가운데 입적했다. 이렇듯 남북이 서로 하나였던 시절에는 불교의 사찰 역시 남과 북의 구별이 따로 없었다.

1910년 대한제국의 국권을 빼앗은 일제는 그 이듬해 조선사찰령을 공포하고 전국의 불교 사찰을 31개 본산 아래 통폐합했다. 당시 31개 본산 가운데 8개 본산은 북한 지역에 있었다. 평양의 영명사, 평안남도의 법흥사, 평안북도의 보현사, 함경남도의 귀주사, 황해도의 패엽사(황해남도)와 성불사(황해북도), 강원도의 유점사와 석왕사가 그들이었다. 그 가운데 오늘날 남아 있는 사찰은 성불사, 법흥사, 보현사, 귀주사 세 곳뿐이다. 나머지는 한국전쟁과 북한 지역의 정치·사회적 격변을 거치면서 사라졌다.

남북 분단은 미소의 남북 분할 점령과 동족상잔의 전쟁이라는 극단적이고 적대적인 방식으로 굳어졌다. 자연히 한국전쟁 이후 남북 간에는 거의 모든 교류가 중단될 수밖에 없었다.

적조사 쇠부처 개성시 고려박물관에 소장된 고려 시대 철조 불상. 본래 개성 적조사에 있었다. 북한 국보 문화유물 제137호.

불교 역시 남북 간에 거의 완전한 분리가 이루어지면서 북한 지역의 사찰은 남한의 일반 국민뿐 아니라 불교 신도들에게도 빠르게 잊혀 갔다. 「성불사의 밤」 같은 가곡과 금강산 유점사, 묘향산 보현사 등의 옛 사진이 실향민의 희미한 추억을 자극할 뿐이었다.

북한의 아름다운 산천과 함께 그곳의 사찰들이 다시 남한 국민의 관심 영역으로 들어온 것은 1980년대 후반 이래 남북 교류가 조금씩 진전되면서였다. 정치색이 옅은 불교계의 교류는 다른 분야보다 더 속도를 낼 수 있었다. 그 결과 1990년에는 북한 지역에 60여 곳의 사찰과 300명의 승려가 있다는 초보적 통계도 나오게 되었다. 당시 북한의 불교 신도는 1만 명으로 알려졌다(『문화공보연감』, 북한 공식 통계 자료).

북한의 사찰은 승려가 관리하는 조선불교도연맹 소속의 절과 문화유물총국이 문화재로 관리하는 절로 나뉜다. 조선불교도연맹은 해방 직후인 1945년 12월 26일 창립된 북조선불교도연맹에서 비롯된 조직으로 알려져 있다. 북한 불교계는 1988년 5월 묘향산 보현사에서 석탄절 법회를 연 뒤 해마다 석탄절, 성도절, 열반절의 3대 기념일에 법회를 개최해 왔다. 성도절은 석가모니 부처가 진리를 깨달은 날을 말한다. 2002년에는 59개 사찰에 대한 단청 사업을 추진하기도 했다. 남북 불교 교류의 성과로는 2005년 개성 영통사의 복원과 2007년 금강산 신계사의 복원을 꼽을 수 있다.

설악산부터 지리산까지 답파했다고 해서 백두대간을 종주했다고 할 수 없는 것처럼 남한의 사찰을 일별했다고 1700년 한국 불교의 발자취를 섭렵했다고 할 수 없다. 남북한이 공유한 불교의 역사를 되짚어 보며 마디마디에 자리한 북한의 사찰들을 찾아보기로 하자. 언젠가 이루어질 현실의 답사를 꿈꾸며.

평양과 평안남북도

고구려는 국내성 시기부터 광개토대왕의 칙령으로 평양에 사찰을 조성했다. 주로 고구려 시조인 동명성왕과 관련된 사찰들이었다. 물론 한국 최초의 사찰은 소수림왕 때 지어진 초문사와 이불란사지만, 그 절들은 지금의 중국 땅에 있었다는 설이 유력하다. 한반도 지역에서 최초로 창건된 사찰은 평양의 절들이었다.

374년(소수림왕 4) 고구려에 온 아도 화상이 광법사, 영명사 등 여러 사찰을 평양에 창건했다는 이야기가 전한다. 고려 때 나옹이 원에서 인도 승려 지공의 가르침을 받고 귀국해 광법사에 머무른 바 있었다. 이 절에는 남북한을 통틀어 현재 남아 있는 가장 오래된 당간지주가 있다. 그 당간지주를 빼고는 한국전쟁 때 거의 다 불타 없어진 것을 1991년 2월 복원했다. 그 복원 행사에 김일성 주석이 참석해 광법사가 역사주의적 원칙에 맞게 복원된 것을 만족스러워했다고 한다. 북한은 복원한 광법사를 승려 양성·교육 기관인 불교학원으로 운영하고 있다(98쪽 참조).

영명사는 지금의 부벽루 서쪽에 있었다. 부벽루는 영명사에 속한 부속 정자로, 원래는 영명사의 이름을 따서 영명루라고 불렀다. 그 후 정자 풍경이 대동강 푸른 강물 위에 둥둥 떠 있는 것 같아서 '부벽루'로 부르게 되었다. '영명(永明)'은 동명성왕 궁전(이궁)의 유적이 이곳에 있었던 것을 기념하는 의미로 붙인 이름이라고 한다(10쪽 참조). 지금은 영명사의 부속 암자였던 법운암만 남아 있다. 법운암을 언제 지었는지는 정확하게 밝혀지지 않았지만, 고구려의 기와 조각들이 발견되어 고구려 사찰임을 알 수 있었다.

동명왕릉 앞에 있는 정릉사는 본래 동명성왕의 명복을 비는 원찰이었다고 한다. 삼국을 통일한 신라는 고구려 유민의 부흥 운동을 차단하기 위해 일찌감치 정릉사의 문을 닫았다. 따라서 지금은 아무 기록도 남아 있지 않다. 1970년대에 발굴 조사한 결과에 따르면 정릉사의 총면적은 약 3만 제곱미터이고 18개의 건물 터와 10개의 회랑 터가 확인되었다. 발굴 과정에서 '정릉(定陵)', '능사(陵寺)'가 새겨진 기와 조각을 발견해 그곳을 정릉사 터로 규정했다. 1993년 정릉사는 고구려의 사찰 건축 양식으로 복원되었다.

묘향산

평안남북도에 걸쳐 있는 묘향산에는 아름다운 산세와 어울리는 많은 사찰이 있었다.『동국여지승람』에 의하면 360여 암자가 묘향산에 있었다고 한다. '묘향(妙香)'은『증일아함경』에 나오는 불교 용어로, 바람이 불어오는 반대 방향에도 좋은 냄새를 풍기는 신묘한 향기를 뜻한다. 고려 시대부터 그 이름으로 불렸다.

광법사 나옹이 머무를 당시 원 황제가 하사한 금자화엄경첩(金字華嚴經帖)과 금강저 한 쌍을 이 절에 두었다고 할 만큼 고려 시대의 대표적인 사찰이었다. 사진은 천왕문의 지국천왕상(왼쪽)과 증장천왕상.

동명왕릉에서 내려다본 정릉사 전경 정릉사는 장수왕이 평양으로 천도하면서 동명왕릉을 함께 옮기고, 그 명복을 빌기 위해 세운 원찰로 전한다. 북한 국보 문화유물 제173호. 평양시 역포구역 무진리.

보현사 대웅전과 팔각십삼층탑 보현사는 묘향산을 대표하는 명찰로, 북한 국보 문화유물 제40호에 지정되어 있다. 앞에 있는 팔각십삼층탑은 북한 국보 문화유물 제144호. 평안북도 향산군.

임진왜란 시기에 묘향산은 한국 불교사의 중요한 지점으로 등장했다. 휴정이 이끈 조선 의승군의 근거지가 바로 이 산이었다. 휴정은 묘향산을 중심으로 의승군을 모아 평양전투에 직접 참여했다. 임진왜란이 끝난 후에는 휴정과 그의 동문 후배인 선수의 제자들이 조선 불교계를 이끌었다. 그들은 묘향산과 금강산을 산중 불교의 중심으로 만들었다. 이처럼 묘향산은 조선 불교 중흥에 결정적인 역할을 한 명산이다.

묘향산의 명찰로는 보현사와 안심사, 원명사 등을 꼽을 수 있다. 한국 5대 사찰 중 하나로 꼽히는 보현사는 보현보살이 머물렀다는 설화에서 이름이 유래했다. 『삼국사기』의 저자인 김부식이 1200여 자로 정리한 이 절의 내력이 오늘날 보현사비에 남아 있다. 비에 따르면 산에서 수행하던 화엄 승려 탐밀과 그의 조카이자 제자인 굉확이 탐밀의 명성을 듣고 찾아오는 학승이 많아지자 1042년(고려 정종 8) 대규모 사찰을 세우고 보현사라 이름 지었다(98쪽 참조).

조선 시대의 보현사는 삼보, 즉 불보와 법보와 승보의 지위를 한꺼번에 갖춘 대가람이었다. 그러나 지금은 대웅전 동쪽으로 관음전과 영산전, 그 오른쪽으로 수충사 정도가 보존되어 있다. 수충사는 보현사에서 입적한 휴정의 사당으로, 휴

정과 유정의 영정을 모시고 있다. 관음전 서쪽에는 명성 황후가 왕자의 장수를 빌기 위해 지었다는 만수각이 있다. '관서(평안남북도 일대)' 총림으로 불리던 보현사는 규모가 작아졌어도 북한을 대표하는 사찰의 하나로 남아 있다.

묘향산 북쪽의 원명사는 둥근 달이 밝게 비치는 절이라는 뜻이다. 968년(고려 광종 19)에 창건해 대웅전과 부속 전각을 갖추고 있었다. 조선 후기에 다시 지었는데, 현재는 백화전·극락전·칠성각이 남아 있다.

함경남북도

함흥시 설봉산에 있던 귀주사는 함경남북도를 통틀어 일제 강점기에 본산으로 지정된 유일한 사찰이었다. 고려 전기에 승려 붕현이 창건했을 때는 정수사라 불렸다. 함경도 출신인 이성계는 고려 말 이곳에 머물며 독서한 일이 있고, 1401년(태종 1)에는 태종에게 옥새를 물려주고 이곳에서 은신했다. '귀주(歸州)'라는 이름은 이성계가 돌아가 은신한 데서 유래한 것으로 보인다.

칠보산 개심사는 발해 승려 대원이 창건한 절로 알려져 있다. 현재까지 알려진 발해 최초의 사찰로, 1377년(고려 우왕 3) 나옹이 중수한 뒤 여러 차례 보수했다. 대덕산 광제사는 1467년(세조 13) 창건된 조선 시대의 사찰이다. 대웅전과 함께 보광루, 무량수각, 산신각, 요사채 등이 남아 있다(98쪽 참조).

안심사 나옹의 스승이자 나옹, 무학과 함께 고려 3대 화상으로 꼽힌 인도 승려 지공의 사리가 봉안된 곳으로 알려져 있다. 일제 강점기의 모습. 평안북도 영변군 북신현면.

개성과 황해남북도

개성은 불국토를 꿈꾼 태조의 신앙심이 발현된 사찰의 도시였다. 고려를 건국한 태조는 수도인 개성에 법왕사, 왕륜사, 자운사 등 10대 사찰을 창건했다. 고려 역대 왕실도 태조의 유훈에 따라 궁궐 안에 내원당, 정업원 등을 두었다. 이와 함께 도성 근처에는 왕의 초상화를 모신 진전사원을 세워 왕의 명복과 왕실의 번영을 기원했다. 광종(재위 949~975) 때 창건된 봉은사, 불일사, 귀법사 등이 왕실의 진전사원이었다.

개성에는 고려 불교 5교 9산의 주요 사찰이 자리 잡고 있었다. 신인종의 현성사, 남산종의 개국사, 해동종의 왕륜사, 화엄종의 귀법사, 법상종의 현화사 등이 그것이었다. 흥국사, 귀법사, 흥왕사에서는 불교계의 중요한 사업으로 대각 국사 의천이 편찬한 교장(대장경의 해설서 총집)의 조판 작업이 이루어졌다.

조선 시대에는 선교 양종 36사 가운데 선종의 연복사와 교종의 광명사 등이 개성 지역에 있었다. 조선의 36사 체제는 정부가 사찰을 통제하기 위해 마련한 장치였다. 그 많던 개성의 절은 조선

의 불교 억제 정책으로 많이 사라지고 지금은 대부분 기록으로만 남아 있다.

개성 지역에 현존하는 사찰은 관음사, 대흥사, 안화사, 영통사 등 소수이다. 관음사는 태조의 신임을 받던 법인 국사 탄문이 창건한 절로, 천마산 기슭에 자리 잡고 있다. 관음사 대웅전 옆에는 이 절의 모태가 된 관음굴이 있다. 탄문이 굴 안에 관음보살상 한 쌍을 놓고 관음굴이라 불렀다고 한다. 실제로 관음굴 안에는 대표적인 고려의 석조 불상으로 꼽히는 2개의 흰 대리석 관음보살상이 모셔져 있었다. 그중 하나는 평양의 조선중앙역사박물관으로 옮겨 보존하고 있고, 하나는 그대로 관음굴 안에 남아 있다.

황해남도 안악군 구월산에는 월정사가 있다. '월정(月精)'이란 달의 정수를 모아 구월산의 거친 기운을 누른다는 뜻이다. 구월산에는 월정사를 포함한 4대 사찰이 있었는데, 현재는 월정사만 남아 있다. 월정사는 패엽사의 산내 말사였다. 절 주위에는 남암, 오진암, 달마암, 묘각암 등의 암자가 있었다.

황해북도 사리원시 정방산에는 도선이 창건한 성불사가 있다. 홍난파의 유명한 가곡인 「성불사의 밤」에 등장하는 바로 그 절이다.

성불사 깊은 밤에 그윽한 풍경 소리
주승은 잠이 들고 이 홀로 듣는구나.
저 손아 마저 잠들어 혼자 울게 하여라.

도선은 정방산이 풍수적으로 고려를 지켜 주는 명당이므로 이 산에 성불사를 짓고 승려들의 거처로 삼았다고 전한다. 고려 비보 사찰의 성격을 잘 보여 준다. 1374년(고려 공민왕 23)에 나옹 선사가 대규모로 고쳐 지었다. 일제 강점기 조선 총독부의 사찰령 반포 때에는 주변 9개 절을 관장한 황해도의 중심 사찰이었다.

연복사 종 개성시 북안동 남대문의 문루에 걸려 있는 고려 시대 범종. 1346년(충목왕 2)에 주조되었다. 높이 3.24미터, 지름 1.88센티미터, 두께 23센티미터. 북한 보물급 문화재 제30호.

성불사 898년(신라 효공왕 2)에 도선이 창건한 것으로 전한다. 사적비에 따르면 1327년(고려 충숙왕 14)에 나옹이 중수하면서 석탑 등 많은 석물을 조성했다. 사진은 1930년대에 고쳐 지어진 모습을 담고 있다. 황해북도 사리원시 정방산.

표훈사 반야보전(왼쪽)
670년 신림사로 창건되고 3년 후 표훈사로 이름이 바뀌었다. 북한 국보 문화유물 제97호. 강원도 금강군 내금강리.

장안사 551년(고구려 양원왕 7) 고구려 승려 혜량이 창건한 것으로 전한다. 북한 국보 문화유물 제96호. 강원도 금강군 내금강리 금강산 장경봉.

금강산

영국 여행작가 이사벨라 비숍은 19세기 말 조선 여행을 하면서 금강산에 55개의 절과 암자가 있다고 했다. 비슷한 시기인 1899년(광무 3)에 제작된 영호 스님의 「금강산 4대 사찰 전도」에도 계곡마다 절이, 봉우리마다 암자가 그려져 있다. 여기에 전하는 금강산 사찰들을 이제는 온전히 찾아볼 수 없다. 금강산 4대 사찰 중 장안사, 유점사는 사라졌다. 표훈사만 정양사(표훈사의 말사), 보덕암과 함께 남아 있고, 신계사는 2007년 남한 불교계의 지원으로 복원되었다.

표훈사가 있는 표훈동은 내금강의 중심부로 여겨지며 금강산의 절경을 자랑한다. 조선 전기 생육신 가운데 한 명인 남효온이 쓴 『유금강산기』에는 고려 때 원의 순제가 표훈사 승려들을 지원했다고 기록되어 있다. 오늘날 표훈사에는 7층 석탑을 중심으로 본전인 반야보전 외에도 1796년(정조 20) 정조가 아버지 사도 세자의 명복을 빌며 지었다는 어설각이 있다. 그 뒤로는 칠성각을 모셨다.

표훈사는 터가 반듯하면서도 빼어나게 아름다운 준봉들에 둘러싸여 있다. 금강산의 아름다운 산세와 바위 뿌리의 우뚝한 기운이 사철 푸른 소나무와 어울려 신비한 절경을 이룬다. 미술사학자 유홍준은 표훈사가 "금강산의 내력의 현장이며, 금강산 사상의 핵심처이고, 금강산의 복부에 해당하는 곳"이라고 했다(『나의 북한 문화유산답

사기 - 하』). 방랑 시인 김삿갓은 표훈사의 경치를 보고 다음과 같은 시를 지었다.

소나무 소나무 잣나무 잣나무 바위 바위를 돌아서니
산산 물 물 가는 곳곳마다 신기하구나.

장안사는 표훈사에서 십 리 길에 있다. 고려 출신으로 원에 공녀로 가서 황후가 된 기 씨는 장안사를 원찰로 삼았다. 그녀는 막대한 자금으로 장안사에서 대대적인 불사를 일으켜 비로자나불을 비롯한 1만 5000불을 봉안했다. 이 불상들은 임진왜란 등의 전란을 겪으면서 대부분 불타거나 없어졌다. 북한의 조선중앙역사박물관에 있는 금강산 내강리 출토 순금보살상, 아미타삼존상과 남한의 호암미술관이 소장한 금동보살좌상 등이 장안사의 불상들로 추정된다. 고려 사찰 중에서도 화려하고 웅장했던 장안사는 세월이 흘러 그 흔적이 사라지고 빈터만 남아 있다.

「묘길상도」 조선 후기 서화가 허필의 1759년(영조 35) 작품. 15년 전인 1744년 금강산을 여행할 때 보았던 모습을 회상하며 그린 작품이다(98쪽 참조).

Ⅲ 유교 – 인의의 길

조선 후기에 유행한 이런 유형의 그림을 책거리나 책가도(冊架圖)'라고 한다. 동서양을 막론하고 책이 가득 꽂혀 있는 서가 풍경은 지적으로 풍요롭다. 조선 책거리의 특징은 규장각 같은 도서관이 아니라 개인의 서재를 그려 사랑방에 걸어 놓은 그림이라는 데 있다. 그래서 선비를 영어로 scholar(학자), 사랑방을 scholar's room(학자의 방)으로 표현하기도 한다. 선비, 곧 유학자들이 얼마나 책과 공부를 사랑했는지 알려 주는 사례이다. 책을 사랑하면 사랑방에 서가를 두면 될 터인데 왜 서가 그림을 따로 그려서 걸었을까 하는 의문이 들 수도 있다. 한 가지 설명에 따르면 조선 후기 들어 경제적으로 성장한 중인들이 양반처럼 책을 많이 보유하려 했으나 책을 구하기 쉽지 않은 현실 때문에 책거리를 구입하여 실제 서가 대신 사랑방을 장식하곤 했다는 것이다.

이 같은 책거리 문화는 조선 시대가 유교의 시대였다고 할 때 유교가 얼마나 책과 지식을 중시한 사상이었는지 잘 알 수 있게 해 주는 한 가지 사례이다. 한국에서 유교는 조선 시대 들어 활짝 꽃피지만 늦어도 삼국 시대부터는 사회에 큰 영향을 미치게 된다. 불교와 더불어 한국 전통문화의 양대 산맥을 이루어 온 유교의 세계로 들어가 보자.

책거리 책장과 서책을 중심축으로 삼아 문방구, 골동품, 기물 등을 그린 그림을 말한다. 18세기 후반 정조가 장려하면서 양반가에서 유행했다. 당시 청(淸)에서는 골동품을 진열한 장식장을 묘사한 다보각경도(多寶閣景圖)가 유행하고 있었다. 이 같은 다보각경도가 조선에 유입된 후 그림의 주제로 골동품보다는 책을 더 중시하게 된 것으로 추정된다. 배움을 중시하는 조선 유학자들의 취향을 잘 반영하고 있다. 책거리는 책가(서가)가 있는 그림뿐 아니라 책가 없이 책과 기물들을 나열한 그림도 포함하므로 책가도의 상위 개념이다.

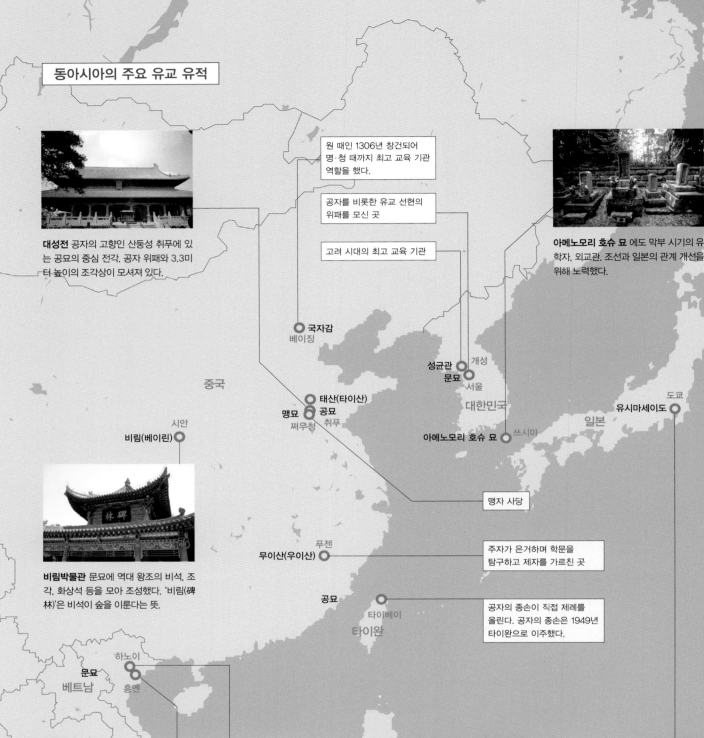

동아시아의 주요 유교 유적

대성전 공자의 고향인 산동성 취푸에 있는 공묘의 중심 전각. 공자 위패와 3.3미터 높이의 조각상이 모셔져 있다.

원 때인 1306년 창건되어 명·청 때까지 최고 교육 기관 역할을 했다.

공자를 비롯한 유교 선현의 위패를 모신 곳

고려 시대의 최고 교육 기관

아메노모리 호슈 묘 에도 막부 시기의 유학자, 외교관. 조선과 일본의 관계 개선을 위해 노력했다.

국자감
베이징

성균관 개성
문묘 서울

중국

태산(타이산)
맹묘 공묘
쩌우청 취푸

대한민국

시안
비림(베이린)

아메노모리 호슈 묘 쓰시마

일본

도쿄
유시마세이도

맹자 사당

푸젠
무이산(우이산)

주자가 은거하며 학문을 탐구하고 제자를 가르친 곳

공묘

타이베이
타이완

공자의 종손이 직접 제례를 올린다. 공자의 종손은 1949년 타이완으로 이주했다.

비림박물관 문묘에 역대 왕조의 비석, 조각, 화상석 등을 모아 조성했다. '비림(碑林)'은 비석이 숲을 이룬다는 뜻.

하노이
문묘
흥옌
베트남

문묘 베트남 하노이 동남쪽 홍강 삼각주 지역에 위치한 흥옌성의 중심 도시 흥옌의 문묘. 흥옌은 '문명의 땅'으로 불린다.

국자감 1070년에 세워진 베트남 최초의 대학. 1442~1779년 과거 합격자 명단이 거북등 비석에 기록되어 있다.

유시마세이도에서 열린 국제박람회 유시마세이도(湯島聖堂)는 에도 막부 때 지은 공자 사당이다. 오늘날 합격을 기원하는 수험생의 참배가 많은 곳으로 알려져 있다.

1

유교의 발자취

유교는 지역적 한계가 뚜렷하다. 중국의 문화적 영향을 강하게 받은 한자 문화권의 몇 안 되는 나라만이 중국에서 생겨난 유교를 받아들였다. 물론 영토와 민족의 다양성을 고려할 때 중국을 단순한 하나의 국가로 보기는 어렵다. 그러나 유럽의 수많은 나라를 하나의 정체성으로 묶은 뒤 다시 다른 대륙으로 나간 기독교와 비교하면 유교는 지역 종교에 가깝다. 유교가 이처럼 한 지역의 단일 문화권에 머문 이유는 무엇일까? 우선 유교가 중국 문화의 우월함을 전제하는 종교라는 점을 들 수 있다. 중국 문화를 가리키는 '중화(中華)'는 문화 그 자체를 의미하고, 중화의 밖에 있는 민족을 가리키는 '이적(夷狄)'은 문화를 모르는 야만인을 뜻했다. 유교는 학문을 강조하는 종교이므로 여유가 없는 하층 민중에게 받아들여지기 어려운 점도 있었다. 그러나 이 같은 문화적 자부심과 학문에 대한 강조 덕분에 유교는 동아시아 일원에 고도로 지적인 문명을 건설할 수 있었다.

1 세계의 유교

유교는 '유학'이라는 말로도 널리 쓰인다. 두 말은 서로 다른 뜻이 아니다. 유학이란 말을 선호하는 사람들은 유교가 불교, 기독교 같은 종교와는 다르다고 강조한다. 유교는 종교라기보다는 사상, 학문에 더 가깝기 때문이라는 것이다. '유(儒)'는 사람 인(人)과 구할 수(需)가 합쳐진 한자로, 시대가 필요로 하는 지식인을 가리킨다고 풀이하는 사례도 있다. 실제로 유교는 중국 산둥성 취푸 출신 지식인인 공자(기원전 551~479)가 창시한 이래 동북아시아에서 자기 시대의 과제를 고민하고 해결하려 한 지식인들의 사상 체계로 자리매김해 왔다.

중국의 유교

초자연적인 신에 의지하는 종교와 달리 유교는 세계를 합리적으로 설명하고 운영하는 방법을 추구한다. 유교도 시작은 미미했다. 기원전 8세기 주 왕실이 쇠약해지면서 춘추 전국의 분열이 시작되자 혼란스러운 천하를 구하려는 사상가와 학파가 나타났다. 그들을 '제자백가'라 하는데 공자의 유가도 그중 하나였다.

유교가 국가적 차원에서 주목받게 된 것은 한 무제(재위 기원전 141~87) 때의 일이었다. 진의 법치 대신 덕치를 강조하는 유교가 지도 이념으로 떠올라 중국을 이끌어 가게 되었다.

한(漢)이 멸망한 뒤 유교는 서역에서 들어온 불교와 현세의 행복을 추구해 민중의 마음을 사로잡은 도교의 도전에 직면했다. 세계 제국을 이룩한 당의 수도 장안에는 조로아스터교, 기독교, 이슬람교 등 다양한 종교의 사원들이 들어섰다. 오랜 세월이 흐른 뒤 유교의 이론적 약점을 보완해 인간과 우주를 합리적으로 설명하는 경세(經世)의 사상으로 재탄생시킨 이가 주희(1130~1200)였다. 그가 집대성한 성리학과 왕

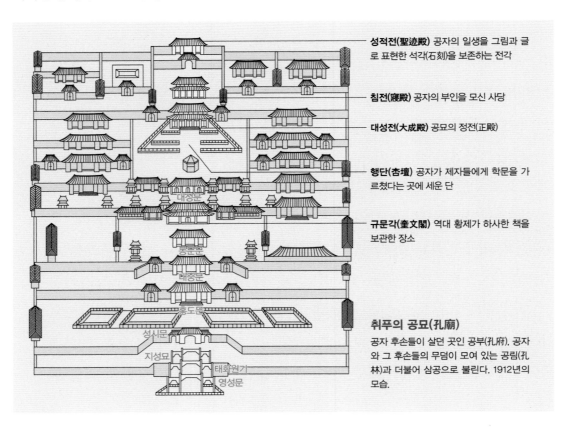

성적전(聖迹殿) 공자의 일생을 그림과 글로 표현한 석각(石刻)을 보존하는 전각

침전(寢殿) 공자의 부인을 모신 사당

대성전(大成殿) 공묘의 정전(正殿)

행단(杏壇) 공자가 제자들에게 학문을 가르쳤다는 곳에 세운 단

규문각(奎文閣) 역대 황제가 하사한 책을 보관한 장소

취푸의 공묘(孔廟)
공자 후손들이 살던 곳인 공부(孔府), 공자와 그 후손들의 무덤이 모여 있는 공림(孔林)과 더불어 삼공으로 불린다. 1912년의 모습.

추반안(1292~1370) 베트남 후레 왕조의 유학자. 후학 양성에 힘써 많은 사람의 존경을 받았다. 왕이 사치와 향락에 빠져 정치가 어지러워지자, 7명의 간신을 참수하라는 칠참서를 올리기도 했다. 하노이 국자감에 모신 동상.

양명(1472~1528)이 수립한 양명학의 영향 아래 중국과 동아시아 사회는 근대의 여명기까지도 수준 높은 유교문화를 이룩하고 있었다.

동아시아의 유교

유교를 받아들인 동아시아 나라는 한국, 베트남, 일본을 꼽을 수 있다. 그 가운데 한국과 베트남은 유교를 수용한 시기와 과정이 유사하다. 한국으로부터 유교가 전래한 일본은 두 나라에 비해 수용 시기도 늦고 수용 과정에서도 차이가 난다.

고조선과 베트남 지역에 한족이 세운 남월(南越)은 기원전 2세기 말 나란히 한 무제의 침략군에게 멸망했다. 두 나라에 유교가 전래한 것은 그때를 전후한 시기로 알려졌다. 한국사에서는 그로부터 오래지 않아 고구려를 비롯한 독립 왕조가 등장하지만, 베트남은 11세기까지 무려 천여 년에 걸쳐 중국 왕조들의 지배를 받았다. 이러한 역사적 조건은 두 나라의 초기 유교 수용에 차이를 가져왔다. 고구려·백제·신라는 자발적으로 유교의 제도와 학문을 받아들였지만, 초기 베트남에서는 중국의 지배에 봉사할 인재를 교육하는 데 유교가 활용되었다. 중국 왕조에 예속되어 있는 동안 베트남에서는 유교보다 불교의 힘이 더 컸다. 여기에는 유교를 중국 지배의 도구로 보는 거부감도 작용했다.

베트남에 다시 독립 왕조가 들어선 11세기 이

후 한국과 베트남의 유교 수용 과정은 비슷한 양상을 보인다. 인재 양성의 수단으로 국학을 세우고 인재 선발의 수단으로 과거 시험을 도입한 것은 양국에 공통된다. 13세기 말에 건국된 조선과 14세기 초에 건국된 후레(後黎) 왕조가 성리학을 도입해 제도적, 사상적으로 유교문화의 진흥을 꾀한 것도 비슷하다. 다만 조선이 중국에 대한 큰 거부감 없이 성리학을 받아들였다면, 베트남은 성리학을 중국 아닌 인류의 공통 자산으로 인식하고 자기 것으로 만들려 했다는 차이는 있었다.

일본에는 기록상 404년 백제의 왕인 박사에 의해 처음 유교가 전해졌다(『고사기(古事記)』). 당시의 유교는 일부 귀족층이 향유하는 대상으로, 한문 경전을 해독하는 수단에 머물렀다. 일본이 본격적으로 유교문화를 수용한 것은 17세기 에도 막부 때였다. 임진왜란 때 포로로 잡혀간 조선 유학자 강항과 교유한 후지와라 세이카, 그의 제자 하야시 라잔 등이 수용한 성리학을 막부가 정치 이데올로기로 정립했다. 일본에서는 한국이나 베트남처럼 과거제를 도입하거나 유교를 사상적으로 내면화하는 일은 없었다. 막부 중심의 신분 질서를 뒷받침하던 일본 유교는 토착 종교인 신토와 결합하면서 근대의 여명기에 '존황양이(尊皇洋夷)'라는 일본 국가 이념의 기초로 활용되었다.

후지와라 세이카(왼쪽, 1561~1619) 근세 일본 유학의 개조(開祖). 어릴 때 불가에 입문한 승려였지만 유교도 함께 익혔다. 강항과 만나면서 유학자로 변신했다. 귀족의 교양 정도로 여겨지던 유학을 하나의 학문으로 독립시켰다.

하야시 라잔(1583~1657) 에도 시대 초기 유학자. 스승인 후지와라 세이카의 추천으로 에도 막부 관료로 활약했다. 주자학이 막부의 관학(官學)으로 자리매김하는 데 공헌했다는 평가를 받는다.

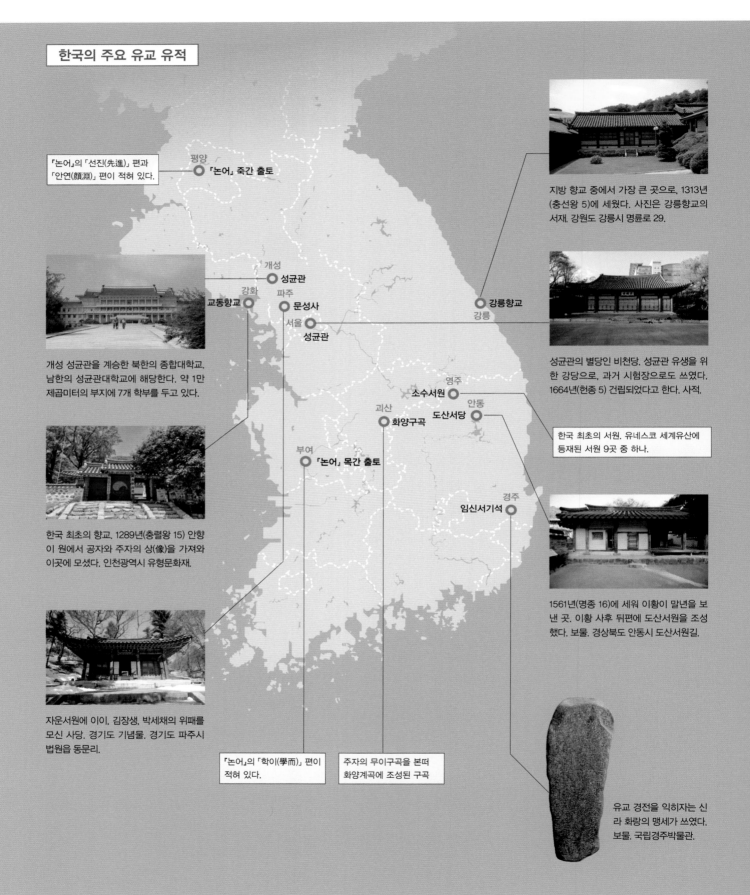

한국의 주요 유교 유적

『논어』의 「선진(先進)」 편과
『안연(顏淵)』 편이 적혀 있다.

평양
「논어」 죽간 출토

지방 향교 중에서 가장 큰 곳으로, 1313년
(충선왕 5)에 세웠다. 사진은 강릉향교의
서재. 강원도 강릉시 명륜로 29.

개성
성균관

강화
교동향교

파주
문성사

서울
성균관

강릉
강릉향교

개성 성균관을 계승한 북한의 종합대학교.
남한의 성균관대학교에 해당한다. 약 1만
제곱미터의 부지에 7개 학부를 두고 있다.

성균관의 별당인 비천당. 성균관 유생을 위
한 강당으로, 과거 시험장으로도 쓰였다.
1664년(현종 5) 건립되었다고 한다. 사적.

영주
소수서원

안동
도산서당

괴산
화양구곡

한국 최초의 향교. 1289년(충렬왕 15) 안향
이 원에서 공자와 주자의 상(像)을 가져와
이곳에 모셨다. 인천광역시 유형문화재.

한국 최초의 서원. 유네스코 세계유산에
등재된 서원 9곳 중 하나.

부여
「논어」 목간 출토

경주
임신서기석

1561년(명종 16)에 세워 이황이 말년을 보
낸 곳. 이황 사후 뒤편에 도산서원을 조성
했다. 보물. 경상북도 안동시 도산서원길.

자운서원에 이이, 김장생, 박세채의 위패를
모신 사당. 경기도 기념물. 경기도 파주시
법원읍 동문리.

『논어』의 「학이(學而)」 편이
적혀 있다.

주자의 무이구곡을 본떠
화양계곡에 조성된 구곡

유교 경전을 익히자는 신
라 화랑의 맹세가 쓰였다.
보물. 국립경주박물관.

2 한국의 유교

유교는 한국 역사상 마지막 왕조였던 조선 오백 년을 관통하는 지도 이념이었다. 따라서 유교에 대한 평가는 조선에 대한 평가와 분리될 수 없다. 조선에 망국의 책임을 씌워 부정적으로 보자면 유교는 그 망국의 원흉이 될 수밖에 없다. 망국을 통탄하며 새로운 민족주의 사상을 모색한 신채호의 일갈이 그러한 부정적 평가를 대변한다.

> "공자가 들어오면 조선의 공자가 되지 않고 공자의 조선이 되며, 무슨 주의가 들어와도 조선의 주의가 되지 않고 주의의 조선이 되려 한다. 그리하여 도덕과 주의를 위하는 조선은 있고, 조선을 위하는 도덕과 주의는 없다."

신채호가 1925년 초 『동아일보』에 기고한 글 「낭객의 신년 만필」에 나오는 유명한 문장이다. 물론 이 글 앞에서는 '석가의 조선'도 지적되고 있으나, 민족주의 사상가 신채호가 독립을 위해 청산해야 했던 유산은 분명 유교의 사대주의였다. 그러나 백 년이 지난 오늘의 한국인에게 '공자의 조선'은 부정적으로 다가오지만은 않는다. 오히려 조선 왕조가 성리학을 주체적이고 창조적으로 수용해 중국이 부럽지 않은 유교문화를

이룩했다고 보는 사람이 적지 않다. 한국의 유교 책판과 서원이 유네스코 세계유산에 등재된 것은 조선 유교문화의 독창성을 세계가 인정한 사례임이 분명하다.

물론 조선의 유교 문화유산에 자부심을 느끼는 한국인이라고 해서 백 년 전 신채호의 일갈이 틀렸다고 생각할 사람은 거의 없을 것이다. 조선의 유교에는 분명 비난을 받아 마땅한 부정적 측면도 많이 있었기 때문이다. 그런 점을 아프게 반성하며 독립운동에 투신한 유학자들이 있었기에 오늘의 한국이 있고, 덕분에 우리는 여유를 가지고 오늘의 밑거름이 된 과거의 문화유산을 돌아볼 수 있다.

한국의 유교문화는 조선 시대에 꽃피었고, 남아 있는 유교 문화유산의 대부분은 조선 시대에 창조된 것이다. 그러나 한국 유교의 역사는 조선 왕조 오백 년보다 훨씬 더 오래되었다. 고조선 시기에 이미 유교가 전래했을 가능성이 크다. 그렇다면 삼국 시대에 전래한 불교보다 한국사에서 훨씬 더 오랜 역사를 가지고 있는 셈이다.

오늘날 확인할 수 있는 유교문화의 자취만 해도 삼국 시대까지 거슬러 올라간다. 고구려, 백제, 신라 삼국이 모두 유교 경전을 가르쳐 국가의 인재를 길러 내는 교육 기관을 운영하고 유교에 기초한 중국 왕조의 관료 제도를 도입했다. 불교를 가장 중요한 종교로 숭상한 고려에서도 국가 운영의 기본 원리와 제도는 유교에 근거했다. 유교 경전에 대한 지식과 소양을 시험해 관료를 뽑는 과거 제도가 도입된 것도 고려에서였다.

이처럼 오랜 세월 유교를 배우고 익히고 다듬으며 우리 것으로 만들어 왔기에 조선 시대 들어 중국에 비해서도 손색없는 수준의 유교적 제도와 유교 사상을 이룩할 수 있었다. '유교의 조선'은 물론 비판받아야 하겠지만, 계승하고 발전시켜야 할 '조선의 유교'도 분명히 있었던 것이다.

한국의 유교 책판 조선 시대에 718종의 서책을 간행하기 위해 판각한 책판들. 305개 문중과 서원에서 기탁한 총 6만 4226장의 책판으로 이루어져 있다. 2015년 유네스코 세계기록유산에 등재되었다. 경상북도 안동시 한국국학진흥원 제공.

고대의 유교

인류의 문명은 문자와 함께 시작되었다. 국가는 문명의 산물이므로 일부 유목민의 국가를 제외하고 문자 없는 국가는 생각하기 어렵다. 한국 역사상 최초의 국가인 고조선에서도 분명 문자가 사용되었을 것이다. 가림토 문자니 신지 문자니 하는 독자적인 문자가 고조선에서 쓰였다는 설도 있지만 확실치는 않다. 분명한 것은 고조선도 중국과 교류하면서 한자를 썼으리라는 것이다. 한 왕조와 공존한 위만조선(기원전 194~108)에는 한문으로 된 유교 경전이 대거 들어와 있었을 것이다. 이처럼 한자와 함께 들어온 초기 유교는 베트남과 일본에서 그랬듯 중국의 선진 문물을 받아들이는 수단이 되었다.

삼국 시대에 유교를 수용하고 활용한 흔적은 좀 더 분명하게 남아 있다. 부모에 대한 삼년상을 치렀다든가 시조 사당에서 유교식 의례를 봉행했다든가 하는 기록을 볼 수 있다. 무엇보다도 인재 교육과 등용에서 유교의 수용이 두드러졌다. 고구려는 4세기에 국립 대학 격인 태학을 세우고 귀족 자제들에게 유교 경전을 교육했다. 백제는 중국 남조인 양(梁)에서 모시(毛詩)박사, 강례(講禮)박사 같은 유교 전문가를 초빙하기도 했다. 일본의 『고사기』에 기록된 왕인 박사의 사례에서 보듯 백제에도 유교 경전의 전문가인 박사가 있었다. 신라는 삼국 통일 후인 682년(신문왕 2) 국립 대학인 국학을 설치했다. 그 무렵의 유물인 임신서기석에는 유교 경전을 공부하고 실천하자는 화랑들의 맹세가 새겨져 있다. 788년(원성왕 4)에는 과거 시험의 전신이라고 할 수 있는 독서삼품과를 실시해 관리를 선발했다.

유교의 핵심 경전을 '사서삼경'이라 한다. 사서는 『논어』, 『맹자』, 『대학』, 『중용』이고 삼경은 『시경』, 『서경』, 『역경(주역)』이다. 삼경에 『춘추』와 『예기』를 보태 오경으로 부르기도 한다. 사서 가운데 『대학』과 『중용』은 주자가 『예기』에서 발췌해 추가한 것이고, 고대에는 『논어』와 오경이 주요 경전이었다. 『삼국사기』에는 7세기 중엽 신라 화랑 죽죽(竹竹)이 『논어』를 인용해 말하는 장면이 있다. 이 같은 유교 경전은 교육 교재일 뿐 아니라 국가 제도와 정부 조직을 정비하고 율령을 반포하는 데 활용된 국가 운영의 참고서이기도 했다.

유교문화가 발전하면서 역사에 이름을 남긴 유학자도 배출되었다. 「화왕계」라는 명문을 통해 유교의 가르침을 전한 강수, 원효의 아들로 이두를 이용해 유교 경전을 우리말로 풀이한 설총, 당에서 「토황소격문」을 지어 이름을 날린 최치원이 그들이다. 이들은 신라 3대 문장가로 꼽히고, 설총과 최치원은 한국 유교 18현의 일원으로 성균관 문묘에 모셔져 있다.

김해 봉황동 「논어」 목간 봉황대 언덕 북쪽 끝에서 출토되었다. 네 면에 『논어』 「공야장」편의 일부가 적혀 있다. 출토 지역은 금관가야가 멸망한 이후인 6~8세기에 조성된 유적으로 추정된다.

설총 묘와 상석 유학자의 묘답게 무덤 앞에 제물을 차리기 위해 만들어 놓은 상석도 학자의 책상 모양을 하고 있다. 경상북도 기념물. 경상북도 경주시 보문동.

문헌서원 고려 초기 유학자 문헌공 최충과 그 아들들의 영정을 봉안하고 있다. 1550년(명종 5) 주세붕이 황해도 해주에 세웠으나, 분단으로 해주가 사실상 갈 수 없는 땅이 되자 최충의 후손들이 현재 위치에 다시 세웠다. 경기도 오산시 내삼미동.

고려 시대의 유교

13세기 베트남 쩐 왕조의 태종은 말했다.

"윤회로부터 해탈하는 길은 불교를 통해 얻고, 나라를 다스리며 사회를 안정시키는 길은 유교를 통해 얻을 수 있다."

10세기 고려의 유학자 최승로는 시무 28조라는 행정 개혁안을 제시하면서 이렇게 말했다.

"불교는 몸을 닦는 근본이요, 유학은 나라를 다스리는 도리이다."

중세의 한국과 베트남에서 불교와 유교에 대해 이처럼 비슷한 생각이 있었다는 것은 흥미로운 사실이 아닐 수 없다.

흔히 고려를 불교 국가라고 한다. 그러나 최승로의 말이 알려 주는 것처럼 고려는 불교만 숭배한 나라는 아니었다. 불교를 숭상하고 승려가 존경받았지만, 유교를 비롯한 다른 종교와 사상도

공존했다. 그래서 성리학 일변도였던 조선에 비해 고려는 다원적이고 개방된 나라였다고 보는 시각도 있다. 고려에 영향을 미친 다원적 사상 가운데 유교는 국가와 사회를 조직하고 운영하는 원리로 중요한 역할을 했다. 958년(광종 9) 과거 시험이 시행되고 992년(성종 11) 국립 대학인 국자감이 설립되었다.

고려 귀족 문화의 전성기였던 문종(재위 1046~1083) 때 활약한 유학자 최충은 사립 학교를 설립해 유학자를 길러내기도 했다. 이 학교는 그의 시호를 따 '문헌공도'로 불리게 되는데, 국자감보다 더 높은 명성을 누렸다고 한다. 문헌공도를 비롯해 12공도로 불린 열두 사학이 개경에서 큰 인기를 끌면서 교육의 중심은 관학에서 사학으로 옮겨 갔다.

12세기 서경천도운동을 주도한 승려 묘청이 유학자 김부식에게 패한 사건은 한국 유교의 역사에서도 새로운 이정표가 되었다. 김부식은 묘청의 난을 진압한 후 『삼국사기』를 편찬하면서 고려 이전의 역사를 유교 사관에 따라 정리해 유교의 지도적 위상을 확고히 다졌다.

1170년(의종 24) 무신정변 이후 고려 사회가 혼란스러워지자 유교도 위기를 맞는다. 100년에 걸친 무신 집권기와 100년 가까운 원 간섭기를 거치면서 고려 사회는 피폐해졌다. 그때 이를 쇄신할 대안으로 신유학, 즉 성리학이 대두했다. 안향이 원에서 도입한 성리학은 개혁적 성향을 지닌 젊은 유학자 관료들을 사로잡았다.

'신진 사대부'로 불린 그들은 배운 것을 실천하는 과정에서 고려를 쇄신하려는 개혁파와 아예 새 왕조를 세우려는 혁명파로 분열했다. 이색, 정몽주 등이 전자에 속하고 조준, 정도전 등이 후자에 속한다. 그들의 대결에서 혁명파가 승리한 결과 한국사에 등장한 것이 성리학을 절대적 지도 이념으로 받드는 조선 왕조였다.

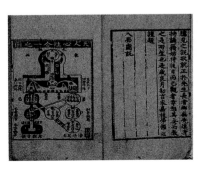
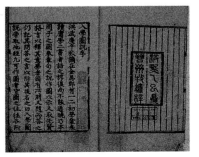

『입학도설』 고려 말의 신진 사대부 권근이 1390년(공양왕 2) 유배지이던 금마군(전라북도 익산시)에서 지은 성리학 입문서. 성리학의 중심 사상을 그림으로 쉽게 설명한 책으로, 이후 성리학 발전에 기여했다. 보물.

조선 시대의 유교

조선 왕조의 역사는 성리학의 역사라고 해도 과언이 아니다. 성리학자들이 이론과 실천에서 여러 학파로 갈라진 적은 있어도 성리학 자체가 조선의 사상적 주도권을 놓친 적은 없었다. 성리학이 융성할 때 조선도 융성했고 성리학이 전망을 잃었을 때 조선의 국운도 기울었다.

건국 초기 신진 사대부들이 조선을 운영한 원리는 첫째도 성리학, 둘째도 성리학, 셋째도 성리학이었다. 성리학적 세계관에 근거해 궁궐과 도성을 조성하고, 왕실과 국가의 제도를 정비하고, 주변 국가들과 사대교린의 관계를 맺었다.

조선 전기의 성리학은 모든 공적 생활을 규제했지만, 아직 일상생활의 관습과 사고방식을 바꿔 놓을 정도는 아니었다. 혼례 제도를 예로 들어 보자. 성리학에 따른 혼례는 신랑이 자기 집으로 신부를 맞아들이는 친영(親迎)이었다. 그러나 조선 전기에는 사대부에서 일반 백성에 이르기까지 신랑이 신부의 집에 들어가 사는 전통 혼례를 선호했다. 이를 '남귀여가혼(男歸女家婚)'이라 했다. 아들과 딸이 균등하게 유산을 물려받고 부모 제사도 돌아가면서 치렀다. 일반적으로 알려진 남성 중심의 가부장적 조선 사회는 17세기 이후에나 모습을 드러낸다.

서울에서 향촌에 이르기까지, 궁궐에서 민가에 이르기까지 사회생활의 모든 측면을 성리학이 규율하게 된 것은 오랜 과정의 산물이었다. 그 과정은 향촌 사회에 기반을 두고 성리학을 탐구해 온 학자들이 중앙 정계에 진출한 15세기 말에 시작되었다. 그러한 학자들을 '사림'이라 부른다. 당시 조선 왕실은 세조가 조카인 단종(재위 1452~1455)으로부터 왕위를 찬탈한 계유정난으로 도덕적 위기에 처해 있었다. 세조의 손자인 성종은 사림을 등용해 그 위기를 극복하려 했다. 그러나 그의 아들 연산군은 두 차례 사화를 일으켜 수많은 사림을 죽음으로 몰고 감으로써 사림이 주도하던 개혁에 제동을 걸었다.

연산군이 쫓겨난 뒤 왕위에 오른 중종(재위 1506~1544)은 다시금 사림을 등용해 개혁을 시도했다. 그때 천거를 받아 등용된 이가 개혁 정치가 조광조였다. 조광조는 훈구라 지칭된 기득권 세력의 특권을 축소하고, 인재 등용 방식을 개편하고, 향촌 사회를 성리학적 공동체로 만들기 위한 향약의 보급을 추진했다.

그의 개혁은 조선의 건국에 항거했던 정몽주를 사림의 사표로 삼아 문묘에 모실 것을 주장할 만큼 근본적이었다. 그러나 기득권 세력이 그에 반대해 일으킨 기묘사화(1519)로 조광조 표 개혁은 좌절하고, 사림은 한동안 시련과 은둔의 세월을 보내야 했다. 그들이 정계에 복귀해 본격적으로 조선의 정치와 사회를 주도해 나가게 된 것은 반세기가 지난 선조(재위 1567~1608) 때의

조광조를 모신 심곡서원
1650년(효종 1) 조광조를 추모하는 지방 유림의 공론에 따라 설립되었다. 흥선 대원군의 서원 철폐 때 살아남은 47개 서원 중 하나. 사적. 경기도 용인시 수지구 상현동.

정몽주를 모신 충렬서원
1576년(선조 9) 지방 유림이 뜻을 모아 정몽주와 조광조를 추모하기 위해 세운 충렬사(忠烈祠)에서 시작되었다. 조광조의 위패는 17세기에 새로 창건된 심곡서원으로 옮겼다. 경기도 유형문화재. 경기도 용인시 모현읍. ⓒ 한국관광공사−김지호.

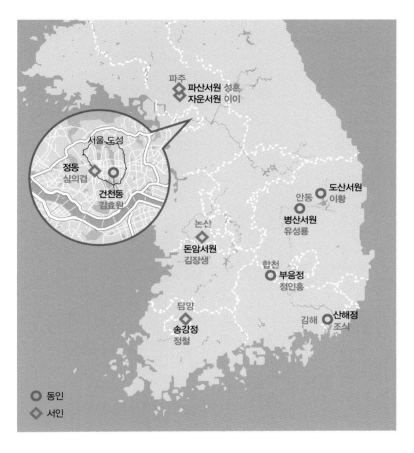

동서분당 무렵 주요 학자의 서원

이황과 조식은 동인, 이이와 성혼은 서인의 스승으로 받들어졌다. 동인이 남북으로 갈라졌을 때 유성룡은 남인, 정인홍은 북인의 지도자가 되었다. 김장생은 이이와 성혼의 제자로 예학의 대가가 되었고, 정철은 초기 서인의 강력한 지도자였다.

일이었다.

사림의 시대가 오자 성리학은 거시적인 국가 운영뿐 아니라 미시적인 일상생활과 정신세계까지 지배하는 사상이 되었다. 사림이 향촌 사회 곳곳에 세운 서원은 국가의 재정 지원을 받으며 선현을 추모하고 후학을 양성하는 사림의 재생산 기지가 되었다. 중앙 정치에서 사림은 이조 전랑, 사간원, 사헌부 등 이른바 청요직(淸要職)을 차지해 국왕을 견제하고 감시하면서 자신들의 이상인 도학 정치를 실현하고자 했다. 그 과정에서 조선의 성리학은 학문적으로도 괄목할 만한 발전을 이룩하고 이황, 이이 등 유교 사상사에 길이 남을 석학을 배출했다.

사림의 정치를 '붕당 정치'라고 한다. 학문적, 정치적 견해를 달리하는 사림의 분파가 각기 붕당을 이루어 정치의 주도권을 놓고 경쟁하는 정치를 말한다. 조선의 사림은 그들의 시대가 시작

되자마자 두 개의 붕당으로 나뉘었다(1575). 서울 동쪽의 건천동에 살던 김효원 일파는 '동인'이라 불리고 서쪽 정동에 살던 심의겸 일파는 '서인'이라 불렸다. 상대적으로 젊고 이상주의적이던 동인에는 영남 출신 이황의 문인이 많았고, 좀 더 현실주의적이던 서인에는 기호 출신 이이의 문인이 많았다. '기호'란 경기와 호남·호서(충청 남북도) 지역을 가리킨다. 이이는 외가인 강원도 강릉에서 태어났지만 친가는 경기도 파주에 있었다. 이황은 경상북도 안동 출신이다.

사림의 시대가 온 지 얼마 안 되어 조선은 임진왜란을 겪었다. 이 국난을 이겨 낸 원동력 중 하나로 꼽히는 것이 사림을 중심으로 한 의병의 활약이었다. 임진왜란 이전에 사림이 조선의 주인으로 자리를 잡았기 때문에 자신들과 국가를 공동 운명체로 보고 의병을 일으킬 수 있었다고 한다. 17세기 초 병자호란까지 겪으면서 조선의 사회와 경제는 붕괴 직전에 몰렸다. 그때에도 대동법과 같은, 제 살을 도려내는 과감한 개혁으로 왕조를 살린 것은 사림이었다. 이 같은 사림 주도의 국난 극복과 전후 복구가 있었기에 18세기 영·정조의 문화 부흥이 가능했다.

영·정조의 탕평 정치는 한계에 이른 사림의 붕당 정치를 혁파하고 국왕 중심의 정치를 부활시키려는 시도였다. 그러나 조선과 운명을 함께해 온 사림은 쉽게 권력을 놓지 않았다. 정조가 죽은 뒤 그들은 16, 17세기에 보여 준 건강성을 점점 잃어 버리고 60년 세도 정치와 함께 몰락의 길을 갔다. 성리학도 조선 왕조도 그들과 함께 무너졌다. 성리학을 실사구시의 학문으로 재건하고자 했던 실학 사조가 등장했으나, 새 시대를 여는 학문으로 성장하기에는 역부족이었다. 왕조의 말기에는 낡은 성리학의 교조에 갇힌 채로나마 제국주의 침략에 격렬하게 저항한 위정척사파의 집념이 한 가닥 위로로 남아 있었다.

서울 문묘 및 성균관의 구조

18세기 문묘 및 성균관의 모습을 한눈에 볼 수 있는 「반궁도」. 문묘(대성전 일원) 및 성균관(명륜당 일원)의 구조를 시각적으로 보여 주는 가장 오래된 자료이다. 성균관의 별칭 중 하나는 반궁(泮宮)으로, 본래 천자국의 최고 교육 기관인 벽옹(辟雍)과 대비해 제후국의 최고 교육 기관을 가리켰다. 조선 시대에 성균관 주변을 흐르는 반수와 주변 지역을 가리킨 반촌은 반궁에서 비롯된 명칭이다. 1747년(영조 23) 성균관 대사성 이정보가 『태학속전』 완성을 기념해 성균관 유생들과 계회(契會)를 하고 만든 『태학계첩』에 실려 있다. 성균관 유생의 계첩으로는 유일하게 남아 있는 판본(서울특별시 유형문화재).

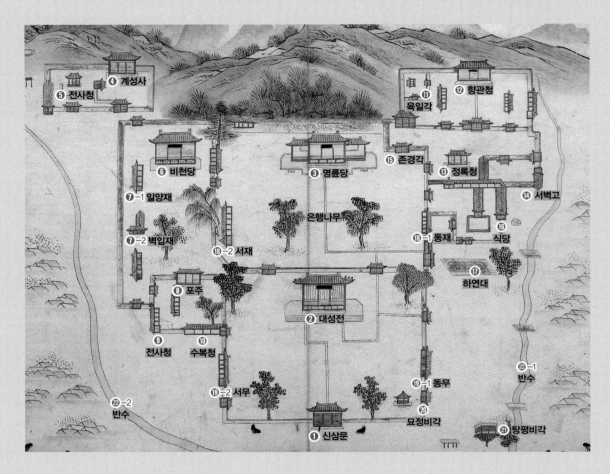

❶ **신삼문** 문묘의 정문. 신문, 외삼문으로도 불렀다.

❷ **대성전** 문묘의 정전. 공자, 안자, 증자, 자사, 맹자 등 다섯 성인과 공자의 십대 제자, 송의 육대 명현의 위패를 모신 곳. 지금은 한국 역대 명현 18명의 위패도 이곳에 모시고 있다.

❸ **명륜당** 성균관 유생들에게 학문을 가르친 강당.

❹ **계성사** 다섯 성인의 부친 위패를 모신 사당.
❺ ❾ **전사청** 제기를 보관하고 제사에 쓰이는 물품을 마련한 곳.
❻ **비천당** 왕이 성균관에 직접 와서 과거를 시행할 때 시험장으로 쓰인 곳.
❼ **일양재, 벽입재** 성균관 유생 대표들이 일하던 곳.

❽ **포주** 석전제의 희생을 준비한 곳.
❿ **수복청** 문묘를 관리한 수복의 거처.
⓫ **육일각** 육예(六藝) 중 하나인 활쏘기를 익히기 위한 활과 화살을 보관한 곳.
⓬ **향관청** 문묘에서 제례 의식을 행할 때 제관들이 머문 곳.

⓭ **정록청** 성균관 소속 정3품 이하 관원들이 업무를 보던 곳.
⓮ **서벽고** 성균관 유생들의 식사를 담당한 여자 하인들의 거처.

⓯ **존경각** 성균관의 경전을 보관한 도서관.
⓰ **식당** 성균관 유생들의 식사 공간.
⓱ **하연대** 임금이 문묘에 거동할 때 타고 온 가마를 내려놓은 곳.
⓲ **동재, 서재** 성균관 유생들의 기숙사.

⓲ **동무, 서무** 명현 112명(중국 94명, 한국 18명)의 위패를 모셨던 곳. 1949년 한국 명현의 위패는 대성전으로 옮기고, 이후 중국 명현의 위패는 모시지 않는다.

⓳ **묘정비각** 문묘의 연혁을 기록한 묘정비를 보호하는 비각.

㉑ **탕평비각** 1742년 영조가 탕평책에 담긴 뜻을 성균관 유생들에게 알리고자 세운 탕평비가 있다.
㉒ **반수** 성균관의 동쪽과 서쪽에서 흘러내리는 물길.

2

유교 문화유산 순례

유교의 이상적인 존재는 선비였다. 유교적 교양과 학식을 지니고 예절 바르고 벼슬과 재물을 탐내지 않는 고상한 인품의 소유자를 가리켰다. 유교문화에서 선비는 태어나는 존재가 아니라 만들어지는 존재였다. 선비의 핏줄로 태어나기만 하면 자동으로 선비로 인정받는 방식은 선비의 이상과 거리가 멀었다. 선비다운 선비로 인정받기 위해서는 학문과 인격을 끊임없이 갈고닦아야 했다. 이상적 인간의 경지에 오르기 위해 부단히 수양하는 사람. 선비는 그런 존재여야 했다. 선비의 삶에서 학문의 전당이자 성현을 모시는 공간들이 빠질 수 없는 것도 그 때문이다. 그러한 공간으로 왕도에는 국립대학인 성균관이 있고 지방에는 향교가 있었다. 조선 중기에는 향촌 사림의 독자적인 수양 기관인 서원도 등장했다. 자연과 벗하며 수도와 휴양을 겸하던 계곡, 숲, 산 등에도 선비의 자취는 남아 있다. 전국 곳곳에 자리 잡고 있는 선비들의 공간을 따라가며 유교문화의 참모습을 발견해 보자.

1 성균관

성균관은 고려 후기 이래 수백 년간 한국 유교의 중심에 자리한 기관이었다. 왕도에 설립되어 국가의 인재를 길러 내는 일종의 국립 대학이고, 공자를 비롯한 유교 성인의 위패를 모시고 제사를 지내는 문묘가 있는 곳이었다.

'성균(成均)'이라는 명칭은 유교에서 이상적인 국가 제도의 전범으로 받드는『주례』에 처음 등장한다. 그에 따르면 중국 고대 신화 속 다섯 성군인 오제(五帝) 시기에는 동서남북에 학교를 두었는데, 그중 남쪽에 배치된 것이 성균이었다고 한다. 성균에서는 음악을 다루는 대사악이 성균의 법(成均之法)을 관장했다고 한다. 여기서 '성균'은 음악을 조율한다는 뜻이다. 그로부터 세상의 도리를 조율한다는 뜻으로 확장되었다. 바로 그 성균이 훗날 고려와 조선에서 최고 유학 교육 기관의 이름으로 채택된 것이다.

성균관의 발자취

이미 살펴본 것처럼 성균관 이전에도 국립 대학 격인 최고의 유학 교육 기관은 있었다. 고구려에는 태학, 신라에는 국학이 있었다.『고려사』에 따르면 고려 전기에 창설된 중앙 교육 기관은 국자감이었다. 국자감은 중국에서 과거 제도를 처음 실시한 수(隋) 이래 최고 교육 기관의 명칭으로 사용되고 있었다. 최승로를 등용해 유교를 국가 운영의 지도 사상으로 확립한 성종은 그 용어를 도입해 그대로 썼다.

고려가 국자감이라는 이름을 바꾼 것은 13세기 원 간섭기였다. 1275년(충렬왕 1) 원은 고려의 관제가 분수에 넘치고 도가 지나치다면서 이를 바꾸라고 요구했다. 원과 비슷한 벼슬 이름과 작위 칭호를 바꿔 격을 낮추라는 것이었다. 왕의 묘호에 중국 왕조처럼 조·종을 붙이던 관례도 폐지하고 충렬왕·충선왕 등 충으로 시작하는 칭호만 사용하게 한 원이었으니, 그런 요구는 당연한 것이었다고 할 수 있다. 고려는 하는 수 없이 관제를 개정하면서 국자감도 국학으로 개칭했다.

최고 교육 기관 이름에 성균이 들어간 것은 충선왕(재위 1298, 1308~1313) 때였다. 충선왕이 즉위한 해에 국학을 성균감으로 바꿨다. 그는 즉위 7개월 만에 폐위되어 원에 소환되었으나, 10년 후 다시 왕위에 올라 이번에는 성균감을 성균관으로 개칭했다.

반원 개혁의 기수 공민왕은 1356년(공민왕 5)

개성 성균관 대성전 도성 내 위치 등 입지 조건에서 여러모로 서울 성균관과 비슷했다. 단, 대성전은 서울 성균관과 반대로 명륜당 뒤에 있었다. 현재는 고려박물관으로 사용되고 있다. 북한 국보 문화유물 제127호.

서울 성균관 대성전 서울 성균관은 개성 성균관을 모방해 지었는데, 규모는 조금 더 작다. 대성전의 규모는 앞면 5칸, 옆면 4칸이고 지붕은 옆에서 보면 여덟 팔(八)자 모양을 한 팔작지붕이다. 서울 문묘 및 성균관은 보물.

성균관을 다시 국자감으로 바꿨다. 그해 공민왕은 친원 세력을 숙청하고 원에 빼앗겼던 동북쪽 영토(쌍성총관부)를 수복하는 한편 원 간섭 이전의 제도를 복구했다. 국자감도 그때 복구된 제도 가운데 하나였다. 그러나 개혁이 후퇴하면서 6년 후 국자감은 다시 성균관으로 환원되어 조선 말까지 그 명칭을 이어 갔다.

성균관은 이전의 최고 교육 기관과 적어도 두 가지 점에서 달랐다. 하나는 기능이다. 태학, 국학, 국자감 등은 관리 양성에 초점을 맞췄다. 성균관은 그에 더해 학문의 전당으로도 기능했다. 다른 하나는 교육 내용이다. 이는 국자감과 비교할 때 뚜렷이 드러난다. 국자감에서는 유학뿐 아니라 율학(律學, 법률), 산학(算學, 수학) 등도 교육했다. 그러나 성균관에서는 1389년(공양왕 원년)부터 유학만 교육하게 되었다. 다른 과목은 잡학으로 여겨 최고 교육 기관에서 배제했다.

유학만 가르치는 성균관의 성격은 조선에도 그대로 이어졌다. 1398년(태조 7) 서울 동북쪽 숭교방에 새 성균관이 준공되었다. 그때 명륜당, 대성전, 동재와 서재 등 주요 건물이 들어섰으나 2년 후 불타 버렸다. 태종 때 다시 지었으나 반궁의 필수 요소인 반수는 갖추지 못했다. 반수가 조성된 것은 성종 때였고, 책을 보관하는 존경각과 문묘 제례를 준비하는 향관청도 그때 들어섰다.

서울 성균관의 입지는 고려 시대 성균관과 닮

은꼴이었다. 개성 성균관도 서울 성균관처럼 왕도의 동북쪽에 있었다. 개성 성균관 앞에도 반수로 불린 두 냇물이 교차해 흘렀다. 배후에 산이 있는 것도 공통점이었다. 개성 성균관은 송악산 동쪽 고개 아래에 있었고, 서울 성균관은 종묘와 동궐의 주산인 응봉 아래에 자리 잡았다.

성균관은 임진왜란 때 다시 불탔다. 전쟁이 끝난 뒤 다시 짓기 시작해 숙종 때는 비천당, 계성사 등 새 시설도 지어 규모를 키웠다. 그러나 1876년(고종 13) 개항 후 서구 문물의 유입과 함께 성균관은 급격히 내리막길을 걷게 되었다. 일제에 나라를 뺏긴 이듬해인 1911년에는 교육 기능을 빼앗기고, 경학원으로 개칭되어 성균관이라는 이름까지 빼앗겼다.

성균관의 부활과 김창숙

이름마저 뺏겼던 성균관은 1945년 해방과 함께 부활했다. 일제 패망 후 경학원은 성균관으로 환원되었다. 이듬해에는 성균관대학이 설립되었다. 이 과정에서 중요한 역할을 한 사람이 유학자이자 독립운동가였던 김창숙(1879~1962)이다. 김창숙은 일제 강점기에 독립운동을 하다가 수감 생활을 했다. 해방 후 성균관장을 맡는 한편 성균관대학 초대 총장에 취임했다. 정부 수립 후에는 이승만 독재에 반대하는 활동을 펼쳤다.

유학자로서 김창숙의 선비 정신은 다음 발언에 잘 나타나 있다. "성인의 글을 읽고도 성인이 세상을 구제한 뜻을 깨닫지 못하면 그는 가짜 선비이다. 지금 우리는 무엇보다 먼저 이따위 가짜 선비들을 제거해야만 비로소 치국평천하의 도를 논하는 데에 참여할 수 있을 것이다." 가짜 선비들과 부패한 정권에 대한 통렬한 비판이었다.

심산 김창숙

성균관에서 모신 한국 한국 18현 설총, 최치원(이상 신라), 안향, 정몽주(이상 고려), 정여창, 김굉필, 조광조, 이언적, 이황, 김인후, 성혼, 이이, 조헌, 김장생, 김집, 송준길, 송시열, 박세채(이상 조선).

최치원(왼쪽, 857~908) 통일 신라 말기의 유학자이자 대문호. 국풍의 사모를 쓰고 홍포를 입고 의자에 앉아 있는 모습을 묘사했다. 가로 75.5센티미터, 세로 116센티미터.

정몽주(1337~1392) 고려 말의 유학자로 조선 사림의 사표가 된 인물. 19세기에 활동한 궁중 화가 이한철이 개성 숭양서원에 있던 정몽주의 초상을 옮겨 그렸다. 가로 35센티미터, 세로 61.5센티미터.

문묘와 성균관

성균관에 들어서면 대성전이 좌우에 동무와 서무를 거느리고 나타난다. 유교 성현의 위패를 모시고 제사를 지내는 곳이다. 이곳은 제사 공간인 문묘(文廟)로, 엄밀하게 말하면 교육 공간인 성균관과 구별된다. 성균관의 중심인 명륜당과 유생들의 숙소인 동재와 서재는 문묘 뒤에 자리 잡고 있다. 오늘날 우리는 앞뒤로 있는 문묘와 성균관을 아울러 '성균관'이라 부르곤 하지만, 두 공간은 원칙적으로는 별개인 셈이다.

성현을 제사하고 인재를 기르는 존현양사(尊賢養士)는 유교 시설의 기본적인 기능이다. 제사 공간인 문묘의 대성전 구역이 교육 공간인 명륜당 구역 앞에 있다는 것은 두 기능 가운데 존현이 더 중시되었음을 의미한다. 문묘에서 모시는 위패에는 서열이 있다. 대성전 중앙에 유교 시조인 공자를, 그 좌우에 안자와 자사, 증자와 맹자를 모신다. 이 다섯 성인(5성)의 좌우에 공자의 십대 제자인 공문십철과 성리학을 정립한 주자 등 송의 육대 명현(송조육현)이 자리한다.

한국 유학자 18명의 위패도 대성전에 모시고 있다. '동방 18현'으로도 불리는 이들의 위패는 본래 동무와 서무에 있었다. 동무에 중국 명현 47명과 한국 명현 9명의 위패를 모시고, 서무에도 똑같은 수의 명현을 모셨다. 1949년 전국 유림 대회 결정에 따라 한국 유학자 18명의 위패는 대성전으로 옮기고 중국 명현 94명의 위패는 땅에 묻었다.

명륜당은 유생들이 유교 경전을 배우는 강당이다. 과거 시험 장소로도 쓰였다. 성균관에 입학한 유생들은 28개의 방으로 이루어진 동재와 서재에 입사했다. 입학 조건은 까다로웠다. 생원시나 진사시에 합격한 지원자에게 우선 입학권을 주고, 그들을 상재생으로 우대했다. 그들과 달리 사부학당 출신으로 승보라는 시험을 치르고 입학하거나 문음(門蔭)으로 들어가는 이들도 있었다. 그들은 하재생으로 분류되었다.

초기에 150명이던 성균관 정원은 세종 때 200명으로 늘려 유지되다가 후기 들어 축소되었다. 입학하기도 어려웠지만 입학해도 과거 시험에 합격하는 유생은 소수였다. 대과에 응시할 자격을 얻으려면 출석 점수인 원점(圓點)을 300점 이상 취득해야 했다. 성균관 유생은 아침저녁에 두 번 식당에 비치된 명부인 도기(到記)에 서명해야 1점을 얻을 수 있었다. 대과에 응시하려면 성균관에서 300일 이상을 공부하라는 뜻이었다.

김장생(왼쪽, 1548~1631) 이이, 성혼, 송익필의 제자로 예학(禮學)을 깊이 연구해 조선 예학을 개척한 성리학자. 사모를 쓰고 대례복을 입은 모습이다. 가로 62센티미터, 세로 101.5센티미터.

송시열(1607~1689) 김장생의 제자로 조선 후기 노론의 영수가 된 성리학자. 주름, 수염 등에서 보이는 섬세한 표현과 사실적인 묘사력이 눈에 띈다. 송시열을 그린 여러 초상화 중 수작으로 꼽힌다. 가로 67.6센티미터, 세로 89.7센티미터. 국보.

성균관 유생의 하루

성균관 유생은 매일 새벽에 일어나 유교 경전을 읽으면서 하루를 시작했다. 동재의 작은 문 근처에는 식고라는 북이 있었다. 식고는 유생들에게 기상과 식사 시간을 알리는 일종의 시보 장치 역할을 했다. 유생들은 식당에서 독상으로 하루 두 끼의 식사를 했다. 흉년이 들어도 성균관 유생들에게는 오첩반상을 차렸다고 한다.

교재는 사서오경이었다. 사서 중에서는 『대학』을 먼저 읽고 『논어』, 『맹자』, 『중용』을 읽었다. 『대학』에서 유교의 큰 줄거리를 이해하고, 『논어』에서 학문의 근본을 세우며, 『맹자』에서 왕도 정치와 그 발전 방법을 터득해야 『중용』에 담긴 심오한 사상을 이해할 수 있다고 보았다. 유생들이 사서오경을 읽고 충분히 익히는 데는 3년이 넘게 걸렸다고 한다. 유생들은 매달 말 시험을 보고 평가를 받았다. 시험 결과는 조정에 보고될 정도로 엄격하게 관리되었다. 한편, 교육 과정에는 활쏘기와 같은 신체 단련도 포함되었다.

성균관 유생은 자치 기구인 재회(齋會)를 조직하고 동재와 서재로 나누어 임원을 선출했다. 학생회장 격인 장의 2명, 기존 재학생 중에서 선출된 상색장 2명, 신입생 중에서 선출된 하색장 2명 등 모두 6명이 임원을 이루었다. 유생들은 그들을 중심으로 엄격한 생활을 했다.

현실 참여에도 적극적이었다. 성균관 유생은 국가 정책, 예컨대 왕실의 불교 정책에 대해 집단 상소를 올리곤 했다. 성리학 정신에 어긋나는 정책이라고 보았기 때문이다. 요구가 받아들여지지 않으면 수업을 거부하는 권당(捲堂), 집단으로 학교를 떠나는 공관(空館) 등의 실력 행사를 했다. 예컨대 세종이 궁궐 안에 불교 사찰인 내불당을 지으려 하자 성균관 유생들은 수업을 거부했다. 자신들의 뜻이 관철되지 않으면 학교에 돌아오지 않겠다고도 했다. 중종이 불교 부흥 정책을 펼치려 할 때에도 공관으로 저항했다. 조선 시대에는 모두 96차례의 공관과 권당이 있었다.

성균관은 경비를 충당하는 논밭인 학전(學田), 운영을 돕는 외거 노비 등의 지원을 받았다. 교육 경비의 마련은 장학 기구인 양현고에서 담당했다. 성균관 조직은 학교의 실질적 최고 책임자인 대사성(정3품)과 좨주, 악정, 직강, 박사 등으로 구성되었다. 그들은 왕실 교육 기관인 종학과 성균관 부속 기관인 사학의 교관을 겸직했다. 사학은 사부학당, 곧 서울의 네 곳에 있던 중등 교육 기관을 가리킨다.

석전대제

대성전에서 유교 성현들에게 제사를 지내는 의식을 석전(釋奠)이라 한다. '석'은 '놓다, 두다'라는 뜻이고 '전'은 오래되어 좋은 술을 말한다. 성현에게 좋은 술을 바치는 의식이라는 뜻이다. 석전과 유사한 제례 의식으로 석채(釋菜)가 있다. 나물 종류로 소박하게 상을 차리고 곡은 연주하지 않는 조촐한 의식이다.

석전은 희생과 폐백, 주악과 헌수(獻酬) 등이 베풀어지는 국가 차원의 성대한 제사 의식이었다. 석전처럼 국가에서 주관하는 다섯 가지 의례를 '오례'라 했다. 제사와 관련된 길례, 왕과 왕후 등의 혼례와 책봉 등을 일컫는 가례, 외국 사신을 접대하는 빈례, 군사에 관한 의례인 군례, 사망한 왕과 왕후를 애도하는 흉례가 그러한 오례이다. 그중 길례에 속하는 석전은 모든 유교 의식의 전범이고 규모가 가장 크기에 대제를 붙여 '석전대제'라고도 한다.

한국에서 석전의 역사는 유교의 역사만큼 길 것이다. 그러나 석전이 언제 시작되었는지 정확한 기록은 찾아볼 수 없다. 고구려에서 태학을 설립하면서 석전도 함께 거행했을 것으로 보인다. 신라에서는 648년(진덕여왕 2)에 김춘추가 당에서 석전을 참관하고 돌아왔고, 717년(성덕왕 16)에는 당에서 공자와 제자들의 영정을 가져와 국학에 안치했다. 이 같은 기록으로 미루어 신라는 국학에서 석전을 거행했을 것으로 보인다. 고려 시대에는 국자감에서 석전을 거행하다가 성균관

석전대제 순서

제례 절차	내용
전폐례(奠幣禮)	초헌관이 공자, 안자, 증자, 자사, 맹자 순으로 다섯 성인의 신위(오성위) 앞에 나아가 향을 피우고 폐백을 올린다. .
초헌례(初獻禮)	초헌관이 공자를 비롯한 오성위에 첫 번째 잔을 올리고, 대축이 축문을 읽는다.
아헌례(亞獻禮)	아헌관이 오성위에 두 번째 잔을 올린다.
종헌례(終獻禮)	종헌관이 오성위에 마지막 잔을 올린다.
분헌례(分獻禮)	분헌관이 오성위 이외에 배향되어 있는 신위 앞에 나아가 향을 피우고 잔을 올린다.
음복수조례 (飮福受胙禮)	초헌관이 제사에 쓰인 술과 포를 음복한다.
철변두(徹籩豆)	초대축이 제사에 쓰인 변(籩)과 두(豆)를 거둔다.
망예례(望瘞禮)	제사에 쓰인 축문과 폐백을 불사르고 땅에 묻는다.

이 이어받았다.

오늘날 한국의 석전대제는 중국에도 남아 있지 않은 옛 악기와 제기로 장엄하게 거행된다. 문묘 제례악과 팔일무, 제관의 전통 의상과 의식 절차에서 석전의 원형이 잘 보존되어 있다. 유교의 발상지인 중국에서조차 손실된 석전 의식을 보완하려고 한국을 찾아 서적과 의례를 참고할 정도이다.

고려의 문묘 제도가 성립된 초기에는 중국의 문묘에서 모시는 인물을 기준으로 제사를 지냈다. 조선 시대 들어 오성위와 십철 제도가 만들어졌다. 조선 후기에는 성리학을 탄생시킨 주돈이, 정호, 주희 등 송조육현도 배향했다. 조선과 달리

석전대제(왼쪽) 대성전에서 석전대제를 치르기에 앞서 명륜당에서 실제와 똑같은 예행연습을 하고 있다. ⓒ 한국관광공사–박성근.

제단 차림 제단을 차릴 때는 신위의 왼편에 마른 음식이나 과일 등을 담은 제기를 두고 오른편에는 고기와 젓, 국 등을 담은 제기를 배열한다. 중요 무형문화재.

중국의 명·청에서는 양명학자, 고증학자 등 성리학자 이외의 유교 명현도 문묘에 모셨다. 명 대에 성리학이 쇠퇴하면서 양명학이 발전하고, 청 대에는 고증학이 주류를 이룬 데서 비롯된 현상이었다. 최치원과 같은 한국 유교의 성현들을 문묘에 배향하고 제사를 지낸 것은 1019년(현종 11)부터였다.

매년 음력 2월과 8월에 거행하는 석전대제는 『국조오례의』를 규범으로 한다. 석전에 참여하는 사람을 집사라고 하는데 모두 27명이다. 이들 집사에는 위패 앞에 잔을 올리는 제관인 삼헌관과 제사를 진행하는 제관인 집례, 제사의 축문을 읽는 제관인 대축 등이 있다. 삼헌관은 석전대제의 순서에 따라 술잔을 올리는 초헌관, 아헌관, 종헌관을 가리킨다. 대개 초헌관은 예조 판서, 아헌관은 성균관 대사성, 종헌관은 성균관에서 대사성을 보좌하는 사성이 맡도록 되어 있다. 물론 사정에 따라 바뀌기도 했다. 그 밖에 음악을 담당하는 악사 41명, 팔일무(八佾舞)를 추는 무용수 64명 등이 참여해 대규모 제사를 진행했다. 팔일무는 한 줄에 8명씩 여덟 줄로 늘어서서 64명이 추는 춤으로, 문무(文舞)와 무무(武舞)가 있다.

석전대제가 다가오면 3일 전에 입청제를 한다. 제사 전에 성균관 전역을 청소하고 마음가짐도 깨끗하게 하는 행사를 말한다. 입청제 날이 되면 성균관 유생을 비롯해 초청된 각지의 유생까지 성균관을 가득 메웠다고 한다.

석전 전날 새벽에는 조정에서 제관들이 들어오고, 각종 제물과 의례 도구와 희생들이 도착한다. 의식에 공연할 악무도 준비한다. 제관들이 제사에 쓸 곡물과 희생으로 쓸 소, 양, 돼지 등을 일일이 점검하면 초헌관이 사용 승인을 한다. 모든 제수가 차질 없이 준비되면 날이 저물 무렵부터 예행연습을 치른다. 명륜당에 위패를 갖추고 음악과 무용을 준비해 실제 석전대제와 똑같이 모든 절차를 밟는다.

삼경 일점(저녁 11시 24분경)에 북과 징이 울리면 전원이 일어나 불을 켜고 세수를 한 후 간단하게 죽을 먹고 의식을 준비한다. 제사의 시작은 사경 일점(새벽 1시 24분경). 석전의 모든 절차는 홀기(笏記)를 낭독하면서 진행된다. 대성전에 횃불을 밝혀 어둠을 몰아내고 집사들이 제 위치에 서면 집례가 홀기를 읽기 시작한다. 악사들이 연주하는 아악에 맞추어 장중한 의식이 진행된다. 대성전 뜰에서는 팔일무가 펼쳐진다. 그런 가운데 전폐례로 시작해 망예례로 마무리되는 대제가 진행된다.

석전대제가 끝나면 하늘이 밝아 온다는 기록이 전하지만, 실제로는 파루(새벽 4시 무렵)에 종결되었다고 한다. 이 모든 과정을 감찰이 뜰에서 지켜본다. 감찰은 행사가 끝난 뒤에도 대성전을 꼼꼼하게 살피고 의식을 마친 제물에 칼자국을 내 다른 제사에 사용하지 못하도록 한다.

특종(特鐘) 문묘 제례와 종묘 제례에서 댓돌 위에 놓고 노랫말 없는 음악인 등가(登歌)를 연주하는 데 쓰이는 큰 종(오른쪽). 높이 60.8센티미터, 지름 18.5센티미터. 세 마리의 공작을 얹은 나무틀에 특종을 걸고 연주한다(위).

2 향교

성균관이 조선 시대의 국립 중앙 교육 기관이라면 국립 지방 교육 기관은 향교였다. '향(鄕)'은 왕도를 제외한 행정 구역을, '교(校)'는 학교를 뜻한다. 고구려가 평양으로 천도한 후 각 지방에 설립해 유교의 경전과 궁술을 가르친 경당을 향교의 시초로 볼 수 있다. 백제와 신라의 국립 지방 학교에 대한 기록은 아직 발견되지 않았다.

고려 시대에는 지방에 향학을 설치했다. 고려는 987년(성종 6) 중앙 집권 체제를 강화할 목적으로 12목에 경학박사, 의학박사 각 1명을 배치해 지방의 교육을 담당하게 했다. 1127년(인종 5)에 향학이 널리 보급되었으나 제도적으로 완벽하지는 않았다.

조선 태조는 처음부터 각 지방의 수령에게 향교의 중요성을 강조했다. 그 결과 전국의 모든 군현에 빠르게 향교가 설립되었다.

향교도 성균관처럼 배향 공간과 강학 공간으로 구성되었다. 향교의 건축 구성은 이 두 공간

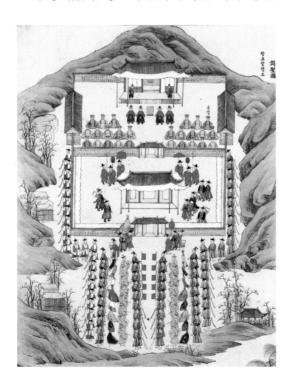

을 어떻게 배치하느냐에 따라 달라진다. 대지가 평지이면 앞쪽이 배향 공간, 뒤쪽이 강학 공간인 '전묘후학'을 이룬다. 성균관의 공간 구성에서 앞쪽에 대성전이 있는 것과 같다. 대지가 경사졌으면 높은 쪽에 배향 공간, 그 아래에 강학 공간을 둔다. 이 두 가지가 일반적인 배치법이다. 그러나 밀양향교처럼 동쪽에 강학 공간, 서쪽에 배향 공간을 두는 예외도 있었다. 어느 쪽이든 배향 공간이 강학 공간에 우선한다는 원칙을 적용한 결과이다. 그 밖에 향교의 살림을 맡는 부속 공간인 교직사가 일반 민가의 모습으로 강학 공간 가까이 배치되었다.

향교는 각 지방 관청이 운영했다. 『경국대전』에 따르면 부·대도호부·목에 각 90명, 도호부에 70명, 군에 50명, 현에 30명의 학생을 수용했다. 각 향교에는 그들을 지도하는 종6품의 교수와 정9품의 훈도를 두고, 운영에 필요한 재정은 국가가 지급한 학전과 학노비 등으로 충당했다.

향교에는 조선 초기부터 농민도 입학할 수 있었다. 세종 때는 백정에게도 향교 입학을 허락했다. 양반과 평민을 아우르는 양인에게 향교 교생의 자격을 부여한 것이다. 16세기 들어 사대부들이 평민의 입교를 막아야 한다고 주장했지만, 교생의 상당수는 여전히 평민이었다. 교생의 신분 차이를 동재와 서재로 구별하기도 했지만, 일단 교생이 되면 신분 차이가 법적으로 문제 되지 않았다. 군역, 과거 시험 응시 자격 등에 차별이 없었다. 신분에 따라 각 관청의 아전 등 다양한 관직에 진출하는 길이 있었다.

임진왜란과 병자호란의 여파로 국가 재정이 궁핍해지면서 향교의 기능은 점점 약해지고 서원이 발달했다. 1894년(고종 31) 과거 제도가 폐지되자 향교는 배향 공간의 기능만 남게 되었다. 1901년(광무 5) 충청남도 보령에 창설된 오천향교가 마지막 향교였다.

「**향교알성도**」 정조는 1795년(정조 19) 회갑을 맞은 어머니 혜경궁 홍씨를 모시고 아버지 사도 세자의 묘소가 있는 화성을 방문해 첫 번째 공식 행사로 향교에서 대성전을 참배했다. 향교가 경사진 곳에 있기 때문에 지대가 높은 뒤쪽에 대성전을 배치했다. 『원행을묘정리의궤도』에 수록된 화성향교 대성전 참배 장면.

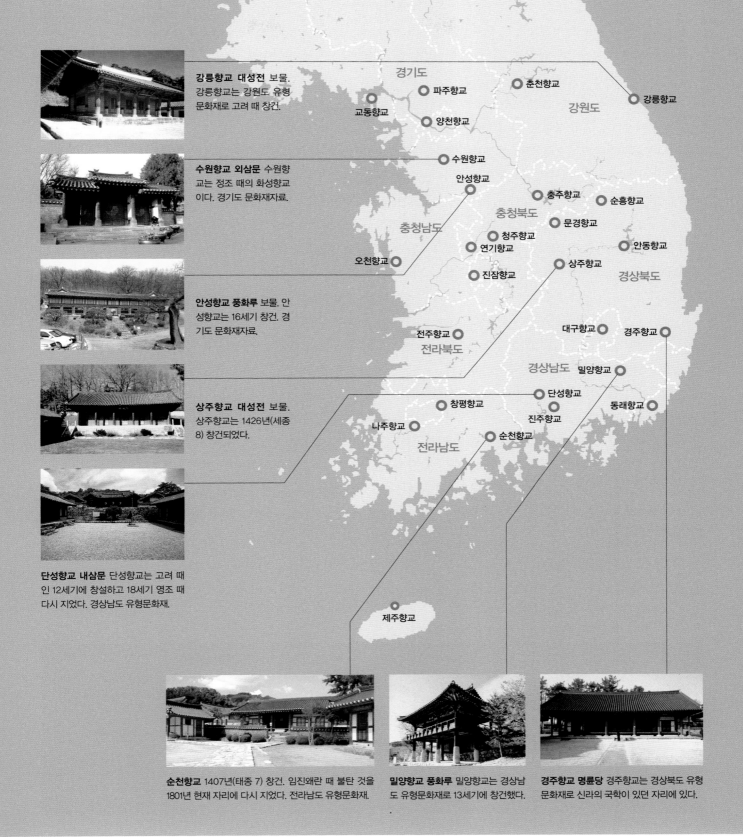

전국의 주요 향교

강릉향교 대성전 보물. 강릉향교는 강원도 유형문화재로 고려 때 창건.

수원향교 외삼문 수원향교는 정조 때의 화성향교이다. 경기도 문화재자료.

안성향교 풍화루 보물. 안성향교는 16세기 창건. 경기도 문화재자료.

상주향교 대성전 보물. 상주향교는 1426년(세종 8) 창건되었다.

단성향교 내삼문 단성향교는 고려 때인 12세기에 창설하고 18세기 영조 때 다시 지었다. 경상남도 유형문화재.

경기도
교동향교
파주향교
춘천향교
양천향교
강원도
강릉향교
수원향교
안성향교
충청북도
충주향교
순흥향교
충청남도
문경향교
청주향교
연기향교
안동향교
오천향교
진잠향교
상주향교
경상북도
전주향교
대구향교
경주향교
전라북도
경상남도
밀양향교
단성향교
동래향교
창평향교
진주향교
나주향교
순천향교
전라남도
제주향교

순천향교 1407년(태종 7) 창건. 임진왜란 때 불탄 것을 1801년 현재 자리에 다시 지었다. 전라남도 유형문화재.

밀양향교 풍화루 밀양향교는 경상남도 유형문화재로 13세기에 창건했다.

경주향교 명륜당 경주향교는 경상북도 유형문화재로 신라의 국학이 있던 자리에 있다.

❸ 서원

서원은 16세기에 등장한 조선의 지방 사립 교육 기관이다. 서원이 독자성을 가지고 발전하게 된 데는 이황의 공이 컸다. 이황은 백성을 위해 풍속을 바로잡고 학문의 방향을 올바르게 정하는 것이 유학자의 임무라고 주장했다. 나아가 서원을 그러한 이념의 실천 도장으로 삼아 성리학을 발전시켜야 한다고 강조하면서 이렇게 말했다.

> "성균관이나 향교는 번잡한 도시에 있어서 앞으로는 번거로운 학칙에 얽매이고 뒤로는 세상에 마음을 빼앗기기 쉽다. 그런 곳을 어찌 서원과 비교할 수 있겠는가?"

서원은 배향 공간인 사우(祠宇)와 강학 공간인 서재로 구성되었다. 서원의 교장은 훈장, 유생 대표는 장의라고 했다. 서원에서는 문묘에 모신 유교 성인들에게 제사를 지내지 않았다. 서원의 사우에는 서원 설립자 집안의 인물이나 설립자가 존경하는 뛰어난 유학자를 모셨다. 예컨대 안동의 도산서원은 중국 성현이 아닌 안동 출신의 대학자 이황을 모시고 제사를 지냈다.

서원은 조선 시대 향촌의 자치 규약인 향약을 기준으로 백성의 삶을 교화하는 역할도 맡았다. 지역의 효자와 열녀를 선정해 표창하고 비윤리적 행동을 하는 사람을 교정하려 했다. 또 서원은 지역 선비들의 여론이 모여 중앙으로 나가는 장소이기도 했다.

그러나 17세기 이후 서원이 급속도로 팽창하면서 부작용이 나타나기 시작했다. 노론의 영수였던 송시열을 제사 지내는 서원은 충청북도 괴산의 화양서원을 비롯해 전국적으로 70여 곳에 이르렀다. 그중 임금이 편액을 하사한 사액 서원만 37곳이었다. 이 같은 서원 난립의 피해자는 바로 향촌의 백성이었다. 그에 따라 서원 철폐론이 고개를 들었다.

1703년(숙종 29) 서원의 폐단을 바로잡기 위한 서원금령이 제정되었다. 서원을 사사로이 설립하면 그 지방의 관리를 벌하고 이를 주도한 학생은 과거 응시 자격을 박탈하는 내용이었다. 1714년(숙종 40) 이후로는 왕이 서원에 편액을 내리지 않겠다고 결정했다. 1741년(영조 17) 탕평 군주 영조는 서원이 붕당 간의 분쟁을 유발하고 정국을 혼란스럽게 한다고 판단해 1714년 이후에 건립된 서원을 모조리 철폐했다.

이 같은 조치에도 기존 서원의 폐단은 줄어들지 않았다. 1863년 고종이 왕위에 오르자 흥선대원군은 대대적인 서원 철폐 작업을 벌였다. 왕의 권위를 높이고 민폐를 줄이며 궁핍한 국가 재정을 확충하기 위해서였다. 위세 등등하던 화양서원도 그 서슬을 피해 가지 못했다. 1871년에는 전국 650곳의 서원 중 소수서원, 도산서원 등 47곳만 남게 되었다.

「**도산서원도**」 1751년(영조 27) 문인 화가 강세황이 그린 수묵 담채화. 와병 중이던 남인 계통 실학자 이익의 부탁을 받고 도산서원을 멀리서 내려다본 모습을 화폭에 옮겼다. 일대의 산과 계곡을 세밀하게 묘사했다. 가로 138센티미터, 세로 26.8센티미터. 보물. 도산서원은 경상북도 안동시 도산면 도산서원길 154에 있다.

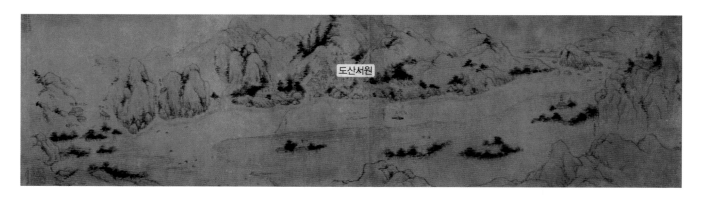

도산서원

전국의 주요 서원

조선 시대에 서원은 그 지역 유교문화의 중심이었다. 지도에서 붉은 점으로 표시한 아홉 곳은 유네스코 세계유산으로 등재된 서원이다. 서원은 경상도 북부 지역에 처음 설립된 이래 한반도 북부까지 퍼져 나갔다. 그중 다수는 영남 사림이 주도한 경상남북도와 기호 사림이 이끈 경기, 충청, 전라 지역에 자리 잡았다.

소수서원 학문을 강론하던 강학당. 대청 북편에 명종이 몸소 글씨를 쓴 편액이 걸려 있다. 보물.

옥산서원 이황의 스승 이언적을 모신 곳으로 그의 향리인 양동마을 서쪽으로 10여 킬로미터 떨어져 있다. 사적.

북청
노덕서원

평양
무열사

개성 파주 포천
숭양서원 용연서원
파산서원

용인
심곡서원

영월
창절서원

충렬사 영주
충주 안동

부여 상주 옥동서원
창렬사 논산 서울 금오서원
구미

경주

서악서원

정읍 달성
함양

장성 진주 부산
포충사 창렬사 충렬사
광주 통영
충렬사

병산서원(위)과 도산서원 병산서원은 유성룡, 도산서원은 이황의 위패를 모셨다. 둘 다 사적으로 지정되었다.

돈암서원 이이의 제자이자 송시열의 스승인 조선 예학의 태두 김장생의 덕을 기리기 위해 건립된 사원. 사적.

무성서원 본래 최치원을 제사 지내는 태산사였다가 1696년(숙종 22) 사액서원인 무성서원이 되었다. 사적.

필암서원 조선 중기 중종과 명종 때의 성리학자인 김인후를 모신 곳. 사적.

남계서원 조선 전기 성종 때의 성리학자인 정여창을 모신 곳. 사적.

도동서원 조광조의 스승 김굉필을 모신 곳. 사적.

127

서원의 구조

한국 최초의 서원은 1543년(중종 38) 풍기 군수 주세붕이 주희(주자)의 백록동서원을 본떠 건립한 백운동서원이다. 서원에 배향한 인물은 풍기 출신인 한국 성리학의 시조 안향이다. 고려의 유학자 안향은 어린 시절 숙수사라는 절에 머물며 공부해 과거 시험에 급제했다. 주세붕은 바로 그 숙수사의 옛터에 백운동서원을 세웠다. 그는 안향을 모신 이유를 다음과 같이 밝혔다.

> "교화는 시급한 것이고 이는 어진 이를 존경하는 일부터 시작되어야 한다. 안향의 심성론과 경(敬) 사상을 수용하고자 그를 받들어 모시는 사당을 세우고 아울러 유생들의 공부를 위해 서원을 세웠다."

1548년(명종 3) 풍기 군수로 부임한 이황은 명종에게 백운동서원에 현액을 내려 주고 국가적 차원의 지원을 제공해 달라고 요청했다. 명종은 이를 받아들여 친필로 소수서원(紹修書院)이라고 쓴 현액을 내려 주고 사서오경을 비롯한 책과 물품을 지원했다. 명종은 대제학 신광한에게 백운동서원을 대체할 이름을 여러 개 짓게 한 뒤 그 중에서 '소수(紹修)'를 직접 골랐다. "이미 무너진 유학을 다시 이어 닦게 한다(旣廢之學 紹而修之)."라는 뜻이다.

이처럼 국왕이 손수 현액의 글씨를 써서 내려 주는 것을 '사액(賜額)'이라 하고, 그 현액을 받은 서원을 사액 서원이라 한다. 소수서원은 조선 최초의 서원인 동시에 조선 최초의 사액 서원이었다. 사액 서원은 다른 서원보다 격이 높았다. 왕이 서원에 현액을 내렸다는 것은 그 서원이 향촌의 정치 사회 활동의 중심임을 인정받았다는 뜻이다. 소수서원 이후에도 전국의 많은 서원이 사액을 받으면서 서원은 사학의 중심 기관으로 발전했다.

소수서원 입구에는 유학의 상징인 은행나무 두 그루가 서 있다. 바로 그 지점부터 지면이 한 단 높아지면서 서원이 시작된다. 정문인 사주문으로 들어서면 왼쪽에 성생단, 오른쪽에 경렴정이 보인다. 성생단은 제사에 필요한 희생을 검사하는 단이고, 경렴정은 학생들이 시를 짓고 학문을 토론한 정자이다. 경렴정에서 내려다보이는 죽계수 건너편 경자바위에는 주세붕이 쓴 '경(敬)'이라는 글씨와 이황이 썼다는 '백운동(白雲洞)'이라는 글씨가 새겨져 있다. 경은 성리학에서 마음가짐을 닦는 수양론의 핵심어로 선비들이 삶의 지침으로 삼는 가치였다.

대개 사당 옆에 두는 성생단과 서원 안쪽에 두는 경렴정이 정문 옆에 있는 것은 소수서원의 독특한 점이다. 소수서원은 기본 구성에서도 여느 서원과 다른 점이 있다. 대개의 서원은 강학 공간 뒤에 제향 공간을 두는데, 소수서원은 제향 공간인 사당(문성공묘)을 강학 공간 서쪽에 배치했다. 공간 구성의 규칙이 느슨하던 초기 서원의 모습을 잘 보여 준다. 강학 공간 내에서 원생의 공간인 학구재와 지락재의 기단을 스승의 공간인 일신재와 직방재의 기단보다 한 자 낮게 지은 점도 눈에 들어온다. 스승을 공경해야 한다는 의식을 반영한 것으로 풀이된다.

문성공묘 문성공 안향을 주 배향 대상으로 모신 소수서원의 사당. 안향의 후손인 안축과 안보, 백운동서원을 세운 주세붕의 위패도 함께 모셨다. 안축과 안보는 1544년(중종 39)에, 주세붕은 1633년(인조 11)에 배향되었다. 보물.

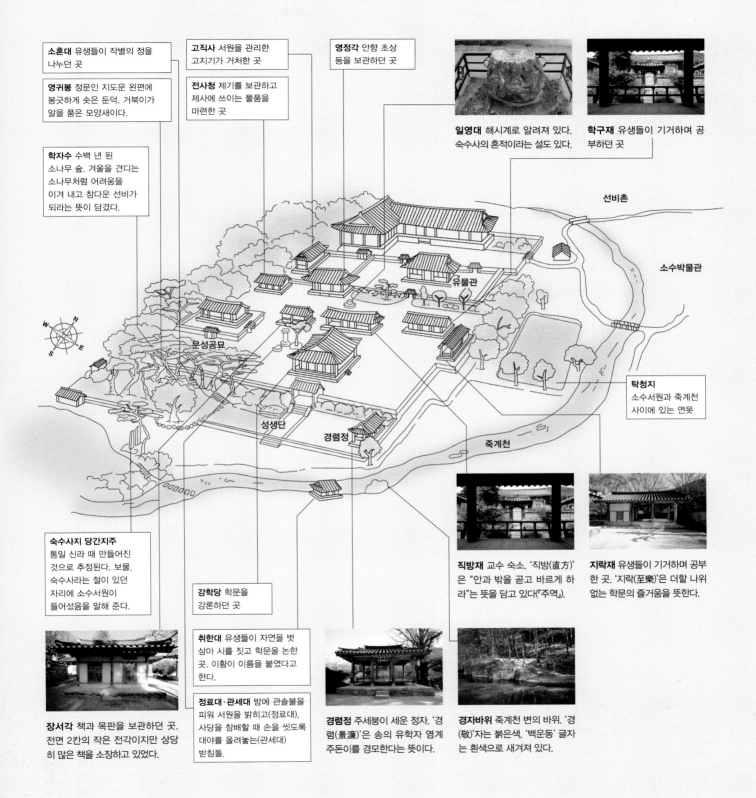

한눈에 보는 소수서원

소혼대 유생들이 작별의 정을 나누던 곳

영귀봉 정문인 지도문 왼편에 봉긋하게 솟은 둔덕. 거북이가 알을 품은 모양새이다.

학자수 수백 년 된 소나무 숲. 겨울을 견디는 소나무처럼 어려움을 이겨 내고 참다운 선비가 되라는 뜻이 담겼다.

고직사 서원을 관리한 고지기가 거처한 곳

전사청 제기를 보관하고 제사에 쓰이는 물품을 마련한 곳

영정각 안향 초상 등을 보관하던 곳

일영대 해시계로 알려져 있다. 숙수사의 흔적이라는 설도 있다.

학구재 유생들이 기거하며 공부하던 곳

선비촌

소수박물관

유물관

문성공묘

탁청지 소수서원과 죽계천 사이에 있는 연못

성생단

경렴정

죽계천

숙수사지 당간지주 통일 신라 때 만들어진 것으로 추정된다. 보물. 숙수사라는 절이 있던 자리에 소수서원이 들어섰음을 말해 준다.

강학당 학문을 강론하던 곳

취한대 유생들이 자연을 벗 삼아 시를 짓고 학문을 논한 곳. 이황이 이름을 붙였다고 한다.

정료대·관세대 밤에 관솔불을 피워 서원을 밝히고(정료대), 사당을 참배할 때 손을 씻도록 대야를 올려놓는(관세대) 받침돌.

직방재 교수 숙소. '직방(直方)'은 "안과 밖을 곧고 바르게 하라"는 뜻을 담고 있다(『주역』).

지락재 유생들이 기거하며 공부한 곳. '지락(至樂)'은 더할 나위 없는 학문의 즐거움을 뜻한다.

장서각 책과 목판을 보관하던 곳. 전면 2칸의 작은 전각이지만 상당히 많은 책을 소장하고 있었다.

경렴정 주세붕이 세운 정자. '경렴(景濂)'은 송의 유학자 염계 주돈이를 경모한다는 뜻이다.

경자바위 죽계천 변의 바위. '경(敬)'자는 붉은색, '백운동' 글자는 흰색으로 새겨져 있다.

서원 산책

서원은 일정한 규범에 따라 자연과 잘 어울리도록 배치되었다. 서원 정문은 삼문, 일각문, 사주문의 세 종류가 있다. 삼문은 좌우 세 칸으로 되어 있는 문이다. 중앙 문은 배향된 선현의 문으로 사람은 사용하지 않았다. 유생들은 좌우의 문으로 출입했는데, 중앙 문의 동쪽 문으로 들어가고 서쪽 문으로 나오는 '동입서출' 규칙이 적용되었다. 옥산서원 역락문이 삼문이다.

일각문은 문이 하나이다. 삼문에 비해 규모가 작고 수수하다. 안동 병산서원의 복례문, 달성 도동서원의 환주문 등이 있다. 이 서원들은 사액 서원으로, 경제적으로 궁핍한 상태에서 건립된 곳이 아니다. 그런데도 소박한 일각문을 만들었다. 소박한 공간에서 학문에 매진해 뜻을 바로 세우는 데 가치를 둔 선비의 마음이 반영된 것이다.

사주문은 사주(四柱), 즉 네 개의 기둥으로 구성된 문이다. 남계서원의 풍영루 누각을 받치고 있는 준도문이 이에 해당한다. 여기서 '준도(遵道)'는 도를 따른다는 뜻이다.

정문을 열고 들어가면 강학 공간인 강당이 나온다. 유생들이 모여 경전을 암송하고 그 뜻을 새기는 서원의 주 공간이다. 강학당의 '강(講)'은 설명한다는 뜻으로, 학생들이 배운 것을 익혀서 스승에게 설명하는 것을 말한다. '당(堂)'은 흙을 높이 돋우고 그 위에 지은 집을 형용한 글자로, '바르다, 높다'라는 의미가 있다. 유생들은 강당에서

붓걸이와 필통 붓을 걸어 놓는 붓걸이와 붓을 담는 필통. 유생이라면 멀리할 수 없는 생활필수품이었다. 한국국학진흥원 소장.

벼루에 먹을 갈고 붓을 들어 바르고 높은 성현의 도를 배우고 익혔다.

강당 편액에는 서원의 교육 목표를 나타내는 당호를 적었다. 예컨대 병산서원 입교당의 '입교(立敎)'는 『소학』에 나오는 말이다. 성리학자들은 삶을 영위하는 중요한 도덕적 기준이자 행동 강령으로 주자가 편찬한 『소학』을 곁에 두었다. 옥산서원의 강당인 구인당(求仁堂)은 '인을 구하는 집'이라는 뜻이다. 공자 사상의 핵심인 인을 교육 목표로 정한 것이다.

강당 뒤에는 제향 공간이 있다. '제향'은 엄밀하게 말하면 제사와는 다른 의미가 있다. 유교에서는 공이 있으면 제사를 지내고 덕이 있으면 제향을 올린다고 한다. 제향은 망자를 추모하는 제사와 달리 학문과 덕이 높은 성현을 따라 배우려는 의식이다. 따라서 제향 공간은 강학 공간과 한 몸을 이룬다고 볼 수 있다.

향교에서 그렇듯 서원에서도 제향 공간은 가장 위상이 높았다. 유교에서 북쪽은 최상위의 방위이므로 제향 공간은 대개 북쪽에 터를 잡았다. 조선 시대에는 남쪽에서 피는 목련이 왕이 있는 북쪽을 바라보며 고개를 숙인다고 해서 이 꽃을 충신에 비유하기도 했다. 서원이 경사지에 있으면 가장 높은 곳에 제향 공간을 두었다.

주자의 『가례』에 따르면 "무릇 집의 제도를 말할 때는 실제의 향배를 불문하고 앞을 남, 뒤를 북, 왼쪽을 동, 오른쪽을 서로 한다." 이에 따라 서원에서도 실제 방위와는 관계없이 사당이 있는 자리가 북쪽이 된다. 도동서원은 앞으로 낙동강이 흐르고 뒤로 대니산이 있는 급경사지에 있다.

역락문 경주 옥산서원의 정문인 외삼문. '역락(亦樂)'은 『논어』 「학이」 편의 두 번째 문장인 "벗이 멀리서 찾아오니 또한 즐겁지 아니한가(有朋自遠方來不亦樂乎)."에서 따온 이름이다.

병산서원 만대루 기둥 벽체 없이 1, 2층 모두 기둥으로 처리한 것이 특징이다. 기둥 사이로 낙동강과 병산이 한눈에 들어온다.

이 급경사지의 가장 높은 곳에 있는 사당의 실제 방향은 북동향이다. 하지만 사당이 있는 곳을 북쪽으로 삼고 이를 중심으로 다른 건물을 배치했다. 객관적인 방위보다 방위의 설정에 담긴 의미를 더 중요시하는 사고방식을 잘 보여 준다.

공자는 자벌레가 움직일 때 한번 몸을 구부렸다가 앞으로 나간다고 했다. 선비들에게 휴식은 자벌레가 앞으로 더 나가기 위해 한번 몸을 구부리는 행위이다. 그런 의미에서 유교의 성현들은 휴식을 취할 수 있는 자연을 가까운 벗으로 여겼다. 학생들도 그 마음을 닮고자 했다. 서원에서 공부란 책만 마주하는 것이 아니었다. 자연과 벗하면서 휴식을 취하는 것도 넓은 의미에서 공부라고 할 수 있다. 그래서 자연 경관이 좋은 공간에 자리 잡은 서원의 누각과 정자는 아름다운 주위 풍광을 즐기는 휴식의 공간이었다.

자연을 감상할 때 선비들은 가까운 풀과 나무보다는 전체적인 풍경을 눈에 담았다. 부분보다는 전체를 바라보는 태도로 세상을 이해하고자 했다. 주자가 머물렀다는 만대정에서 이름을 따온 병산서원의 만대루는 그런 생각을 고스란히 담고 있는 누각이다. 만대루에 오르면 백사장을 감싸 안고 흐르는 낙동강과 그 너머에서 강에 그림자를 드리운 병산이 한눈에 들어온다. 이 같은 지리적 조건을 '대산임수(對山臨水)'라 한다.

서원의 정원은 마당에 꾸민 인공 정원과 서원을 둘러싸고 자연스럽게 형성된 산수정원으로

나눌 수 있다. 인공 정원에는 도산서원의 정우당, 남계서원의 방지, 병산서원의 광영지 등이 있다. 정우당에는 몽천(蒙泉)이라는 이름의 샘이 있다. 『주역』의 몽(蒙) 괘에서 따온 이름인데, 몽은 어린아이를 교육으로 계몽하는 방도에 관해 설명하는 괘이다. 이황은 몽천 위쪽에 매화, 대나무, 소나무, 국화를 심고 그곳을 절우사라 불렀다. '절우'는 절개 있는 벗이라는 뜻이다. 유생들은 선비의 절개를 상징하는 풀과 나무를 보면서 공부로 지친 심신을 달랬다.

산수정원에서는 서원 주변의 자연이 곧 정원을 이룬다. 산수정원의 중심에는 누정이 있다. 선비들은 누정에 올라 자연 풍광을 마음껏 감상하고 즐겼다. 산수정원으로 이름난 서원으로는 이언적을 배향한 옥산서원이 있다. 옥산서원은 이언적이 개울가에 짓고 머물렀던 독락당이라는 사랑채 부근에 세워졌다. 이언적은 독락당 옆으로 흐르는 개울에 '자계(紫溪)'라는 이름을 붙이고 자신의 호를 자계옹이라 했다. 독락당과 자계가 주변의 자연과 어우러지면서 산수정원의 의미를 획득했고 그것이 옥산서원으로 이어졌다.

이언적처럼 선비들은 산, 개울, 바위, 폭포 따위 자연물에 이름을 지어 주었다. 주로 그들이 흠모한 성현의 아호나 당호, 성현이 찾던 명소 등이 이름에 사용되었다. 그러한 공간이 서원의 산수정원을 이루고, 서원 안의 인공 정원은 산수정원의 축소판 같은 의미를 띠게 되었다.

독락당 이언적이 자계라 이름 지은 개울을 내려다보고 있는 뒤편의 정경. '독락(獨樂)'은 홀로 즐긴다는 뜻이지만 독락당의 이언적에게는 산, 나무, 개울, 바위 등 매우 많은 벗이 있었다. 1516년(중종 11)에 앞면 4칸, 옆면 2칸 규모로 지었다. 보물. ⓒ 한국관광공사-앙지뉴 필름.

4 수도의 현장

구곡 이야기

위대한 인물은 흔히 큰 산에 비유된다. 중국에서는 공자를 태산, 주자를 무이산에 비유한다. 조선의 성리학자들에게 태산은 중국에 있는 산이지만 무이산은 꼭 중국에만 있는 산이 아니었다. 주자가 무이산 계곡의 아홉 구비 경치를 노래한 「무이구곡도가」와 이를 화폭에 담은 「무이구곡도」는 중국만의 것이 아니었다. 조선의 성리학자들은 이를 본떠 구곡의 시를 읊고, 그림을 그리고, 조선 땅에 구곡을 조성했다.

성리학의 양대 산맥인 영남학파와 기호학파는 서로 다른 구곡 문화의 꽃을 피웠다. 동인 계통의 영남학파는 구곡이라는 전형을 고집하지 않고 그것을 칠곡, 십이곡 등으로 변주했다. 그들은 주자의 강학 공간이던 무이정사를 중시했다. 고향 근처 산수가 수려한 곳에 무이정사 같은 정사를 지어 서원으로 발전시켰다. 대표적인 곳이 도산서원이다. 영남학파는 따로 구곡을 조성하지 않았기에 구곡도 대신 도산도를 그렸다. 현재 10여 종이 남아 있는 도산도는 이황을 추존하고 학통을 계승하는 차원에서 그린 그림과 자연을 감상하는 차원에서 그린 그림으로 구분된다.

반면 서인 계통의 기호학파는 주자의 무이구곡 자체를 중시했다. 그들은 조선에 구곡을 설정해 실경산수화로 구곡도를 그리고 구곡시를 지었다. 이를 통해 학통을 전승하고 문화적 우월성을 자부했다. 「고산구곡도」, 「곡운구곡도」, 「화양구곡도」 등을 그려 조선에도 무이구곡 같은 공간이 있음을 과시하기도 했다.

이이가 황해도 고산군 석담리 수양산 서쪽 선적봉과 진암산 사이에 조성한 고산구곡은 기호학파 구곡의 기원이다. 이이는 은병정사를 짓고 고산구곡에 은거할 생각이었으나 실행하지 못했다. 고산구곡을 그린 실경 산수화 「고산구곡도」는 서인의 학통을 전승하는 상징이 되었다. 선비들은 사정상 직접 구곡에 갈 수 없으면 구곡도를 서재에 걸어 놓고 수양했다.

송시열은 이이의 국한문 혼용 시조 「고산구곡가」를 한문으로 번역하고 주위 문인들에게 차운시(남이 지은 시의 운자를 따서 지은 시)를 짓게 했다. 송시열의 수제자 권상하는 그 차운시들을 「고산구곡도」에 넣어 제작한 판각본을 보급했다. 이는 주자의 무이구곡 전통이 이이를 거쳐 송시열로 이어진다는 의식을 상징화하는 작업이었다고 할 수 있다.

영남학파의 구곡 문화를 보여 주는 「하외도(河隈圖)」 이황의 고장 안동에서 구곡도 유형으로 제작된 작품의 하나로 꼽히는 실경 산수화. 도산서원에서 하회에 이르는 안동 일대의 경치를 담은 작품으로, 아래 그림은 그중 하회 마을 부분이다. 1828년(순조 28) 문인 화가 이의성이 그렸다.

132

곡운구곡

기호학파의 구곡 문화를 잘 보여 준다. 이곳의 원래 지명은 사탄(史呑)이었다. 김수증은 지명을 사탄에서 곡운으로 바꾸고, 용담천 아홉 굽이에 각각 이름을 붙여 곡운구곡이라 했다. 강원도 기념물, 강원도 화천군 사내면 용담리.

용담리

첩석대(제9곡)

용의연(제8곡)

명월계(제7곡)

명옥뢰(제5곡)

백운담(제4곡)

곡운구곡

와룡담(제6곡)

용담계곡

신녀협(제3곡)

방화계 (제1곡)

청옥협(제2곡)

명월계(왼쪽) 곡운구곡의 제7곡. 밝은 달이 비치는 계곡물이라는 뜻이다.

방화계 곡운구곡의 제1곡. 1682년 무렵 화가 조세걸이 김수증의 주문을 받고 그린 실경 산수화 「곡운구곡도」의 첫 번째.

17세기에 활동한 서인 학자 김수증은 강원도 화천군 사내면 계곡을 골라 구곡을 설정하고 자신의 호를 따서 '곡운구곡'이라 했다. 그는 병자호란 때 청에 끝까지 저항한 척화파 선비 김상헌의 손자였다. 젊은 시절부터 산수를 좋아해 금강산 등을 유람하고 기행문을 남긴 그는 화가인 조세걸과 함께 곡운구곡을 답사해 실경도를 그렸다. 그의 제자들이 이 그림을 보고 구곡시를 지어 그림에 첨부했다. 김수증은 곡운구곡에서 후학 양성과 학문 활동에 매진하지는 않았다. 정치적으로 불운할 때면 은거했다가 때가 좋아지면 서울로 복귀하는 삶을 살았다.

이처럼 기호학파는 산세가 좋은 곳에 안락한 공간을 조성해 권토중래의 기반으로 삼았다. 그들은 구곡을 자손들이 거주하는 촌락으로 만들지 않았다. 그들의 근거지는 대부분 서울에서 가까운 곳에 있었다. 영남학파가 자신들의 마을과 가까운 곳에 도산서원 일대처럼 변형된 구곡을 조성한 것과 다른 점이다.

곡운구곡은 송시열의 화양구곡과 함께 기호학파 선비들의 이상향으로 여겨졌다. 곡운구곡 제3곡인 신녀협에는 김시습이 머물렀다는 청은대가 있다. 김시습을 존경한 김수증이 김시습의 다른 호인 벽산청은을 따서 지은 이름이다.

1682년(숙종 8) 무렵 그려진 「곡운구곡도」는 조선의 구곡도 중에서 가장 세밀하게 묘사되고 제작 동기, 연대, 유래가 분명하게 기록된 작품이다. 「곡운구곡도」는 다음 세기에 정선의 진경산수화 시대를 열게 한 선구적 작품으로 평가된다. 정선의 후원자 역할을 했던 김창흡, 김창협은 김수증의 조카였다. 이처럼 구곡도는 조선 미술사에 큰 영향을 미쳤다.

17세기 후반부터 기호학파를 중심으로 창작된 구곡도와 구곡가는 주자의 권위에 기대어 가문의 세력을 과시하는 상징물처럼 여겨졌다. 기호학파 선비들은 무이, 고산, 화양, 곡운 등의 구곡도를 서재에 걸어 두고 성리학의 정통이 자신의 가문에 있음을 과시했다.

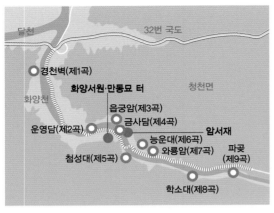

화양구곡

경천벽에서 파천에 이르는 화양구곡과 만동묘, 화양 서원 터가 화양천의 맑은 물 좌우에 자리 잡고 있다.

운영담(오른쪽) 화양구곡 제2곡. 맑은 날 구름 그림 자가 비친다고 '운영(雲影)' 이란 이름을 붙였다.

금사담(왼쪽) 화양구곡 제 4곡. 맑은 물 속의 모래가 금싸라기 같다고 해서 붙 인 이름이다. 물가 암반에 송시열의 별장이던 암서재 가 있다.

화양서원 1696년(숙종 22) 송시열을 제향하기 위 해 세운 곳. 1716년(숙종 42)에 세운 묘정비가 있다. 충청북도 기념물.

김수증이 강원도 화천에서 곡운구곡을 설정할 무렵 송시열은 충청북도 괴산의 속리산 계곡에 서 화양구곡이라는 자신의 구곡을 찾아냈다. 다 음은 그가 화양구곡을 바라보며 지은 시이다.

물은 청룡이 되어 흘러가고,
사람은 푸른 절벽을 따라다니네.
천년 전 무이에서 있었던 일이
오늘날 이곳에서 분명하구나.

　　　　　　　　　 - 송시열, 「파곡, 병인 삼월」

송시열은 주자가 무이구곡에서 누린 삶을 화 양구곡에서 재현하고자 한 것 같다. 화양을 무이 와 동일한 곳으로 여긴 시 구절에서 그런 마음이 잘 나타난다. 위 시의 제목인 '파곡'은 화양계곡 전체를 가리키는 지명이기도 하다. 화양계곡은 속리산에서 흐르는 화양천의 하류부터 상류까지 걸쳐 있는 계곡인데, 송시열은 그중 경치 좋은 아

홉 군데를 화양구곡으로 삼았다.

송시열은 1666년(현종 7) 화양천 변 화양동 에 처음 거처한 후 80세가 되던 1687년(숙종 13)까지 수시로 화양구곡에서 머물면서 심신 을 수양했다. 그곳에는 송시열을 제향한 화양 서원, 임진왜란 때 조선을 도운 명의 만력제(재 위 1572~1620)와 마지막 황제인 숭정제(재위 1627~1644)를 제사하기 위해 건립한 만동묘가 있었다. 만동묘는 1704년(숙종 30) 권상하가 스 승인 송시열의 유지를 받들어 건립한 사당이었 다. 화양서원 역시 권상하가 주도해 화양동 밖 만 경대 근처에 세웠다. 1710년에는 화양서원을 만 동묘 오른쪽으로 옮겨 지었다.

화양구곡의 제1곡인 경천벽은 구곡 가운데 가 장 북쪽에 자리 잡고 있다. 큰 바위벽이 공중에 높이 솟아 마치 하늘을 떠받치는 거인처럼 보인 다. '경천(擎天)'이라는 이름을 붙인 이유이다. 경 천벽 아래쪽에는 화양동문(華陽洞門)이라는 송

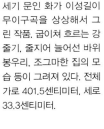

'비례부동' 글씨 화양구곡 제5곡인 첨성대 바위에 새겨져 있다. 1669년 청에 갔던 민정중이 받아 온 숭정제의 친필 글씨를 새겼다. 오른쪽 아래에는 '대명천지 숭정일월'이라 새겼다. 이미 망해 버린 명에 대한 송시열의 변치 않는 충성심을 잘 보여 준다.

「무이구곡도권」(부분) 16세기 문인 화가 이성길이 무이구곡을 상상해서 그린 작품. 굽이쳐 흐르는 강줄기, 줄지어 늘어선 바위 봉우리, 조그마한 집의 모습 등이 그려져 있다. 전체 가로 401.5센티미터, 세로 33.3센티미터.

시열의 글씨가 생전에 그가 누렸던 권세처럼 크게 새겨져 있다.

경천벽에서 남쪽으로 화양천을 따라 1킬로미터 남짓 내려가면 계곡의 맑은 물이 모여 연못을 이루고 있는 제2곡 운영담이 나온다. 제3곡 읍궁암은 효종(재위 1649~1659)의 제삿날 송시열이 엎드려 곡을 했다는 너럭바위이다. '읍궁(泣弓)'은 순(舜)이 죽은 후 신하가 칼과 활을 잡고 울었다는 고사에서 비롯된 이름이다. 바로 이 읍궁암 건너편에 화양서원과 만동묘가 있었다.

제4곡 금사담 주변에는 송시열이 은퇴하고 내려와 머물렀던 암서재가 있다. 화양구곡의 중심으로 여겨지는 곳이다. 제5곡인 첨성대는 숭정제의 친필 글씨 '비례부동(非禮不動)'을 새긴 바위로 유명하다. 예가 아니면 움직이지 않는다는 뜻이다. 그 밖에도 송시열이 쓴 '대명천지', 만동묘의 어원인 '만절필동' 등을 바위에 새긴 글씨들도 남아 있다.

우뚝 솟은 바위가 구름을 찌를 듯하다는 제6곡 능운대, 용이 꿈틀거리는 모양이라는 제7곡 와룡암, 그 옛날 바위산의 낙락장송에 백학이 집을 짓고 새끼를 쳤다는 제8곡 학소대, 개울 한복판에 펼쳐진 흰 바위가 티 없는 옥반과 같다는 제9곡 파곳이 이어진다.

이처럼 화양구곡은 속리산 자락에 흐르는 화양천을 따라 형성된 화양동계곡의 아홉 골짜기를 골라 설정되었다. 송시열이 구곡을 점찍기 전에는 화양동계곡과 화양천 상류 지역의 선유동계곡을 아우른 계곡 전체에서 여덟 곳을 선정해 '선유팔경'이라 불렀다. 선유팔경을 지정한 사람은 16세기의 성리학자로 이황과 친분이 있었던 이녕이라고 한다.

화양구곡이 설정된 뒤에는 송시열을 따르는 노론 문사들이 선유동계곡에서 따로 아홉 골짜기를 골라 '선유구곡'이라 부르기도 했다. 그 후 화양구곡과 선유구곡은 노론의 결집 장소이자 순례지가 되었다. 화양구곡을 그린 그림은 1756년(영조 32) 권신응의 작품이 남아 있다. 그에 앞서 김진옥이 화양구곡을 그렸다는 기록도 있지만 지금은 전하지 않는다.

화석정 1443년(세종 25) 이이의 5대조인 이명신이 세운 정자. 경기도 유형문화재. 경기도 파주시 파평면 화석정로.

반구정 세종 때 명재상 황희가 여생을 보낸 정자. 경기도 문화재자료. 경기도 파주시 문산읍 사목리.

백석동천 19세기에 조성된 야외 정원. 주변에 흰 돌이 많은 데서 이름이 유래했다. 명승. 서울 종로구 부암동.

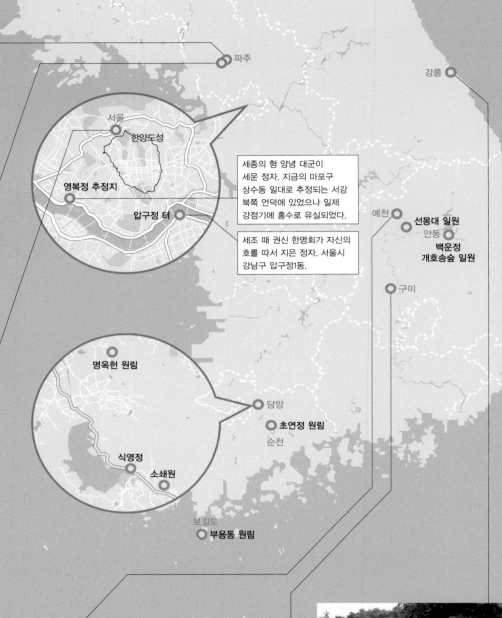

파주

강릉

서울
한양도성

영복정 추정지

압구정 터

세종의 형 양녕 대군이 세운 정자. 지금의 마포구 상수동 일대로 추정되는 서강 북쪽 언덕에 있었으나 일제 강점기에 홍수로 유실되었다.

세조 때 권신 한명회가 자신의 호를 따서 지은 정자. 서울시 강남구 압구정1동.

예천
선몽대 일원
안동
백운정
개호송숲 일원

구미

명옥헌 원림

담양
초연정 원림
순천

식영정

소쇄원

보길도

부용동 원림

초간정 『대동운부군옥』을 쓴 권문해가 1582년(선조 15) 지은 정자. 경상북도 유형문화재. 경상북도 예천군 용문면.

채미정 고려 말 학자 길재의 충절을 기리기 위해 1768년(영조 44)에 지은 정자. 명승. 경상북도 구미시 남통동.

활래정 강릉 선교장에 딸린 정원. 사랑채인 열화당을 지은 이듬해인 1816년(순조 16) 조성했다. 국가민속문화재. 강원도 강릉시 운정길.

별서 이야기

별서(別墅)는 주거 공간과 별개의 공간을 조성해 사대부가 휴양하던 곳을 일컫는 말이다. 조선 초기부터 왕족과 사대부들은 한강 변 같은 곳에 정자를 짓고 가끔씩 머물며 여가 생활을 즐겼다. 서울 마포에 있던 영복정은 세종의 맏형인 양녕 대군의 정자였다. 동호대교 남쪽에 있던 압구정은 지금은 사라지고 동네 이름으로만 남아 있다. 임진강 변에 있는 화석정과 반구정은 각각 이이와 황희의 정자였다. 화석정이 있는 파주 율곡리 일대는 이이의 고향으로, 그는 관직에서 물러난 후 화석정에서 제자들과 학문을 토론하곤 했다. 임진왜란 때 의주로 피란 가던 선조가 한밤중에 임진강을 건널 때 화석정을 태워 불을 밝혔다는 이야기도 유명하다. 반구정은 본래 낙하진이라는 나루터와 가까이 있어 낙하정으로 불렸으나, 임진강 변을 가득 메운 갈매기들과 함께 논다는 뜻에서 '반구(伴鷗)'라는 이름을 붙였다고 한다.

이 같은 조선 초기의 정자 문화가 발달하면서 16세기 이후 사림의 별서 문화가 형성되었다. 사림은 5세기에 무릉도원을 노래한 동진 시인 도연명의 은둔 사상과 성리학 이념을 바탕으로 별서를 조성했다. 별서는 흔히 원림(園林)과 정원으로 나눈다. 원림은 전라남도 담양의 소쇄원처럼 자연으로 깊숙이 들어가 은둔할 목적으로 조성된다. 반면 정원은 강릉 선교장의 활래정처럼 주거 기능을 함께하는 공간이다. 홀로 은둔하기보다는 지인들과 교유하고 다양한 여가 생활을 누린다. 따라서 정원은 도시 공간에, 원림은 교외의 멀리 떨어진 숲에 주로 조성된다.

원림의 대표 격인 소쇄원은 1530년(중종 25) 조광조의 제자인 양산보가 지은 별서였다. 맑고 깨끗하다는 '소쇄(瀟灑)'라는 말에서 청정한 자연과 함께하려는 원림의 정신을 읽을 수 있다. 1519년 기묘사화 때 조광조가 유배지 화순에서 사약을 받자, 양산보는 현실 정치에 환멸을 느끼고 고향인 담양으로 내려가 소쇄원을 꾸미고 그곳에서 머물렀다. 소쇄원은 인공 조경을 되도록 배제하고 자연을 있는 그대로 원림의 요소로 삼고자 했다. 따라서 소쇄원에는 인위적인 출입문이 따로 없고, 다만 담장을 둘러 원림 안의 공간들을 연결하는 역할을 하도록 했다.

소쇄원 광풍각 산 사면에서 흘러내리며 계곡을 이룬 물이 담장 밑을 통과해 소쇄원을 관통하고 있다. 1545년 을사사화 때 낙향한 김인후가 특히 자주 찾았다. 담장에는 주변 경치를 읊은 김인후의 시 「소쇄원 사십팔영」이 쓰여 있다. 김인후는 임억령, 기대승 등과 시회를 열거나 바둑을 두고 거문고를 타면서 여가를 즐겼다. 활쏘기와 투호 같은 놀이도 했다. 그렇게 혼란한 시국에 시달리던 마음을 풀면서 다시 뜻을 펼칠 날을 기다렸다. 명승. 전라남도 담양군 남면 지곡리.

선비들의 주요 산행지

조선의 선비들이 유산기(遊山記)를 남긴 주요 산들. 그중 금강산은 유산기의 수에서 압도적인 1위였다. 지리산은 김종직과 조식, 청량산은 주세붕과 이황이 특히 사랑한 산이었다. 가야산은 영남 문인들이 두루 즐겨 찾았다. 금강산과 격차가 크기는 하지만 지리산, 청량산, 가야산을 다룬 유산기가 적지 않은 이유가 여기에 있었다.

백두산정계비 탑본 천지 부근에 조선과 청의 국경을 표시하기 위해 1712년(숙종 38) 세운 정계비의 탑본. 국립중앙박물관 소장.

금강산 18세기 남인 학자 홍백장은 금강산을 돌아보고 유산기 『동유기실』을 남겼다. 사진은 삼일포 주변의 해금강.

설악산 노적봉 외설악 지구의 권금성 동쪽에 있는 봉우리. 곡식을 쌓아 둔 모양이라서 노적봉이라는 이름이 붙었다.

북한산 진흥왕순수비 553년 한강 하류 일대를 점령한 진흥왕이 이 지역을 방문한 것을 기념하기 위해 세운 비석.

중악단 국가적 제사를 지내기 위해 마련한 조선 시대 건축물. 상악은 묘향산, 중악은 계룡산, 하악은 지리산이었다.

고산정 이황이 청량산을 오갈 때 자주 들른 정자. 경상북도 유형문화재. 경상북도 안동시 도산면 가송리.

지리산이 보이는 산천재 지리산 천왕봉이 보이는 곳에 조선 중기 유학자 남명 조식이 지은 학당. 뜰에 보이는 매화나무가 조식이 심은 남명매이다. 경상남도 산청군 시천면 사리.

주왕산의 주왕계곡 '주왕'이란 이름의 유래는 통일 신라의 김주원 등 여러 인물과 얽혀 있다. 암벽으로 둘러싸인 산들이 병풍 같아 '석병산'으로도 불린다.

백두산

금강산

설악산

강원도

오대산

삼각산(북한산)

관악산

경기도

태백산

소백산

청량산

충청북도

주왕산

충청남도

속리산

경상북도

계룡산

금오산

덕유산

가야산

전라북도

지리산

무등산

경상남도

전라남도

한라산

어풍대에서 바라본 청량산
어풍대는 청량산 금탑봉에 있는 대(臺, 사방을 조망할 수 있는 평탄한 곳)를 말한다. 이황은 '청량산인'이라는 호를 지을 정도로 청량산을 아끼며 자주 찾았다. 오른쪽 아래 햇볕을 담뿍 받고 있는 사찰은 원효가 창건한 것으로 알려진 청량사이다. 경상북도 봉화군 명호면.

산 이야기

선비들은 성현의 가르침을 따르기 위해서 산에 올랐다. 공자는 "어진 사람은 산을 좋아하고 지혜로운 사람은 물을 좋아한다(樂山樂水)."라고 했다. 그는 중국의 오악 중 하나로 꼽히는 태산에 올라 천하를 작다고 여겼다. 산행은 맹자가 말한 '호연지기'를 기르는 데 안성맞춤이었다.

선비들은 명산을 찾아 유람하면서 유산기(遊山記)라는 기행문을 남겼다. 유산기는 선비들이 산을 찾는 이유가 되기도 했다. 이황은 소백산을 다녀온 주세붕의 유산기를 읽고 그 산을 찾아 『유소백산록』을 남기면서 이렇게 말했다.

"내가 본 것을 차례대로 읽고 기록하는 것은 훗날 이 산을 유람하는 자들이 내 글을 읽고 느끼는 점이 있게 하기 위해서이다. 이 또한 내가 주세붕 선생의 글을 읽고 느낀 것과도 같은 것이 아니겠는가?"

영남학파의 스승으로 통하는 15세기 학자 김종직은 지리산을 즐겨 찾았다. 그의 제자들도 스승의 영향으로 지리산에 자주 올랐다. 산수 기행은 영남학파가 형성되는 주요 요인의 하나로 꼽

을 수 있다. 조식을 따르는 남명학파도 지리산을 즐겨 찾았다. 이황을 따르는 퇴계학파는 청량산과 소백산을 중심으로 활동했다. 그들은 산행을 통해 각기 학파적 결속을 다졌다.

선비들은 산에 오르면서 산세를 감상하고 노닐며 즐겼다. 한국의 명산은 경치가 빼어날 뿐 아니라 유서 깊은 산사를 품고 있다. 불교의 수행 공간인 산사는 선비들의 수양 공간으로도 활용되었다. 남효온의 유산기인 『지리산일과(智異山日課)』에는 최치원이 머물렀던 단속사라는 산사에서 수양한 이야기가 나온다.

유산기에는 몇 가지 유형이 있다. 첫째, 하나의 산을 오르고 쓴 유산기이다. 김종직이 지리산을 오르고 쓴 『유두류록』, 고경명의 무등산 기행문인 『유서석록』 등은 단행본으로 편집되어 널리 읽혔다. 둘째, 여러 산을 오르고 나서 쓴 지리서 성격의 유산기이다. 16세기 학자 홍인우가 강원도의 명산들을 돌아본 『관동일록』, 실학자 성해응이 전국의 명승지를 기록한 『동국명산기』 등이다. 셋째, 여러 문인의 유산기를 모아 편집한 선집도 있다. 고려 시대부터 18세기까지 나온 유산기를 모아 놓은 『와유록』이 대표적이다.

양반 마을을 찾아서

조선 시대 양반들이 모여서 사는 마을을 '반촌(班村)'이라 했다. 충청남도 아산의 외암마을, 경상북도 칠곡의 매원마을, 경상남도 함양의 개평마을, 전라남도 나주의 도래마을 등 역사와 전통을 자랑하는 반촌이 전국적으로 분포해 있다. 여기서는 그 가운데 경상북도에 있는 경주 양동마을, 안동 하회마을, 봉화 닭실마을, 안동 내앞마을을 살펴보겠다.

양동마을
마을 진입로 쪽은 경사가 급한 산에 의해 시선이 차단된다. 골짜기 밖에서 마을 모습이 드러나지 않아 마을 입구에서는 그 규모를 짐작하기 어려운 구조를 가지고 있다. 2013년 유네스코 세계문화유산협약 선포 40주년 기념 세계 최고의 모범 유산(The Best Model Case)으로 선정되었다.

양동마을과 하회마을

양동마을은 월성 손씨와 여강 이씨(여주 이씨) 두 가문에 의해 형성된 마을이고, 하회마을은 풍산 유씨 가문에 의해 형성된 동성(同姓) 마을이다. 조선 전기에 형성된 두 마을은 양반과 평민이 함께하는 마을 공동체로서 기반을 다졌다.

양동마을과 하회마을은 둘 다 풍수지리를 중시해 길지의 조건인 배산임수를 갖춘 곳에 자리 잡았다. 마을 앞으로는 물이 흐르면서 경작지의 젖줄이 되어 주고, 뒤로는 야트막한 산이 마을을 감싸고 있다.

양동마을은 주산인 설창산 문창봉에서 산등성이가 뻗어 내려 네 줄기로 갈라진 등선과 골짜기가 물(勿) 자 모양의 지세를 이루고 있다. 마을 고지대에는 양반 가옥이 자리 잡고 저지대에는 소작인이나 노비의 집이 있었다. 고저에 따라 신분 차이를 둔 것이다.

하회마을의 '하회(河回)'는 낙동강이 마을을 휘감고 돌아가는 모양에서 유래했다. 강이 감싸고 있는 마을 모습이 마치 강물 위에 떠 있는 연꽃 같아서 '연화부수형(蓮花浮水形)'이라고 한다. 이는 풍수지리설

에서 뛰어난 인물이 계속 배출되는 지형으로 평가받는다. 양반 가옥이 마을 중심을 지키고 그 주변을 양반가가 아닌 집들이 에워싸고 있다. 마을 중심부를 관통하는 길의 북쪽은 '북촌', 남쪽은 '남촌'으로 불렸다.

양동마을 손씨와 이씨가 협조하며 500년 넘는 역사를 이어 온 양반 마을. 왼쪽 위 언덕의 기와집은 손중돈(이언적의 외숙)이 살던 관가정, 오른쪽의 큰 기와집은 중종이 이언적에게 내린 향단이다. 국가 민속문화재. 경상북도 경주시 강동면 양동리.

양동마을과 하회마을은 2010년 유네스코 세계유산에 등재되었다. 산을 뒤에 두고 강과 농경지를 바라보는 양동마을과 하회마을의 입지와 배치는 조선 시대 양반 문화를 잘 반영하고 있다. 이 두 마을과 닭실마을, 내앞마을은 영조 때의 실학자인 이중환이 쓴 『택리지』에서 함께 삼남의 4대 길지로 꼽혔다.

하회마을

마을의 집들이 동쪽에서 남쪽으로 굽었다가 서쪽으로 돌아 나가는 강을 바라보며 배치되어 있다. 한국의 다른 마을에서는 집들이 정남향이나 동남향인 것과 차별화된 모습이다. 12세기 중엽 시작된 하회 별신굿 탈놀이로 유명하다(국가 무형문화재). 하회탈은 국보로 지정되었다.

양동마을은 세조 때 이시애의 난(1467)을 평정하는 데 공을 세운 손소가 들어와 살면서 시작되었다고 전한다. 손소의 아들 손중돈은 청백리로 유명하다. 또 손소의 사위로 이 마을에 들어와 살게 된 이번의 아들이 이황의 스승인 이언적이다. 그 후 손씨와 이씨 두 가문은 영남 남인의 구심점 역할을 했다.

하회마을에서는 풍산 유씨가 들어와 살기 전에 허씨와 안씨가 살고 있었다고 전한다. 조선 초기에 공조 전서를 역임한 유종혜가 여러 차례 화산에 올라가서 산세, 물의 흐름, 주변의 기후 조건 등을 관찰한 뒤 입향을 결정한 것으로 알려졌다. 조선 중기의 유운룡, 유성룡 형제에 이르러 마을의 기반을 다지고 뛰어난 인물들을 배출했다.

양동마을의 대표적인 가옥은 손소가 1454년(단종 2)에 대종택으로 지은 서백당이다. 아름다운 마당 정원으로 유명하고 오랜 역사에 비해 보존 상태가 뛰어나다. 그 밖에도 여강 이씨 종가인 무첨당, 이언적이 어머니 병간호를 위해 동생 이언괄에게 지어 준 향단, 마을 앞의 들판이 한눈에 들어오는 관가정 등이 있다.

하회마을을 대표하는 가옥은 풍산 유씨 대종택인 양진당이다. 유종혜가 지은 집으로, 하회마을의 가옥 가운데 가장 오래되었다. 유종혜의 5대손인 유중영이 99칸으로 완성했으나 53칸만 남아 있다.

하회마을 마을을 감싸고 흐르는 낙동강을 따라 넓은 모래밭이 펼쳐져 있다. 백사장 위쪽에는 울창한 소나무숲, 건너편에는 층암절벽이 자리 잡고 있다. 옛날에는 주변 마을로 가려면 나룻배를 이용해야 했다. 국가 민속문화재. 경상북도 안동시 풍천면 하회리.

닭실마을과 내앞마을

봉화 닭실마을은 안동 권씨 가문의 집성촌이다. 기묘사화에 연루되어 파직당한 문신 권벌이 낙향해 정착하면서 형성되었다. 한자로는 '유곡(酉谷)'이라 한다. 닭의 경상도 방언인 달을 써서 '달실마을'이라고도 한다.

안동 내앞마을은 의성 김씨 집성촌이다. 마을 이름인 '내앞'은 천전(川前), 즉 반변천 앞에 있는 마을이라는 뜻이다. 15세기에 의성 김씨 김만근이 내앞마을의 오씨 가문에 장가들면서 이 마을에 들어와 살았다. 따라서 처음에는 오씨와 김씨 두 가문의 마을이었지만, 17세기 무렵부터 의성 김씨 집성촌으로 바뀌게 되었다.

닭실마을의 '닭실'은 풍수지리적으로 닭이 알을 품고 있는 모양에서 나온 이름이다. 동북쪽으로 문수산 자락이 병풍처럼 마을을 두르고 있다. 서남쪽으로는 백운령이 내려와 감싸고 있는데, 이것을 닭이 알을 품은 형상으로 보기도 한다. 이처럼 닭실마을은 내지 깊숙이 위치해서 사대부들이 은거하기에 적당했다. 이 마을의 집들은 다른 집 때문에 조망권과 일조권을 방해받지 않는다. 집들의 배열이 피보나치 수열로 이루어진 등각 나선형으로 되어 있기 때문이다. 피보나치 수열은 모든 숫자가 앞의 두 수를 합한 수로 이루어지는 수열이다. 이 같은 가옥 배치에서 마을 공동체 의식이 잘 드러난다.

청암정은 권벌 종택의 서쪽 쪽문 뒤 널찍한 거북바위 위에 있는 정자로, 닭실마을의 특징을 잘 보여 주는 유적이다.

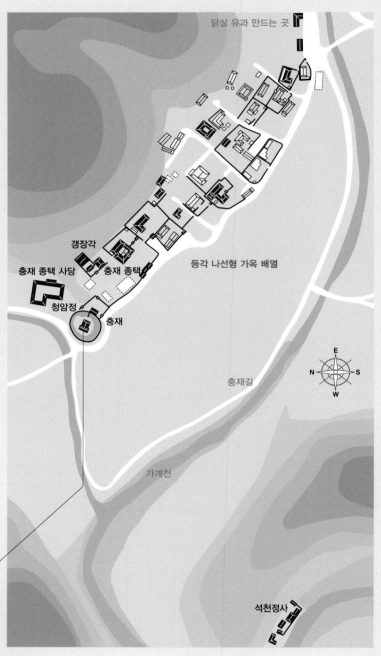

닭실 유과 만드는 곳

닭실 유과 만드는 곳 / 갱장각 / 충재 종택 사당 / 충재 종택 / 등각 나선형 가옥 배열 / 청암정 / 충재 / 충재길 / 가계천 / 석천정사

닭실마을
충재 권벌의 유적이 있어 마을 일대가 사적 및 명승으로 지정되었다. 닭실마을의 자랑 중 하나는 유과. 충재 권벌의 제사를 모시면서 만들기 시작해 손에서 손으로 내려온 '500년 전통'을 자랑한다.

청암정

142

백하구려 1885년에 지은 고택으로, 1907년 사랑채를 확장해 협동학교를 개교했다. 교사로 쓰던 건물은 군자금 마련을 위해 처분했으나 건물이 서 있던 축대와 초석 일부가 사랑채 앞에 남아 있다. 경상북도 기념물. 경북 안동시 임하면 내앞길 35.

내앞마을

경상북도독립운동기념관이 이곳에 자리 잡은 것은 수많은 독립운동가를 탄생시킨 이 마을의 역사와 떼어 놓고 생각할 수 없다. 협동학교는 안동 지역 최초의 근대식 중등 교육 기관으로 1907년 봄 설립되었다. 학교를 설립한 주역은 유인식과 김동삼이고, 백하 김대락의 고택인 백하구려와 가산서당이 교사로 활용되었다. 경상북도 안동시 임하면 천전리.

권벌이 휴식 공간으로 지으면서 정자 주위에 연못도 함께 조성했다. 여기서 주목할 것은 연못을 건너 청암정으로 가는 돌다리의 독특한 모양이다. 돌다리 중간에 돌 받침대를 만들어 아랫사람이 다리를 건널 때 어른과 마주치면 잠시 옆으로 피할 수 있도록 했다. 유교의 주요 덕목 중 하나인 장유유서(長幼有序)를 공간으로 보여 준다.

내앞마을은 전형적인 배산임수의 형태를 보여 주는 마을이다. 경상북도 영양에서 동해를 바라보며 뻗어 내려온 일월산의 맥을 이은 대현산이 마을의 주산을 이룬다. 앞으로는 마을의 이름을 제공한 반변천이 흐른다. 내앞마을의 지형에 대해 풍수지리에서는 맑간 비단 사이로 밝은 달이 비치는 '완사명월형국(浣紗明月形局)'이라고 했다.

닭실마을의 창시자인 권벌은 존경받는 사림이었다. 그는 기묘사화로 낙향한 뒤 15년 동안 마을의 터를 닦으며 지내다가 1533년(중종 28)에 복직되었다. 1539년에는 명에서 잘못 기록하고 있던 이성계의 가계를 고쳐 달라고 주청하는 중책을 맡아 중국을 다녀오기도 했다. 1545년(명종 즉위년) 을사사화가 일어나자 이에 반대하고 나선 것이 결국 권벌의 운명을 재촉했다. 그는 2년 후 윤원형이 반대 세력을 숙청하기 위해 일으킨 양재역 벽서 사건에 연루되어 평안북도 삭주로 유배를 떠

났다가 그곳에서 숨을 거두었다. 훗날 이황은 닭실마을의 청암정을 찾아 권벌을 추모하는 시를 남겼고, 선조는 그를 영의정으로 추증하면서 충정이란 시호를 내렸다.

내앞마을의 의성 김씨는 퇴계학파의 맥을 가학(家學)으로 받아들였다. 16세기 학자 김진은 장학 제도를 마련해 후손의 학문을 장려하는 데 공을 들였다. 임진왜란 때 경상도 초유사로 활약한 넷째 김성일을 비롯해 다섯 아들이 모두 과거에 급제해 김진의 집은 '오자등과댁'으로 불렸다. 내앞마을 출신으로 과거에 급제한 사람은 여든 명이 넘었다고 한다.

그러나 내앞마을을 무엇보다 드높인 것은 과거 급제자 수도, 급제자들의 화려한 입신출세도 아니었다. 그것은 이 마을에서 많은 독립운동가가 배출되었다는 사실이었다. 안동 지역 애국 계몽 운동의 산실인 가산서당은 일제에 대항하기 위한 협동학교였다. 내앞마을 사람들은 일제 치하에서 치열하게 독립운동을 했다. 이 마을 출신 독립 유공자는 25명에 이른다. 가산서당의 설립자이자 '만주벌 호랑이'로 불리며 독립운동에서 큰 역할을 한 김동삼. 안동 지역에서 항일 운동을 하다가 일가를 이끌고 만주로 망명해 의병장으로 활동한 김대락 등이 있다.

IV 기독교 – 박애의 길

청주 내덕동 주교좌 성당 청주 교구를 담당하는 성당. 1961년 완공. 아시아 지역 전교를 목적으로 창설된 메리놀 외방전교회에서 건축을 주도했다. 전통적인 성당 건축 양식에 얽매이지 않고 동서양 양식을 절충한 것이 특징이다. 두 번째 한국인 추기경인 정진석 추기경이 28년간 봉직한 곳이기도 하다. 충청북도 청주시 청원구 공항로 22번길.

기독교는 한국인에게 양면적인 이미지로 다가온다. 한편에서 기독교는 엄혹한 신분 질서에 시달리던 조선 후기의 민중에게 박애와 평등이라는 희망의 메시지를 전해 주었고, 기울어 가던 조선 왕조에 개화와 계몽이라는 선물을 안겨 주었다. 다른 한편에서 기독교는 식민지 확장에 나선 서구 열강의 앞잡이라는 혐의를 받고, 전통문화와 미풍양속을 깎아내리고 파괴한다는 질책을 받기도 했다.

현대 들어서도 민주화와 인권 운동에 헌신한 목회자들이 있는가 하면 한쪽으로 기울어진 사고방식을 전파하고 다른 사상과 종교를 배척한 독선적 교회도 적지 않았다. 짧지만 격동적인 시기를 한국인과 함께하면서 기독교는 한국사의 일부가 되었다. 한국에는 복음을 전하며 영욕의 세월을 살다 간 기독교인의 자취가 거리를 뒤덮은 십자가의 물결만큼이나 넘친다. 그 자취를 찾아 떠난다.

명동성당 한국 천주교의 총본산이자 서울 대교구 주교좌 성당. 1898년(광무 2) 완공. 한국 기독교의 역사를 상징하는 장소이다. 암울했던 군사 독재 시절 민주화 운동의 성지로 여겨지기도 했다. 사적. 서울 중구 명동2가.

1

기독교의 역사

예수 그리스도를 신봉하는 기독교는 크게 로마 교황청을 중심으로 한 천주교, 콘스탄티노폴리스 총대주교청을 중심으로 한 정교회, 종교 개혁을 통해 천주교와 분리된 개신교로 나뉜다. 동로마제국을 기반으로 하던 정교회는 그리스와 동유럽, 러시아 등에 안착하고 서유럽을 반분하던 천주교와 개신교는 대항해 시대를 맞아 경쟁적으로 다른 대륙에 대한 전도에 나섰다. 라틴아메리카는 에스파냐와 포르투갈의 영향 아래 천주교 대륙이 되었고, 미국은 청교도의 이주와 함께 개신교가 주류를 이루는 나라가 되었다. 프랑스 선교사들에 의해 천주교가, 영미 선교사들에 의해 개신교가 한국에 들어온 것은 이 같은 세계적인 포교 경쟁의 마지막 단계에서 일어난 일이었다.

초기 기독교 신자들이 교인을 확인하거나 모임 장소를 은밀히 알릴 때 사용했다는 물고기 상징(왼쪽). 오른쪽은 초기 기독교 신자들의 은신처로 활용된 카타콤바에 있는 교황들의 묘실(墓室)이다.

종교 개혁 독일의 종교 개혁가 마르틴 루터 (오른쪽). 왼쪽은 종교 개혁에서 비롯된 삼십년전쟁을 끝낸 베스트팔렌 조약(1648)의 현장인 뮌스터시 옛 청사.

동로마 기독교 4세기까지 동로마 기독교의 총본산이던 하기아이레네 콘스탄티노플(어 스탄불의 옛 이름) 총대주교좌 성당.

플리머스

뮌스터 · 비텐베르크

밀라노

아스페이티아 · 이스탄불

로마 · 니케아(이즈니크)

예루살렘

시안

청교도 개신교의 청교도들이 종교의 자유를 찾아 1620년 영국을 떠나 미국으로 갈 때 탔던 메이플라워호(복제).

최초의 공의회 기독교 역사상 최초의 공의회였던 제1차 니케아 공의회(325). 여기서 삼위일체 교리가 채택되었다.

리우데자네이루

반종교 개혁 16세기 천주교를 쇄신하는 반종교 개혁에 앞장서 예수회를 창립한 로욜라를 기리는 성당(오른쪽). 왼쪽은 예수회 선교사들이 선교에 주력한 브라질의 리우데자네이루에 있는 구원의 예수상. 높이 38미터, 가로 30미터.

중국의 기독교 로마 기독교(경교)가 중국에서 유행한 150년간의 내력을 적은 대진경교유행중국비. 781년(당 덕종 2) 건립.

한국 기독교 유적지

배재학당 역사박물관 헨리 아펜젤러 선교사가 세운 배재학교의 동관을 개조했다. 서울특별시 기념물. 서울 중구 서소문로11길 19.

양화진 외국인선교사묘원 외국인 선교사와 그 가족을 비롯해 한국에서 활동하다가 사망한 외국인들의 공동묘지. 서울시 마포구 합정동.

제주 성안교회 한국 최초의 목사 중 한 명인 이기풍이 1908년 제주에 파송되어 설립한 제주 최초의 개신교 교회(10쪽 참조). 제주시 중앙로 470.

평양
장대현교회

양화진 외국인
선교사묘원
배재학당
역사박물관
구산 성지
서울
절두산 성지
당고개 순교성지
미리내 성지
제천
새남터 성지
안성
배론 성지
남한산성 성지
당진
솔뫼 성지
천진암 성지
진산 성지
진산
칠곡
한티 성지
전주
숲정이 성지
부산
수영 장대 성지
제주
성안교회
대정 성지

배론 성지 1801년 신유박해 때 황사영이 머문 토굴, 두 번째 한국인 사제인 최양업 신부의 묘가 있는 곳. 충청북도 기념물. 충청북도 제천시 봉양읍.

새남터기념성당 주문모, 김대건 등이 순교한 곳. 새남터는 조선 시대 군인 훈련장이자 중죄인 처형장이었다. 서울 용산구 이촌로 80–8.

당고개 순교성지 1839년 기해박해 때 서소문 밖 네거리 처형장과 함께 수많은 천주교인이 처형된 곳. 서울 용산구 청파로 139–26.

절두산 순교성지 1866년 병인박해 때 다수의 천주교인을 처형한 장소. 이 일대는 사적으로 지정되어 있다. 서울 마포구 토정로 6.

1 천주교의 역사

천주교가 처음 한국 상륙을 시도한 것은 16세기 말 임진왜란 때였다. 당시 유럽을 휩쓸던 종교 개혁에 맞서 천주교 측에서 일어난 자정(自淨) 운동이 반종교 개혁이었다. 에스파냐를 중심으로 일어난 예수회는 반종교 개혁의 선봉에 서서 해외 선교에도 적극적으로 나섰다. 그러한 해외 선교의 하나로 중국과 일본에도 예수회 선교사들이 진출한 결과, 임진왜란 때는 예수회 신부 세스페데스가 일본군과 함께 조선에 들어와 부산 인근에서 활동했다. 일본군의 선봉장이던 고니시 유키나가도 천주교 신자였다. 전쟁이 끝난 후 일본에 끌려간 조선인 가운데 천주교 신자가 늘어나자 일본의 예수회는 조선 전도를 시도했으나, 당시에는 모두 실패했다.

17세기 병자호란을 전후해 중국의 베이징 쪽에서도 천주교의 바람이 불어왔다. 청에 볼모로 잡혀간 소현 세자와 베이징을 방문한 사신들은 서양 문물에 대한 관심의 차원에서 천주교를 접하기 시작했다. 천주교를 서양의 학문이라는 뜻에서 '서학'이라고 부른 것은 그러한 관심에서 비롯된 것이다.

천주교가 신앙으로 뿌리내리기 시작한 것은 18세기 말이었다. 그때 남인 실학자 이익의 제자인 홍유한이 천주교의 가르침을 받았다. 같은 남인 계열의 권철신, 정약전, 이벽 등은 불교 사찰인 경기도 여주의 주어사, 경기도 광주의 천진암 등에서 모여 천주 신앙을 나눴다.

1784년(정조 8)에는 정약전의 매부인 이승훈이 베이징에서 한국인 최초로 세례를 받고 귀국했다. 그는 정약전·정약용 형제, 이벽 등과 함께 서울의 김범우 집에서 신앙 집회를 열었다. 김범우는 역관 집안에서 태어난 중인 출신으로 평소 학문을 나누며 친하게 지내던 이벽의 권고로 천주교에 입교한 인물이었다. 이승훈은 교리를 연구하고 전도하다가 그해 9월부터 신도들에게 세례를 주었다. 이로써 세례를 받은 신도들로 구성된 교회가 탄생했다.

이승훈과 신도들은 부지런히 복음을 전파하고 1786년에는 가성직 제도를 운영했다. '가성직 제도'란 초기 조선 천주교의 평신도들이 성직자가 없는 상태에서 독자적으로 성직을 임명하던 제도를 말한다. 교회법에는 어긋나는 제도였으나

천진암 성지 1779년(정조 3) 권철신, 이벽 등 남인계 학자들이 천주교 교리를 강학했다. 천진암은 퇴촌면 우산리 앵자봉에 있던 사찰이었다. 한국 천주교회의 발상지로 불린다. 1970년대 말부터 천주교 성역화 사업이 본격적으로 전개되었다. 경기도 광주시 퇴촌면.

절두산 성지의 남종삼상
승지를 지낸 남종삼은 흥선 대원군과 만나 프랑스 선교사를 통해 영국, 프랑스와 동맹을 맺고 러시아를 저지하는 방안을 건의했다. 관심을 보였던 흥선 대원군이 태도를 바꾸면서 남종삼은 1866년 병인박해 때 처형되었다.

그들은 진지하게 미사를 지내고 고해성사, 견진성사 등을 집전했다.

먼저 신부로 선출된 이승훈이 또 다른 10명을 신부로 임명해 성사를 집전했다. 가성직 제도는 약 2년간 계속되었다. 그러는 사이에 가성직 제도의 문제점을 인지한 그들은 문제의 해결 방법에 관해 베이징의 선교사들에게 문의했다. 베이징 선교사들은 성직자를 영입하라고 권고했다. 포르투갈 출신으로 베이징 교구를 맡고 있던 구베아 주교는 조선에 선교사를 파견해 주겠다고 약속했다. 그에 따라 1794년(정조 18) 중국인 신부 주문모가 한국 최초의 외국인 신부로 입국했다. 탄압 속에서 전교 활동을 펼치던 그는 1801년 신유박해 때 새남터에서 순교한다.

주문모 신부의 순교 이후 침체에 빠져 있던 한국 천주교는 1831년(순조 31) 조선 교구가 베이징 교구로부터 분리 독립하면서 새로운 전기를 맞는다. 초대 조선 교구장으로 내정된 브뤼기에르 신부는 안타깝게도 입국 직전 병사했다. 1837년(헌종 3)에 이르러 제2대 교구장인 앵베르 신부가 들어와 전교 활동을 펼치게 되었다. 1845년(헌종 11) 중국 상하이에서 한국인 최초로 신부 서품을 받은 김대건은 바로 앵베르 주교의 조선 교구가 길러 낸 목자였다.

초기 한국 천주교의 역사는 박해와 순교의 역사였다. 자신의 집을 예배당으로 제공하다가 체포된 김범우는 1786년(정조 10) 고문의 후유증

으로 숨져 한국 최초의 천주교 희생자가 되었다. 정약용의 외사촌인 윤지충은 세례를 받고 천주교 교리에 충실하기 위해 어머니의 위패를 불살랐다가 1791년(정조 15) 처형되었다. 그는 한국 천주교 역사상 최초로 참수당한 순교자였다.

홍유한, 정약전, 윤지충 등의 예에서 알 수 있듯이 초기 천주교 신자 중에는 남인이 많았다. 남인과 대립하던 노론이 이를 정치적으로 이용한 사건이 주문모 신부의 목숨을 앗아간 신유박해였다. 그 사건으로 이승훈, 이가환, 정약용 등 천주교도와 남인 관리들이 대거 목숨을 잃거나 유배를 떠났다. 앵베르 신부 등 프랑스인 신부 3인이 순교한 1839년(헌종 5)의 기해박해, 김대건 신부가 순교한 1846년(헌종 12)의 병오박해가 뒤를 이었다. 흥선 대원군의 주도 아래 프랑스인 신부 9명과 8000여 신도를 희생시킨 1866년(고종 3)의 병인박해에 이르러 천주교 박해는 절정에 이르렀다.

1886년(고종 23) 프랑스는 조선과 수교하는 조건의 하나로 종교의 자유를 내걸었다. 조선 정부가 이를 받아들임에 따라 선교사가 합법적으로 입국할 수 있게 되어 주임 신부가 상주하는 성당인 본당이 생겨났다. 한국 최초의 본당이 서울의 종현성당, 곧 오늘날의 명동성당이다. 그 뒤를 이어 원산, 인천, 부산 등 개항장에서 잇달아 본당이 건설되었다. 박해로 얼룩졌던 조선 천주교는 비로소 안정기에 접어들었다.

이승훈 묘 이승훈의 유해는 인천 초곡산에 묻혔으나 1981년 천진암으로 옮겨져 현재는 비석과 터(가묘)만 남아 있다. 인천광역시 기념물. 인천 남동구 장수동.

2 개신교의 역사

한국 개신교의 역사는 천주교 박해가 막을 내리던 19세기 말에 본격적으로 시작되었다. 1816년 영국의 홀, 1832년(순조 32) 독일의 구츠라프 등이 꾸준히 전도를 시도했으나 성과가 없었다. 만주에서 상업에 종사하던 이응찬, 서상륜 등은 스코틀랜드인 목사 매킨타이어와 로스를 만나 성서에 관한 교육을 받고 성서 번역을 시작했다. 그들은 1876년 개신교에 입교해 한국 최초의 개신교인이 되었다.

1882년(고종 19) 누가복음의 한글 번역이 완료되어 『예수셩교 누가복음젼셔』라는 이름으로 중국 선양에서 간행되었다. 그해 수신사 박영효의 일행으로 일본에 간 이수정은 그곳에서 개신교에 입교했다. 그는 마가복음을 한글로 번역해 요코하마에서 간행했다. 1887년(고종 24)에는 『예수셩교젼셔』라는 이름으로 신약성서가 완역되기에 이르렀다.

한국 최초의 선교사는 미국 북장로교 목사 언더우드와 감리교 목사 아펜젤러였다. 그들은 1885년 2월(양력 4월) 부산을 거쳐 제물포(인천)에 들어왔다. 북장로교가 파견한 의료 선교사 앨런이 제물포에 도착한 것은 그보다 앞선 1884년 8월(양력 9월)이었다. 당시에는 아직 개신교 선교가 공식적으로 허가되지 않았기 때문에 앨런은 선교사가 아니라 미국 공사관의 공의(公醫)

자격으로 들어왔다.

앨런은 입국한 지 얼마 안 돼 일어난 갑신정변으로 중상을 입은 민영익을 치료해 왕실의 신임을 얻었다. 그 덕에 이듬해인 1885년 한국 최초의 서양식 의료 기관인 광혜원을 설립할 수 있었다. 2주일 만에 이름을 제중원으로 바꾼 이 병원의 인기는 날이 갈수록 높아져 하루 최대 70명의 환자를 돌볼 정도였다고 한다.

아펜젤러는 같은 해 9월(양력 10월) 서울 정동의 자기 집에서 조선인 신자들과 함께 예배를 보기 시작했다. 감리교에서는 이것을 한국 최초의 감리교회인 정동교회의 시작으로 본다. 언더우드는 1887년 8월(양력 9월) 정동의 자기 집 사랑방에서 신자들과 함께 예배를 보았다. 이것은 한국 최초의 장로교회인 새문안교회(정동예배당)의 시작으로 간주된다(169~170쪽 참조).

개신교 선교사들은 조선에 서양식 학교를 설립하는 데도 발 벗고 나서 한국 근대 교육의 발전에 이바지했다. 아펜젤러는 1885년 배재중·고등학교와 배재대학교의 전신인 배재학당을 세웠다. 아펜젤러와 같은 감리교 목사인 스크랜턴은 1886년 이화여자고등학교와 이화여자대학교의 전신인 이화학당을 발족했다. 제중원에서 화학과 물리학을 가르치던 언더우드는 1886년 정동의 자기 집 옆에 고아원을 설립했다. 그것이 오늘날 경신중·고등학교의 전신인 경신학교가 되었다. 1915년에는 종로의 조선중앙기독교청년

연세대학교 아펜젤러관 감리교 선교사 아펜젤러를 기념하기 위한 건물. 고딕풍의 단아한 건물로, 1924년 완공되었다. 사적. 서울 서대문구 연세로 50.

설립 당시의 광혜원(왼쪽)과 복원된 모습(아래) 오늘날 헌법재판소 자리에 있던 서울 종로구 재동 홍영식 가옥의 안채, 사랑채, 행랑채 등을 개조했다. 외래 진료실, 수술실, 약국, 병실을 두루 갖춘 서양식 의료 기관이었다. 1987년 연세대학교 창립 100주년 기념사업의 하나로 연세대학교 교정에 실물 크기로 복원되었다.

구세군중앙회관 한국 구세군의 본관. 1928년에 지은 건물로 현관의 네 기둥과 지붕이 주는 당당한 인상과 좌우 대칭의 안정된 외관을 유지해 왔다. 구세군은 1865년 런던에서 감리교 목사이던 윌리엄 부스 부부가 창시한 교파. 초기에는 그리스도교 전도회라는 명칭을 쓰다가 1878년 구세군으로 개칭했다. 서울특별시 기념물. 서울 중구 덕수궁길 130.

회(YMCA) 건물을 빌려 연합 대학을 설립했는데, 이것이 연희전문학교와 연세대학교의 전신이다.

한편, 레이놀드 등 미국 남장로교의 선교사들은 전라남북도를 중심으로 선교하고, 남감리교는 개성을 중심으로 선교에 나섰다. 20세기 초까지 성공회, 침례교, 성결교 등 다양한 개신교 교파가 들어와 각각 특색 있는 선교 활동을 펼치게 되었다. 감리교는 교육과 부녀 사업, 장로교는 자립 지원, 구세군은 사회봉사와 자선 사업에 중점을 두었다.

초기 천주교만큼은 아니지만 개신교도 선교 초기에 적지 않은 어려움을 겪었다. 조선 사회의 반기독교 정서가 만만치 않았기 때문이다. 조정에는 기독교를 배척하는 상소가 빗발쳤다. 선교사들은 기독교가 조선의 벗이라는 것을 인식시키기 위해 노력했다. 1895년 을미사변 때 선교사 언더우드와 헐버트는 총을 들고 고종을 지켰다. 또 앨런은 외교 경로를 통해 일본의 만행을 전 세계에 알렸다. 그들은 을사조약, 경술국치로 이어진 일본의 침략을 규탄하고 이를 세계에 알리는 데에도 앞장섰다. 이처럼 초기 개신교 교회는 한국인의 민족주의에 호소했다. 교회에서는 애국가를 찬양가로 불렀다. 1905년 윤치호가 편찬한 찬미가에는 애국송과 황제송이 들어 있었다.

1907년 일제가 고종을 강제로 퇴위시키자 분을 참지 못하고 대한문 앞에서 독약을 먹고 자결한 홍태순도 개신교 목사였다.

1910년 국권 피탈 뒤에는 수많은 개신교 인사가 독립운동에 헌신적으로 참여했다. 일제가 1911년 서북 지방의 기독교인 지도자 157명을 검거하고 윤치호, 이승훈 등에게 실형을 선고한 105인사건이 대표적인 사례였다. 장로였던 이승훈은 3.1운동 때 종교계를 대표하는 민족 대표 33인으로 참여했다.

YMCA와 조선여자기독교청년연합회(YWCA)는 일제 강점기의 농촌 운동에 적극적으로 참여했다. 그들은 1925년 농촌부를 신설하고 농촌강습소 운동을 벌였다. 장로교는 1935년 평양에 덴마크의 고등 공민학교를 모델로 한 송산고등농사학원을 열었다.

일제 강점기가 끝나 가면서 일본의 개신교 탄압은 더욱더 가혹해졌다. 1938년에는 YMCA와 YWCA를 해산해 일본 YMCA에 종속시켰다. 초기 교회 발전에 기여한 선교사들은 1942년 언더우드를 마지막으로 대다수가 한국을 떠나야 했다. 조선총독부는 한국 개신교의 각 교파를 통합한 일본기독교조선교단을 만들어 1945년 7월 일본기독교단의 하부 조직으로 편입했다. 한 달 후 일본이 연합군에게 항복하지 않았다면 한국 개신교의 시련이 어디까지 계속되었을지 짐작하기 어렵다.

토마스홀 감리교 부인선교부의 한국 사업 간사였던 토마스 여사의 업적을 기념해 1935년 이화여대에 세웠다. 체육관으로 지어졌으나 지금은 무용과에서 사용하고 있다. 국가 등록 문화재. 서울 서대문구 이화여대길 52

하늘에서 본 두 기독교 성지

양화진 외국인선교사묘원

양화대교

한강

절두산 순교성지

천주교와 개신교의 주요 성지인 절두산 순교성지와 양화진 외국인선교사묘원이 한강 변에 이웃처럼 자리 잡고 있다. 두 성지 일대는 서울 양화나루와 잠두봉 유적으로 지정되어 있다. 사적. 전체 면적 3만 5548제곱미터(양화진 외국인선교사묘원 1만 3224제곱미터). 국토지

2

기독교 성지 순례

경기도 구리에서 한강 북쪽을 따라 달리는 강변북로는 원효대교 북단에서 두 갈래로 나뉘었다가 당산철교 밑에서 반원형의 공간을 만들면서 지나간다. 그 반원형의 공간에 자리 잡은 것이 한국 천주교의 가장 비극적인 현장 가운데 하나인 절두산 순교성지이다. 천주교가 박해받던 시절 이곳에서 머리가 잘려 나간 순교자들을 추도하는 성당과 박물관이 강변북로의 호위를 받으며 한강을 바라보고 있다. 서북쪽에서 절두산 순교성지를 마주 보고 있는 녹지에는 개신교의 선교에 일생을 바친 외국인 선교사들이 안장된 양화진 외국인선교사묘원이 펼쳐져 있다. 한국 기독교 양대 교파의 성지 순례는 바로 이곳에서 시작된다.

❶ 천주교 성지 순례

서울의 성지

한국 천주교 주교회의가 편찬한『한국 천주교 성지 순례』에 실린 성지와 사적지 160여 곳 중 20여 곳이 서울에 있다. 그중 서소문(소의문) 밖 네거리 순교성지는 단일 장소에서 성인과 복자를 가장 많이 배출한 한국 최대의 순교성지이다. 이곳에서 순교한 천주교인 44명이 성인, 27명이 복자로 선포되었다. 최초의 영세자 이승훈, 평신도 단체인 명도회 회장을 지낸 정약종 부부와 세 자녀, 김대건 신부의 아버지 김제준, 흥선 대원군과 프랑스 선교사의 만남을 추진했던 남종삼 등이 이곳에서 생을 마감했다.

처형장 중 하나는 서소문 성지 옆에 있던 흙다리 남쪽 백사장이었다. 왜 그곳이었을까? 첫째, 사직단 서쪽에 처형장을 두어야 한다는『예기』의 지침에 부합했다. 둘째, 형을 집행하는 형조·사헌부와 가깝고 형장의 입지 조건으로 꼽히는 물가에 자리 잡고 있었다. 셋째, 서울의 대표적인 시장통과 연결되는 지점이었다. 조선 정부는 많은 사람이 오가는 칠패 시장과 인접한 이곳에서 사형을 집행해 백성에게 경각심을 주려고 했다.

절두산은 본래 잠두봉(蠶頭峰)이라 불리던 곳이다. 한강 쪽으로 돌출한 봉우리의 모양이 누에의 머리 같았기 때문이다. 이름이 바뀐 계기는 8000여 명이 희생된 1866년의 병인박해였다. 그

때 많은 천주교인을 참수한 장소가 잠두봉이었다. 그러한 연유로 사람의 머리를 자른다는 뜻의 '절두(切頭)'가 잠두봉의 또 다른 이름이 되었다.

새남터 성지는 용산구 이촌동 쪽에 있는 한강 모래사장이다. 원래 조선 시대 중죄인의 처형장으로 1456년(세조 2) 단종의 복위를 추진한 사육신이 이곳에서 처형되었다. 새남터 성지에서 천주교인이 처음 처형된 것은 1801년 신유박해 때였다. 김대건 신부도 여기서 순교했다. 1839년 기해박해로 순교한 프랑스 신부 전원과 1866년 병인박해로 순교한 프랑스 신부의 과반도 이곳에서 처형되었다(149쪽 참조).

용산구 신계동의 당고개 성지는 기해박해 때 최양업 신부의 어머니를 비롯한 천주교인 10명이 처형된 장소이다(149쪽 참조). 마포구 신수동의 노고산 성지, 관악구 신림동의 삼성산 성지, 용산구 용산동의 왜고개 성지는 프랑스 신부들의 유해를 교인들이 은밀히 수습해 한동안 안치했던 곳이다. 용산성당이 관리하는 용산 성직자 묘지에는 초대 조선교구장 브뤼기에르 신부를 비롯한 71명의 유해가 안치되어 있다. 브뤼기에르 신부는 중국에 묻혀 있다가 조선교구 설정 100주년인 1931년 이장되었다.

서울의 주요 천주교 성지와 사적지
서소문 밖 네거리 성지를 '평신도들의 순교지', 새남터 성지를 '사제들의 순교지'라고도 한다. 순교한 신부 14명 중 11명이 새남터에서 처형되었기 때문이다. 다수의 신부가 받은 군문효수형(군율에 따라 중죄인의 목을 베고 군문에 매단 형벌)은 일찍부터 군인들의 훈련장으로 쓰인 새남터에서 집행되었다.

서소문 밖 네거리 순교성지 현재는 서소문역사공원 안에 각종 기념물과 서소문성지역사박물관이 조성되어 있다. 사진은 처형당한 천주교인을 기리는 순교자현양탑. 서울 중구 칠패로 5.

구산 성지 김성우를 비롯한 순교자 9명이 묻혀 있다. 천주교가 박해받던 시대의 자취가 가장 원형에 가깝게 남아 있는 곳으로 꼽힌다. 하남시 향토유적. 경기도 하남시 망월동.

서울 교외의 성지

서울 바깥에는 100곳이 넘는 천주교 성지와 사적지가 있다. 경기도 하남시 구산마을에 있는 구산 성지부터 살펴보자. '구산(龜山)'은 마을의 뒷산이 거북 형상을 닮은 데서 비롯된 이름이다. 구산마을 출신인 김성우가 기해박해 때 순교한 뒤 그의 묘소를 이곳에 마련했다. 김성우는 배교를 강요하는 판관에게 "살아도 천주교인으로 살고 죽어도 천주교인으로 죽을 따름"이라고 대답해 1840년(헌종 6) 교수형을 당했다. 김성우의 일가 친척과 구산에서 태어난 머슴 심칠여 등이 김성우와 함께 이곳에 안장되었다. 페레올 주교는 기해박해 보고서에서 김성우의 순교를 언급하며 자신도 그렇게 생을 마감하겠다고 다짐했다. 그는 1853년 45세의 나이로 과로사했다.

경기도 안성에는 미리내 성지가 있다. 광주, 시흥, 용인, 안성 등 초기 천주교 선교 지역을 이루던 경기 남부 권역의 일부였다. 신유박해와 기해박해를 피해 이 마을로 숨어든 교인들이 교우촌을 형성했다. '미리내'는 은하수라는 뜻의 토박이 말이다. 밤이 되면 집마다 반짝이는 불빛이 달빛

미리내 성지
미리내는 경기도 안성과 용인의 산골 곳곳에 있던 천주교 교우촌 중 한 곳이었다. 인근 20리 안에 한덕골, 골배마실, 검은정이 등의 교우촌이 있었다. 경기도 안성시 양성면.

성요셉성당 미리내 교우촌에는 주로 충청도에서 온 신자들이 모여들었다. 신자들은 척박한 밭을 일구거나 그릇을 구워 팔아 생계를 유지했다.

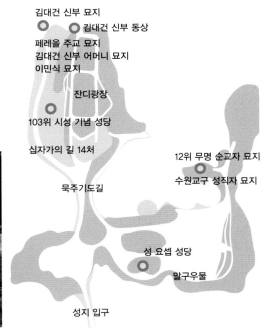

김대건 신부 묘지
김대건 신부 동상
페레올 주교 묘지
김대건 신부 어머니 묘지
이민식 묘지

잔디광장

103위 시성 기념 성당

십자가의 길 14처

묵주기도길

12위 무명 순교자 묘지
수원교구 성직자 묘지

성 요셉 성당

말구우물

성지 입구

비치는 냇물과 어우러져 마치 은하수가 펼쳐진 것 같다고 해서 생긴 이름이다. 이민식 등 이 마을에 살던 신자들은 새남터에서 순교한 김대건 신부의 시신을 모시고 와서 이곳에 안장했다. 정부가 김대건 신부의 장례를 치르지 못하게 막았기 때문에 40여 일을 기다렸다가 야밤에 몰래 시신을 빼냈다. 김대건 신부와 어머니, 김대건을 신부로 서품한 페레올 주교, 그리고 이민식의 묘도 이곳에 있다. 미리내 성지에 대한 본격적인 성역화 작업은 1972년부터 이루어졌다. 김대건 신부 동상과 피정의 집이 세워졌다. '피정(避靜)'이란 성당과 수도원에서 천주교 신자가 행하는 일정 기간의 수련 생활을 가리키는 말이다. 1991년에는 103위성인기념대성당이 완공되었다.

경기도 광주시 퇴촌의 천진암 성지는 본래 불교 사찰이었다(150쪽 참조). 박해를 피해 온 천주교인을 피신시키고 보호해 주다가 승려들이 많이 희생되었다. 천진암을 근거지로 활동하던 천주교 신자 중에 이벽이라는 남인 실학자가 있었다. 그는 천주교 서적을 탐독해 조선을 이끌어 갈 새로운 사상의 가능성을 발견하고 이를 천진암에서 동료 학자들과 나누려 했다. 정약용이 그중 한 명이었다. 그는 천진암에서 밤에 촛불을 밝히고 천주교에 대해 강론하던 이벽을 기억하고 있었다. 교황 요한 바오로 2세는 1984년 천진암 성지를 방문해 그곳에 지어질 천진암대성당 머릿돌에 친필 서명을 남겼다.

내포와 충청남북도의 성지

내포는 충청남도 서북부의 당진, 서산, 예산, 홍성 등을 포괄하는 지역을 말한다. 내포의 어느 동네를 가도 순교자가 있을 정도로 조선 시대에 천주교 박해가 심했던 곳이다. 제7대 조선 교구장을 지낸 블랑 주교는 1884년 파리 외방전교회에 보낸 보고서에서 "내포는 가장 혹독하고 잔인한 박해가 계속되었던 곳"이라고 적었다.

당진시 합덕읍의 신리 성지는 19세기 조선에서 가장 큰 교우촌이었다. 이 교우촌은 병인박해로 완전히 황무지가 되어 '조선의 카타콤바'라고도 불린다. 서산시의 해미 순교성지에서도 수많은 천주교인이 처형되었다. 순교자가 132명에 이르렀으나 대부분 하층민이어서 이름도 남기지 못한 채 묻혔다. 2020년 11월 교황청은 이곳을 해미 국제 성지로 승인했다. 2014년 방한한 프란치스코 교황은 인근 솔뫼 성지에서 한국 청년들을 만나고 해미 순교성지 옆의 해미읍성에서 폐막 미사를 집전했다.

예산군 신암면의 여사울 성지는 내포 성지의 중심이자 충청남북도 교회의 중심이다. 예로부터 부자들이 많이 살아 기와집이 많은 서울과 비슷하다고 해서 '여(如)서울'이라고 불린 곳이다.

여서울의 발음이 변해 여사울이 되었다. 여사울은 충청남북도에서 처음 복음 활동이 전개된 곳으로, 이곳으로부터 내포평야 전역으로 복음이 퍼졌다. 김대건 신부와 최양업 신부의 집안에 복음을 전한 내포의 신도 이존창의 생가 터가 여사울 성지에 있다.

충청북도 내륙에서는 신유박해와 인연이 깊은 제천의 배론 성지가 눈에 띈다. '배론'은 계곡이 깊어 마치 배의 밑바닥 같다는 데서 유래한 이름이다. 배론 성지의 성 요셉 신학당은 1855년(철종 6) 설립된 한국 최초의 신학교였다. 두 번째 한국인 신부인 최양업이 그곳에서 교리를 번역하며 천주교 전파에 크게 이바지했다(149쪽 참조).

충청남도 내륙 남쪽 끝의 진산 성지는 윤지충이 태어나고 성장한 곳이다. 윤지충은 교회의 가르침과 어긋나는 일은 하지 말라는 어머니의 유언을 받들어 천주교 전례로 장례를 치렀다. 우상을 숭배하지 말라는 교회의 가르침에 따라 사촌인 권상연과 함께 사당의 신주를 불사르고 유교식 제사를 거부했다. 이것이 조정에 고발되면서 1791년 조선 최초의 천주교 박해인 신해박해가 일어났다. 윤지충과 권상연은 전주 남문 밖 지금의 전동성당 부근에서 순교했다. 박해를 받은 것은 사람만이 아니었다. 사건이 일어난 진산군(충청남도 금산군)도 처벌을 받았다. 조정은 삼강오륜을 저버린 강상죄로 이 지역을 다스려 5년간 현으로 강등시켰다.

내포 일대의 주요 천주교 유적
내포는 '한국 천주교 신앙의 못자리'로 불릴 만큼 천주교 역사에서 중요한 지역이다. 성지와 사적지 목록에 오른 곳만도 20~30곳에 이른다.

배론 성지의 황사영 토굴
황사영은 1801년 신유박해를 피해 찾은 이 토굴에서 베이징 주교에게 편지를 썼다. 서양 군대를 보내 조선을 굴복시키거나 조선을 청의 한 성에 편입시킬 것 등을 요청하는 내용이었다(황사영 백서). 편지는 베이징에 전달되지 못했고 황사영은 처형되었다. 충청북도 제천시 배론 성지길.

진산성지성당 신유박해의 진원지였던 진산에 1927년 건립된 성당. 동서로 긴 축을 가진 3랑식 바실리카 형식으로, 맞배지붕과 중앙 종탑을 가진 중규모 성당 건축의 전형적 모습이다. 국가 등록문화재. 충청남도 금산군 실학로.

명동성당 최초의 천주교 공동체가 탄생한 곳에 자리 잡은 한국 천주교의 중심지. 한국 최초로 벽돌로 쌓은 성당. 사적.

약현성당 한국 천주교 최초의 성당. 1892년 완공. 1896년 한국 최초의 신부 서품식이 거행되었다. 사적.

죽림동성당 춘천 교구 주교좌 성당. 1920년 풍수원 본당에서 분리되어 설립되었다. 국가 등록문화재.

성베네딕토회 왜관수도원 1952년 설립. 노동과 기도를 중시하기에 모든 수도자가 한 가지 이상 노동을 한다.

답동성당 개항기 설립. 한국 성당 중 가장 오래된 서양식 근대 건축물 중 하나. 사적.

원동성당 천주교정의구현사제단이 결성된 곳(1974). 1913년 건립되었다. 국가 등록문화재.

공세리성당 1890년대 내포의 천주교 중심지 중 한 곳에 건립되었다. 충청남도 지정기념물.

내덕동성당 청주 교구 주교좌 성당. 박공지붕의 용마루와 중국식 둥근 창이 인상적이다. 성당 평면은 전체적으로 세로가 긴 라틴 십자가 모양이다.

춘천

서울
인천
횡성 **풍수원성당**
원주

음성 **감곡성당**
아산 **구포동성당**
안성
합덕성당 당진
청주
중동성당
공주 대전
나바위성당
익산 칠곡
대구
전주 울산
언양성당

문산성당
나주 진주
노안성당

대흥동성당 1919년 대전 본당으로 설립되고 1945년 현재 위치로 이전했다. 국가 등록문화재.

전동성당 신해박해 때 윤지충이 처형된 자리에 세워진 성당. 호남 최초의 서양식 건물. 사적.

계산동성당 대구 대교구 주교좌 성당. 성당 건물은 대한제국 시기인 1902년에 지어졌다. 사적.

성당 순례

성당은 천주교의 종교 의식을 행하는 집이다. 정교회와 성공회 등 개신교 일부 교파에서도 성당이라는 말을 쓴다.

초창기 한국 천주교에서는 탄압을 피해 민가나 암자, 서당 등이 성당의 역할을 대신했다. 1886년 체결된 조불수호통상조약에 종교의 자유가 삽입되자 파리 외방전교회 소속 신부들이 나서서 성당을 짓기 시작했다. 주로 순교지와 포교 장소, 그 인근 지역에 성당이 들어섰다.

현재 한국 천주교는 서울 관구, 대구 관구, 광주 관구 등 3개의 관구 아래 15개 교구로 구성되어 있다. 서울 관구는 서울 대교구와 인천, 춘천 등의 6개 교구를 담당한다. 이들 외에 북한의 평양 교구와 함흥 교구도 형식적으로는 서울 관구 아래 두고 서울 대교구 교구장이 두 교구의 교구장을 대리한다. 대구 관구는 대구 대교구와 부산·청주 등의 4개 교구를 담당하고, 광주 관구는 광주 대교구와 전주·제주의 2개 교구를 담당한다. 15개 교구 외에 군에 복무하는 천주교 신자 장병의 관리를 위해 설정한 군종 교구가 있는데, 이는 로마 교황청 직속이다. 경상북도 칠곡에 있는 성베네딕토회 왜관수도원도 로마 교황청이 직접 관장한다.

한국 천주교의 성당과 성지는 교구별로 나눠 운용하고 있다. 이 같은 성당 조직은 모두 바티칸 시국에 있는 로마 교황청을 중심으로 한 세계적인 조직의 일부를 이룬다. 중앙 집중적인 성당 조직은 천주교와 개신교를 가르는 대표적인 차이 중 하나이다.

한국 성당의 건축 양식은 두 가지로 나눠 볼 수 있다. 서울, 대구, 인천 등의 대도시에서는 서양의 고딕식이나 로마네스크식 건축 양식이 주로 눈에 띈다. 그 밖의 지역에서는 한옥 건축 양식으로 지은 성당을 많이 찾아볼 수 있다. 대표적인 서양식 성당으로는 1892년(고종 29)에 세워진 한국 최초의 성당인 서울 약현성당(중림동성당)과 1896년에 건립된 인천 답동성당, 1898년에 창건된 서울 명동성당 등을 꼽을 수 있다. 대표적인 한옥 성당은 일제 강점기인 1922년 경기도 안성에 건립된 구포동성당, 1926년 평안북도 신의주에 세워진 신의주성당, 1931년 평양에 세워진 서포성당 등이 있다.

성당 건축은 한국전쟁 이후에 비약적인 발전을 했다. 1953년 휴전이 성립했을 당시 한국의 천주교 신도는 16만 명가량이었다가 1962년에 이르러 53만 명으로 급증했다. 늘어난 신도를 수용하기 위한 성당 건축이 전국 각지에서 활발하게 전개되었다.

1962년은 한국 천주교에 새로운 장이 열린 해라고 할 수 있다. 주교, 사제, 부제 등으로 이루어지는 교계(教階) 제도가 마련되었기 때문이다. 같은 해 개최된 제2차 바티칸 공의회도 한국 천주교의 쇄신과 발전에 큰 영향을 미쳤다. 여기서 교회의 사회적 책임을 강조한 이후 가장 두드러진 현상은 성당 안에서 사회 참여 의식이 고조되었다는 점이다. 그에 발맞춰 한국 주교단은 모든 형태의 인권 탄압에 맞서 사랑과 정의를 실현하고자 노력해 왔다.

안성 구포동성당 1901년 프랑스 신부 안토니오 콩베르가 세운 성당. 1922년 한옥 성당으로 고쳐 지었다. 한옥과 서양식 교회의 특징을 모두 갖추고 있는 점이 특징이다. 경기도 기념물. 경기도 안성시 혜산로 33(구포동).

한국을 대표하는 3대 성당으로는 흔히 서울의 명동성당, 전주 한옥마을의 전동성당, 대구 중구의 계산동성당을 꼽는다.

명동성당의 유래는 1784년 한성부 명례방에 살던 김범우가 천주교에 입교한 데서 비롯한다. 오늘날의 명동이라는 지명은 명례방에서 유래한 것이다. 김범우는 자신의 집에서 교회 예절을 거행하고 교리 강좌를 열었다. 여기에 이승훈과 정약전 형제, 권일신 형제 등이 모여 명례방 공동체를 형성했다. 바로 그 명례방에 자리 잡은 것이 처음에는 종현성당이라고 불렸던 명동성당이다. 명례방 공동체가 서울에 형성된 한국의 카타콤바라면, 명동성당은 한국의 바티칸이라 할 수 있다. 천주교에서 사용하는 정식 명칭은 서울 대교구 주교좌 명동대성당이다.

천주교 조선 교구의 제7대 교구장 블랑 주교는 1882년 명동에 성당 터를 매입해 종현서당(書堂)을 만들고 예비 신학생을 양성했다. 1886년 조불수호통상조약으로 성당 건축이 가능해지자 그 이듬해인 1887년 성당 건립이 추진되었다. 먼저 성당 대지를 확보한 뒤 그해 겨울 언덕을 고르는 정지 작업을 시작했다. 신자들은 열성적으로 참여했다. 블랑 주교는 파리 외방전교회에 보낸 보고서에 이렇게 썼다.

"남자 교우들이 사흘씩 무보수로 일하러 왔는데, 그 것도 12월과 1월의 혹한을 무릅쓰고 왔다."

그러나 정부와 성당 터를 놓고 부지 소유권 분쟁이 일어나는 바람에 종현성당의 기공식은 5년이 지난 1892년에야 이루어졌다. 성당의 설계와 감독은 용산신학교를 설계한 코스트 신부가 맡았고, 그가 공사 중에 선종하자 프와넬 신부가 마무리했다.

1898년 제8대 교구장 뮈텔 주교의 집전으로 한국 최초의 본당인 종현성당의 축성식이 열렸다. 앞서 본 것처럼 '본당'이란 담당 신부가 있는 성당을 말한다. 뮈텔 주교는 조불수호통상조약 체결 때 종교의 자유를 허용하는 항목을 넣는 데 기여한 인물이다. 성당의 지하 묘역에는 순교자들을 안치했다. 앵베르, 모방, 샤스탕 신부 등 기해박해와 병인박해의 순교자 유해를 이곳으로 옮겼다. 종현성당을 명동성당으로 개칭한 것은 1945년이었다.

해방 후 1970년대에 명동성당은 민주화의 성지로 거듭났다. 1976년 천주교와 개신교의 합동 기도회에서 윤보선, 김대중, 함석헌 등이 민주구국선언을 발표한 명동 3.1 사건의 무대가 바로 명동성당이었다. 1987년 6월항쟁 때에는 민주화를 요구하는 시위대가 성당을 이용할 수 있도록 적극적으로 지원했다. 한국 최초의 추기경인 김수환 신부는 한국 민주화 운동과 인권 운동의 정신적 지도자였다.

고딕 양식으로 지어진 한국 성당의 대표작이 명동성당이라면, 로마네스크 양식의 대표 성당

명동성당 마리아상(왼쪽) 성당 뒤편에 자리한 성모 마리아 조각상. '성모무염시태(원죄 없이 잉태한 성모 마리아)'라는 문구가 새겨져 있다.

1950년대의 명동성당 한국전쟁으로 명동 일대가 초토화되었지만, 명동성당의 물리적 피해는 상대적으로 적었다.

대구 계산동성당 대구에서는 처음 세워진 서양식 건물이다. 대구 지역의 유일한 1900년대 성당 건축물로 중요한 가치를 지니고 있다. 화강석 기단 위에 붉은 벽돌을 쌓고 검은 벽돌로 고딕적 장식을 했다. 입구에 두 개의 종각이 우뚝 솟아 '뾰족집'이라는 별명을 얻었다. 사적. 대구 중구 서성로 20.

으로는 전라북도 전주의 전동성당을 꼽을 수 있다. 전동성당의 초대 주임 신부는 보드네였다. 기해박해로 윤지충과 권상연이 순교한 지 100주년이 되던 1891년, 보드네 신부는 풍남문 밖 토지를 매입해 성당 터를 마련했다. 한 푼 두 푼 모은 신자들의 성당 신축 기금과 보드네 신부의 사재가 종잣돈이었다.

성당 건축이 시작된 것은 터를 마련한 지 20년이 다 되어 가던 1908년(융희 2)이었다. 명동성당을 완성한 프와넬 신부가 설계를 맡았다. 건축 자재는 풍남문 성벽을 헐면서 나온 돌과 흙을 사용했다. 성벽의 돌은 성당의 주춧돌로 사용하고, 흙으로는 벽돌을 구워 1914년에 준공했다. 1956년 전주 중앙본당이 준공되기 전까지는 전동성당이 전주 교구의 주교좌 성당이었다.

전동성당은 명동성당과 외관은 비슷하지만, 아치의 모양이나 종탑의 양식이 다르다. 명동성당이 내부에 늘어선 기둥 사이를 뾰족한 아치로 연결한 아케이드라면, 전동성당은 팔각 돌기둥 사이를 반원의 아치로 연결하고 있다. 두툼한 외부 벽체와 반원 아치의 깊숙한 창이 로마네스크 양식의 특징을 잘 보여 준다(160쪽 참조).

대구의 계산동성당은 대구 대교구 대주교의 주교좌 성당이다. 1899년 로베르 신부가 처음 계산동성당을 지을 때는 십자가 모양의 기와집이었다. 그러나 축성한 지 40일 만에 원인 모를 화재로 말미암아 흔적도 없이 사라졌다. 로베르 신부는 '한국 건축 양식의 걸작'이 하룻밤 새에 잿더미가 되었다고 통탄했다.

계산동성당이 국내에서 찾아보기 힘든 정면 쌍탑의 고딕식 건축으로 다시 태어난 것은 3년 뒤인 1902년의 일이었다. 평면 구성은 전형적인 고딕 양식이고 세부 구조는 로마네스크 양식에 가까운 아름다운 건물이다. 1984년 요한 바오로 2세가 방문하고, 1992년에는 대보수 공사가 이루어져 오늘에 이른다.

북한의 성당

평안도 지역에는 일찍부터 천주교가 전파되어 1866년 병인박해 때는 여러 명의 순교자가 나왔다. 황해도 수안에 전교 중심지를 두고 활동하던 르 장드르 신부는 1895년 가을 평양을 방문해 미사를 봉헌했다. 그때 신자들이 성당으로 매입한 기와집이 평안도 지역 최초의 성당인 평양성당이었다. 제8대 조선 교구장 뮈텔 주교는 르 장드르 신부를 평양성당의 초대 주임 신부로 임명했다. 1927년에는 평양 교구가 서울 교구로부터 분리되어 신설되자 평양성당이 북한의 중심 본당이 되었다. 1934년 선교리성당이 분리 설립되자 평양성당을 관후리성당으로 개칭하고 평양 교구 주교좌 성당으로 삼았다.

해방 직후 북한 지역에는 관후리성당을 포함해 57개의 본당과 5만 2000여 명의 신자가 있었다. 그러나 북한 정권이 들어선 후 천주교 성당은 대부분 폐쇄되었다. 현재 평양 교구는 명동 서울 대교구청 8층에 사무국을 두고 명맥을 이어가고 있다. 한국 천주교는 남북한 교류를 위한 북한 선교부를 설립했다. 1984년에는 캐나다 국적의 고종옥 신부가 한국전쟁 휴전 이후 최초로 북한을 방문했다. 다음 해에는 지학순 주교가 북한을 방문해 평양 고려호텔에서 미사를 봉헌했다. 1987년 로마 교황청 대표단의 일원으로 평양을 방문한 장익 신부가 북한의 천주교 신자들을 만난 것으로 계기로 장충성당 건립이 추진되어 1988년 10월 9일 완공되었다. 오늘날 장충성당은 북한 천주교와 남한 천주교, 바티칸을 연결하는 다리 역할을 하고 있다.

장충성당 평양 선교구역 장충1동에 있는 현존 유일의 북한 성당. 1988년 완공 후 일요일마다 신자 회장의 주관 아래 공소 예절을 봉헌했다.

김대건의 길

솔뫼에서 시작된 김대건 신부의 길은 마카오, 상하이를 거쳐 새남터에서 마무리되었다. 그의 여정은 그렇게 25년 만에 막을 내렸지만, 200년 넘게 지난 오늘날에도 여전히 천주교인들에게 신앙의 모범이 되고 있다.

변문 ❸

순위도 ❿ 대한민국

용산 ⓫
인천 ❺
용인 ❷
안성 ⓬
당진 ❶

논산 ❾
익산 ❽
제주 ❼

중국

상하이 ❻

마카오 ❹

일본

❶ **솔뫼 성지** 1821.7.24(양력 8.21). 탄생.

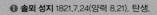

❷ **은이 성지(김대건기념관)** 1836 소년 김대건이 세례를 받은 곳.

❸ **변문** 1836 김대건 일행이 마카오로 갈 때 거쳐 간 곳.
❹ **마카오** 1837~1842 김대건이 사제가 되기 위한 교육을 받은 곳.
❺ **제물진두** 1845 김대건이 사제 서품을 받기 위해 상하이로 출발한 곳.

❻ **진자샹성당** 1845.7.15(양력 8.17). 신부 서품을 받은 곳. 은이 성지에 복원했다.

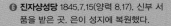

❼ **용수 성지** 1845 김대건 일행이 탄 배가 풍랑으로 표착한 곳.
❽ **나바위성당** 1845 김대건 일행이 도착한 곳. 이를 기념해 1906년 성당 건립.

❾ **강경 성지성당** 1845 김대건 일행이 도착해 최초의 사목 활동을 펼친 곳.

❿ **순위도** 1846 김대건이 체포된 곳.
⓫ **새남터 성지** 1846.7.26(양력 9.16). 순교.

⓬ **미리내 성지** 1846 김대건이 안장된 곳. 성요셉성당(위)과 겟세마네 동산.

새남터 순교성지의 김대건 신부상
1950년 처형지로 추정되는 지역을 매입해 순교성지로 조성했다.

김대건의 길

한국 최초의 신부 김대건 안드레아는 2021년 탄생 200주년을 맞아 유네스코 세계 기념 인물로 선정되었다. 그는 1925년 교황 비오 11세에 의해 복자로 선포되고, 1984년 성인으로 선포되었다. 한국 천주교는 지금까지 103인의 성인을 배출했는데, 김대건은 그중에서도 으뜸인 대주보성인으로 추앙받고 있다.

그는 1821년(순조 21) 충청남도 당진의 독실한 천주교 집안에서 태어났다. 증조부인 김운조는 해미에서 순교하고, 할아버지와 아버지도 그 뒤를 이었다. 종조부 김종한은 1815년 을해박해의 희생양이었다. 김대건 가족은 박해를 피해 고향을 떠나 서울 청파, 경기도 용인으로 옮겨 다녔다. 용인 시절 김대건은 어려운 가정 형편으로 영양실조에 걸리기도 했다.

1836년(헌종 2) 15세 소년 김대건은 최방제, 최양업과 함께 마카오에 있는 파리 외방전교회로 유학을 떠났다. 그곳에서 라틴어, 프랑스어, 중국어, 서양 예술과 지리 등을 배웠으니 서양 학문을 배우러 떠난 조선 최초의 유학생들이라고 할 수 있다. 그들의 학습 능력은 뛰어났다. 파리 외방전교회의 조선신학교는 임시로 설립된 곳이라 체계적인 교육은 받을 수 없었다. 그런데도 초대 교장 칼레리 신부는 조선 유학생들이 "사제가 갖춰야 할 훌륭한 덕목을 모두 갖추고 있다."라고 평가했다. 훗날 김대건이 조선에서 수감 생활할 때 깃털 펜으로 라틴어를 쓰자 관리들이 마술이라고 감탄했다는 일화도 있다. 그는 옥중에서 정부의 요청을 받아 『세계지리편람』을 저술하고 영국의 세계 지도를 번역해서 제출했다.

조선 교구의 부교구장이 된 김대건은 순교하기 전까지 서울과 경기도 지역을 오가며 사제 활동을 하고 외국 선교사들을 위한 비밀 항로를 개척하는 데 힘을 쏟았다. 1846년 5월 12일(양력 6월 5일) 김대건은 중국으로 들어가는 배에 편지와 비밀 항로가 표시된 지도를 전달하고 돌아오다가 옹진반도 인근 순위도에서 체포되었다. 그가 가혹한 고문과 회유에 굴하지 않고 당당하게 소신을 밝힌 내용이 옥중 편지에 남아 있다.

"천주를 위한 죽음은 나의 소원이니, 아무리 문초해도 나의 대답은 같소이다. 때리고 설령 죽여도 신앙심은 변치 않으니 어서 죽여 주시오."

김대건은 그해 7월 25일(양력 9월 15일) 국가를 배신했다는 혐의로 사형을 선고받고 다음 날 새남터에서 군문효수형을 당했다. 그는 교우들에게 보내는 마지막 편지에서 천주께서 오래지 않아 자신보다 더 착실한 목자를 주실 테니 서러워하지 말고 한뜻으로 천주를 섬기라고 당부했다. 그리고 "죽은 뒤에 하늘나라에서 만나 함께 영생을 누리기를 간곡히 바란다."라는 말을 남기고 천주의 부름을 받았다.

마카오의 김대건 동상(왼쪽) 갓을 쓴 도포 차림에 성경을 든 모습이다. 파리 외방전교회 극동대표부 터 근처의 카모에스공원.

마카오 성바울성당 마카오 초창기 교회이자 예수회 소속 대학. 마테오 리치가 이 대학 출신이다. 김대건 신부가 자주 들러 기도했던 것으로 전한다.

2 개신교 성지 순례

19세기 말 조선에 들어온 개신교는 단지 신앙의 측면에서만이 아니라 교육, 의료, 언론 등 한국 근대화의 여러 분야에 큰 영향을 주었다. 그와 같은 발자취가 깃들어 있는 초창기 개신교 역사는 선교사들이 잠들어 있는 성지에 고스란히 아로새겨져 있다.

개신교보다 먼저 들어온 천주교에서는 전국 각지에서 내외국인 순교자가 발생했다. 그래서 성지도 전국 곳곳에 있다. 그와 달리 개신교 성지는 주로 외국 선교사 유해를 모신 양화진 외국인선교사묘원에 집중되어 있다. 그 밖의 지역에는 광주, 대구 등에 소규모로 조성되어 있다.

그곳에 잠들어 있는 눈 푸른 선교사들의 사랑과 희생정신은 물고기 눈동자처럼 언제나 깨어 있는 기독교 정신의 표상으로 살아 있다.

양화진 외국인선교사묘원

양화진 외국인선교사묘원(양화진 묘원)의 역사는 1890년(고종 27) 사망한 미국 장로교 의료 선교사 헤론을 안치하면서 시작된다. 헤론은 1885년에 입국해 제중원 원장으로 활동하다가 34세

언더우드 가족 묘원 양화진 묘원 F 구역. 호러스 언더우드 이래 4대, 7명의 언더우드 일가가 나란히 묻혀 있다.

의 젊은 나이에 병사했다. 미국 공사관이 조선 정부에 헤론의 묘지 부지를 요청하면서 양화진 묘원이 조성되기 시작했다. 그 후 영국인, 프랑스인 등의 주한 외국인들이 기금을 모아 이 묘원을 주한 외국인 선교사들의 묘지로 확장했다.

현재 양화진 묘원에 안장된 외국인은 미국, 영국 등 15개국 417명이다. 여기에는 초창기 개신교 선교사와 그 가족 145명이 포함되어 있다. 한국 고아들의 아버지라 칭송받는 일본 선교사 소다 가이치도 안장되어 있다.

양화진 묘원은 이처럼 선교사들을 위해 만든 묘원이지만, 언론과 교육 등에서 공헌한 외국인도 다수 묻혀 있다. 일제의 침략을 비판하고 한국의 독립을 주창한 『대한매일신보』 사장이자 프리메이슨 단원인 베델, 민영환의 시에 곡을 붙

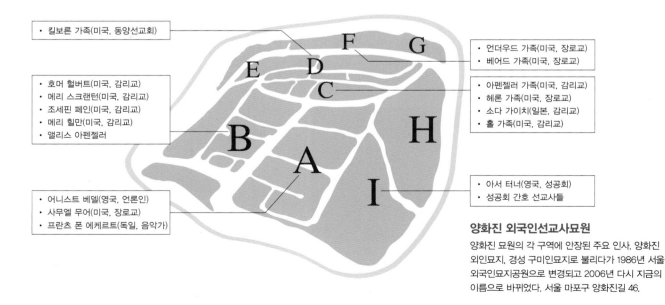

- 킬보른 가족(미국, 동양선교회)

- 호머 헐버트(미국, 감리교)
- 메리 스크랜턴(미국, 감리교)
- 조세핀 페인(미국, 감리교)
- 메리 힐만(미국, 감리교)
- 앨리스 아펜젤러

- 언더우드 가족(미국, 장로교)
- 베어드 가족(미국, 장로교)

- 아펜젤러 가족(미국, 감리교)
- 헤론 가족(미국, 장로교)
- 소다 가이치(일본, 감리교)
- 홀 가족(미국, 감리교)

- 어니스트 베델(영국, 언론인)
- 사무엘 무어(미국, 장로교)
- 프란츠 폰 에케르트(독일, 음악가)

- 아서 터너(영국, 성공회)
- 성공회 간호 선교사들

양화진 외국인선교사묘원
양화진 묘원의 각 구역에 안장된 주요 인사. 양화진 외인묘지, 경성 구미인묘지로 불리다가 1986년 서울 외국인묘지공원으로 변경되고 2006년 다시 지금의 이름으로 바뀌었다. 서울 마포구 양화진길 46.

여 「대한제국 애국가」를 작곡한 독일 음악가 에케르트 등이 그들이다.

호러스 언더우드는 미국 북장로교 선교사였다. 새문안교회의 설립자인 그는 한국 근대 교육 분야에서 탁월한 업적을 남긴 인물로 평가받는다. 1886년 경신학교의 전신인 고아원(언더우드학당)을 설립하고, 1915년에는 연희전문학교의 전신인 경신학교 대학부를 만들어 교장으로 취임했다. 그는 연희전문학교 초대 교장으로 영한사전을 간행하고, 헐버트 등 여러 선교사와 함께 기독교서회를 만들어 기독교 관련 서적과 과학, 수학, 의학 등의 전문 서적을 출판했다. 1926년 한국 출판물 중 절반 이상은 기독교서회가 펴낸 책들이었다.

언더우드는 또 한국에서 기독교청년회(YMCA)를 창설하기 위해 노력하는 등 기독교를 통한 청년 사회 운동에도 헌신했다. 서울에서 태어난 언더우드 2세와 언더우드 3세 역시 미국 뉴욕대학교에서 학위를 받고 돌아와 선교사로 활동하다가 양화진에 안장되었다. 이처럼 언더우드 가문의 선교 활동은 대를 이어 계속되었다.

헨리 아펜젤러는 일본에서 갑신정변의 주역인 개화파 인사 박영효에게 한국어를 배우고 1885년 감리교 선교사로 입국했다. 정동교회의 설립자인 그는 한국선교회를 창설하고 근대식 중등 교육 기관인 배재학당을 세웠다. 서울 정동의 한옥 방 두 칸을 헐어 교사를 만들고 학생 2명에게 영어를 가르친 것이 배재학당의 시작이었다. 학생이 늘어나자 민가를 더 사서 교사로 개축했다. 1886년 고종이 이 소식을 듣고 배재학당이라는 교명을 지어 주고 현판을 친필로 써서 내려 주었다. 배재학당은 '인재를 기르는 집'이란 뜻이고, 성경 구절인 "크고자 한다면 남을 섬기라"를 교훈으로 삼았다. 당시 배재학당은 한국 최초의 현대식 인쇄 시설을 갖추고 있었다 (149쪽 참조).

아펜젤러는 1902년(광무 6) 교회 일로 배를 타고 목포로 가던 중 서해 어청도에서 일본 배와 충돌해 익사했다. 안타깝게도 시신을 찾지 못해 양화진 묘원에는 가묘를 모셨다.

호머 헐버트는 미국 감리교 선교사로 한국 YMCA 초대 회장을 지냈다. 그는 1886년 입국해 한국 최초의 근대식 관립 교육 기관인 육영공원에서 외국어 교사를 지냈다. 1905년 을사조약이 체결되자 고종의 밀사로 워싱턴에 파견되어 미국 대통령과 면담하려 했으나 실패했다. 1907년 고종이 네덜란드 헤이그에서 열리는 제2차 만국평화회의에 을사조약의 부당함을 알리는 3인의 밀사를 파견했을 때는 이를 적극적으로 도왔다. 그는 한국 대표보다 먼저 헤이그에 도착해서 현지 언론에 한국 대표단 호소문을 게재했다. 웨스트민스터 사원보다 한국 땅에 묻히고 싶다던 그의 소원은 현실이 되었고, 그 말은 양화진 묘원의 비문으로 남아 있다.

아펜젤러(왼쪽) 배재학당 앞에 세워진 동상. 그의 딸 앨리스 아펜젤러도 한국에서 선교사로 활동했다. 부녀는 양화진 묘원에 함께 잠들어 있다.

헐버트 묘 헐버트는 1908년 귀국한 뒤에도 3.1운동을 지지하는 글을 발표하는 등 변함없는 한국인의 친구였다. 1949년 국빈 초청을 받고 내한했다가 일주일 만에 사망해 한국 땅에 안장되었다.

사무엘 무어는 미국 북장로교 선교사로 1892년 입국했다. 그는 백정 등 천민을 위한 선교를 중시하는 인물로 지금의 서울 중구 롯데호텔 부근에 곤당골교회를 설립했다. 그 동네 개천에는 백정들이 모여 살고 있었다. '백정교회'로 알려지면서 양반들이 백정들과 예배를 함께할 수 없다며 교회를 떠나기도 했다. 곤당골교회는 몇 차례 자리를 옮긴 끝에 1905년 종로구 인사동에 자리 잡으면서 승동교회로 개칭했다. 여운형이 1907년부터 이 교회의 전도사로 활동하기도 했다.

무어가 곤당골교회에 배움터를 만들자 백정 박가가 아들을 입학시켰다. 무어는 박가가 장티푸스에 걸렸을 때 고종의 시의(侍醫)인 애비슨과 함께 박가를 찾아가 치료해 주었다. 그 정성에 감동한 박가는 곤당골교회에서 세례를 받았다. 그

가 1911년 승동교회 초대 장로가 된 박성춘이다. 박성춘은 백정 해방 운동 등 사회 운동에 적극적으로 참여하고, 독립협회가 주최한 만민공동회에서 시민 대표로 연설을 하기도 했다. 박성춘의 아들 박서양은 제중원의학교의 제1회 졸업생이다. 한국 최초의 의사 중 한 명으로 세브란스 간호원 양성소의 교수가 되었다. 일제 강점기에는 만주에서 독립군의 의료를 도맡았다고 한다.

메리 스크랜턴은 1885년 미국 감리교 선교사로 입국했다. 그녀는 이듬해 한국 최초의 여학교인 이화학당을 설립했다. 교육 목표는 기독교 교육을 통해 조선 여성을 긍지와 존엄성을 지닌 성숙한 인간으로 양성한다는 것이었다. 설립 다음해에 고종이 이화학당이라는 교명과 현판을 하사했다. 단 한 명의 학생으로 시작한 이화학당은 점점 규모가 커지자 학제를 정비해 1910년에는 4년제 대학과를 설치했다. 4년 후 신마실라, 이화숙 등 한국 최초의 여대생들이 이화학당 교문을 나섰다.

윌리엄 홀은 미국 감리교의 의료 선교사였다. 1894년 그가 평양에 설립한 광성학당은 평안도 최초의 서구식 교육 기관으로, 2층으로 된 교사에 초등 과정과 고등 과정을 두었다. 부인 로제타

사무엘 무어 묘(위) 46세이던 1906년 병사했다.

이화의 스승들 이화학당의 창립과 이화여자대학교에 이르는 발전에 공헌하고 양화진 묘원에 묻힌 5명을 기리는 비석. 5명은 메리 스크랜턴, 로제타 셔우드 홀, 조세핀 페인, 메리 힐만, 앨리스 아펜젤러를 가리킨다.

어니스트 베델과 프리메이슨

양화진 묘원에는 프리메이슨 단원들의 묘지도 있다. 1909년 한국 프리메이슨 한양 지부가 문을 열었다. 윌리엄 스크랜턴 선교사의 집에서 열린 첫 모임에는 20여 명의 창립 회원이 모였다. 어니스트 베델은 윌리엄 스크랜턴과 더불어 프리메이슨 한양 지부 창립 회원이었다. 초창기 회원은 개신교 선교사를 비롯해 상인, 광산업자 등이었다. 프리메이슨은 18세기 초 영국에서 창설된 박애주의 단체로 시작되었다. 미국과 영국 정부를 막후에서 조종하고, 세계 정복을 꿈꾸는 사탄 숭배자라는 등 음모론이 무성하다. 그러나 당시 프리메이슨은 공개적인 사교 단체로, 개방된 장소인 프리메이슨 템플(사원)에서 모임을 개최했다. 조지 워싱턴, 모차르트 등 역사적으로 유명한 인물이 프리메이슨 회원이었던 것으로 알려져 있다.

베델 묘비의 독특한 문양 이름 위에 새겨진 특이한 문양이 눈에 들어온다. 프리메이슨과 관련 있는 문양이라는 해석이 있으나, 정확한 연혁과 의미는 확인되지 않은 상태이다.

구한말 정동 일대
정동은 정동교회뿐 아니
라 새문안교회의 출발점이
기도 하다. 지금의 예원학
교 자리에 있던 초기의 새
문안교회는 정동예배당,
정동교회 등으로 불렸다.
1910년 지금의 위치로 신
축 이전하면서 새문안교회
라는 이름을 얻게 된다.

홀도 남편의 뒤를 이어 선교 활동을 벌였다. 그녀
는 1894년 평양에 국내 최초로 시각장애인을 위
한 평양여맹학교(평양맹아학교의 전신)를 설립
하고, 영어 점자를 바탕으로 한국어 점자를 개발
해 교재로 사용했다. 1898년 여성 치료소인 광혜
여원을 세우고, 1900년 평양 외국인학교와 한국
최초의 여성 의료인 양성 기관인 경성여자의학
강습소를 설립했다. 이 강습소는 서울여자의과
대학, 수도의과대학으로 개편되고 1964년 우석
대학교로 발전했다.

그들의 아들인 셔우트 홀 역시 선교사로 활동
했다. 서울에서 태어난 그는 미국에서 대학을 졸
업하고 부인과 함께 감리교 의료 선교사로 입국
했다. 1928년 해주에 결핵 요양원인 구세요양원
을 설립하고, 1934년에 한국 최초로 크리스마스
실을 발행해 결핵 퇴치 운동을 벌였다.

정동 – 한국 개신교의 배꼽

19세기 말 서울 중심부인 정동에는 외국 공사관
이 밀집해 있었다. 각국 문화가 자연스럽게 유입
된 이곳은 자국 공사관을 배경으로 외국 선교사
들이 활동하기 편리한 장소였다.

언더우드가 첫 예배를 본 곳은 정동에 있던 그
의 한옥 사랑방이었다. 1887년 8월(양력 9월) 이

초기 새문안교회 자리 새
문안교회가 시작된 언더
우드 목사의 한옥 사랑방
은 지금의 예원학교 운동
장 자리(사진)에 있었다.
가운데 담장 밖으로 보이
는 건물은 1905년 을사조
약이 강제로 체결된 중명
전. 1897년 이전에는 없었
고, 그 자리에는 서양 선교
사들이 거주하고 있었다.
서울 중구 정동길 25.

곳에서 14명의 신자와 함께 시작한 정동예배당
이 새문안교회의 시작이었다. 1910년 종로구 신
문로의 현재 위치로 신축 이전한 새문안교회에
는 이기풍과 함께 최초의 한국인 목사 중 한 명인
서경조가 협동 목사로 있었다. 1920년에는 차재
명 목사가 담임 목사로 부임하기도 했다. 새문안
교회는 정동교회와 함께 한국 개신교의 모태로
서 '어머니 교회'라고도 불린다.

언더우드 목사는 고아가 된 김규식을 입양해
극진히 보살폈다. 훗날 대한민국 임시 정부 부주
석을 지낸 김규식은 언더우드의 후원으로 미국
유학을 떠났다. 1904년(광무 8) 귀국한 김규식은
언더우드의 비서와 경신학교 학감(교장)을 맡아
선교와 교육 사업에 몰두했다. 그는 1910년 새문
안교회 장로가 되었으나 독립운동을 하기 위해 3
년 후 중국 망명길에 오른다.

정동제일교회(정동교회)는 아펜젤러가 1885
년 정동 자택에서 예배를 드리면서 시작되었다.
1887년 자택에서 가까운 곳에 예배를 위한 공간
을 마련해 처음에는 벧엘예배당이라 했다. 지금
의 정동교회는 1898년 늘어난 신도를 수용하기
위해 새로 지었다. 붉은 벽돌 단층 건물로 간결하

면서도 묵직한 느낌이 드는, 한국에서 가장 오래
된 빅토리아식 건물이다.

정동교회 부근에는 배재학당과 이화학당이 있
어 많은 학생이 교회로 모여들었다. 당시에는 정
동교회 담임 목사가 배재학당 학장을 겸임해 학
생들을 중심으로 교회의 청년 활동이 활발하게
이루어졌다. 서재필은 1895년 미국 망명길에서
돌아와 독립협회 회장을 지내며 배재학당에서
강의도 했다. 그는 정동교회 청년회를 중심으로
학생 운동 단체인 협성회를 조직해 독립협회의
부속 기구로 두었다. 이승만, 신흥우 등이 임원을
맡은 협성회는 교회에서 토론회와 음악회 등을
열고 민주주의와 남녀평등에 앞장섰다.

정동교회는 1918년 한국에서 처음으로 파이
프오르간을 설치하고 성가대를 운영하면서 김인
식, 이흥렬 등의 음악가를 배출했다. 3.1운동 때
는 담임 목사인 이필주와 박동완 장로가 33인 민
족 대표의 일원으로 참여하고, 많은 교인이 만세
를 불러 일제의 무자비한 탄압을 받기도 했다.

정동교회 1898년 완공된 한국 최초의 본격적인 서양식 개신교 교회 건물. 벽돌로 쌓은 고딕 양식의 건물이지만, 기단은 조선의 목조 건축처럼 돌을 다듬어 반듯하게 쌓았다. 사적. 서울 중구 정동길 46.

대구 제일교회

대구 최초의 개신교 교회인 제일교회의 역사는
1893년으로 거슬러 올라간다. 미국 북장로교의
윌리엄 베어드 선교사가 대구를 방문해 선교 활
동을 한 것이 그 시작이었다. 1895년 북장로교
가 선교부를 대구로 옮기기로 결정하자 베어드
는 대구읍성 남문 안에 있는 신도 정완식의 집을
구입해 이사했다. 초가 다섯 채와 기와집 네 채가
있는 큰 집이었다.

1897년 베어드가 서울로 떠나자 그의 처남인
아담스 선교사가 들어와 기와집 한 채를 예수교
회당으로 사용했다. 그것이 대구 경북 최초의 개
신교 교회였다. 아담스 선교사는 이 교회의 초대
담임 목사로서 대구 지역에 학교와 병원을 세우
고 어려운 사람을 위해 헌신했다. 교회 마당에는
그를 기리는 선교 기념비가 있다. 1898년에는 의
사인 존슨 목사가 초가 한 채에 동산병원의 전신
인 제중원을 열었다.

교세가 확장되자 신도들은 성금을 모아 예수
교회당을 헐고 그 자리에 새 예배당을 지었다. 일
제 강점기에 동네 이름이 남성정으로 정해지면
서 예배당은 남성정교회로 불렸다. 오늘날 남성
로에 남아 있는 벽돌 교회당을 신축한 것은 1933
년. 그때 처음으로 지금과 같은 제일교회로 이름
을 바꿨다. 1937년 높은 종탑을 세워 고딕 양식

새문안교회 2019년 완공되었다. '새문안'은 돈의문(서대문) 안을 뜻한다. 한국 개신교의 어머니 교회라는 평가에서 착안해 어머니가 팔을 벌려 아이를 품는 모습을 형상화했다. 2019 아키텍처 마스터 프라이즈 건축 설계 부문 문화 건축 수상작이다. 서울 종로구 새문안로 77.

대구 제일교회(오른쪽)
1994년 지금의 자리로 이전했다. 대구 중구 국채보상로102길 50. 위 사진은 1997년 복구 후 선교관으로 사용되고 있는 옛 제일교회 건물. 정면 우측에 종탑을 둔 벽돌조 2층의 고딕식 건물이다. 높이 33미터. 대구광역시 유형문화재. 대구 중구 남성로 23.

의 건축물로 완공했다. 정면에 두 개의 탑을 구성한 계산동성당과 달리 종탑을 한 개만 설치한 일탑형 건물이다.

1994년 제일교회는 60여 년의 남성로 시대를 마감하고 지금의 국채보상로 청라언덕에 새 예배당을 짓고 본 교회를 그곳으로 옮겼다. 청라언덕은 아담스 목사와 존슨 목사가 1899년 공동으로 구입한 곳으로, 그곳의 은혜 정원에는 경상북도 지역에서 활동한 선교사들과 가족이 안장되어 있다. 한편, 남성로에 남겨진 옛 제일교회는 처음 세워질 때의 모습으로 복구되어 지금은 제일교회 선교관으로 사용되고 있다.

광주 양림교회

대구에 미국 북장로교가 설립한 제일교회가 있다면 광주에는 미국 남장로교가 설립한 이 지역 최초의 개신교 교회 양림교회가 있다. 1898년 목포에서 선교를 시작한 미국 남장로교 선교부는 1904년 선교사 유진 벨과 클레멘트 오웬을 광주에 파견했다. 그들은 양림리에 사택을 마련하고 신자 40여 명과 함께 첫 예배를 드렸는데, 그것이 양림교회의 시작이었다.

양림교회는 1907년 북문안 사창골에 새 예배당을 짓고 이전했다. 1916년에는 한국인 최초의 목사 중 한 명인 이기풍 목사가 이 교회의 제2대 담임 목사로 부임했다. 그 시기를 전후해 벨과 오

벨이 목포에 세운 양동교회(왼쪽) 목포 지역 최초의 교회. 1911년 건립. 국가 등록문화재. 전라남도 목포시 호남로.

오웬기념각 현판 오웬 목사와 그 할아버지의 이름이 쓰여 있다. 광주광역시 유형문화재. 광주 남구 백서로70번길 6.

웬 두 선교사는 여수, 고흥 등 전라남도 곳곳에서 선교 활동을 펼치며 20여 개의 교회를 설립했다.

3.1운동 때 최흥종을 비롯한 양림교회의 많은 신도가 만세 시위에 나서자 일제는 이 교회를 폐쇄했다. 그러자 신도들은 양림교회 옆에 세워져 있던 오웬기념각에서 임시로 예배를 드렸다. 오웬기념각은 오웬 목사를 기리기 위해 1914년 지금의 기독간호대학교 안에 건립된 건물이었다. 오웬의 뒤를 이은 선교사 엘리자베스 쉐핑은 오웬기념각을 조선 최초의 여자 신학교인 이일성경학교와 간호 전문인을 양성하는 학교로 사용했다. 지금은 기독간호대학교의 강당으로 사용되고 있다.

양림교회는 그해 10월 남문 밖으로 신축 이전해 '남문밖교회'로도 불렸다. 1920년 무렵에는 지금의 광주중앙교회인 북문밖교회가 분리해 나가고, 1924년에는 지금의 광주제일교회인 금정교회가 양림교회와 분립했다.

양림교회 서북쪽 호남신학대학교 뒤편 언덕에는 개신교 선교사 묘지가 있다. 전라남도 지역에서 헌신한 미국 남장로교 선교사와 그 가족을 포함해 27인이 안장된 곳이다. 오웬은 그 묘원에 묻힌 첫 선교사였고, 벨의 묘지도 그 옆에 있다. 묘원 남쪽의 수피아여자고등학교 교정에는 벨 기념예배당이 있다.

성공회 — 한옥 성당의 추억

성공회는 1534년 로마 교황청에서 분리 독립한 영국 국교회의 전통과 교리를 따르는 교회이다. 성공회는 교황의 지배 아래 있던 영국 교회가 교황청의 감독권을 폐지하고 국왕이 영국 국교회 수장이 되어 로마와 관계를 단절하면서 탄생했다. 오늘날 세계 각국 성공회는 잉글랜드 성공회의 해외 지부가 아니라 해당 국가 성공회로 완전히 독립되어 있다.

대한성공회는 1889년 조선교구 설립을 목적으로 찰스 존 코프가 영국 웨스트민스터대성당에서 캔터베리대주교로부터 주교 서품을 받으면서 시작되었다. 영국 해군 군종으로 조선에 파견된 코프는 "마치 나룻배 한 척을 타고 전쟁에 나가는 기분이었다."라고 당시의 심경을 전했다. 코프 주교는 1896년 강화도에서 한국 신자에게 첫 세례를 주었다.

1900년 강화성당을 사찰 모양의 전통 한옥으로 건립한 것도 코프 주교였다(6~7쪽 참조). 6년 후 강화 온수리에 지어진 온수리성당, 1923년 충청북도 지역 선교의 거점으로 건립된 진천성당, 1935년 청주 수동에 지어진 청주성당(수동성당)도 역시 한옥이었다. 1914년에는 성직자 양성을 위해 강화도에 성미가엘신학원을 세웠는데, 오늘날 성공회대학교의 전신이다.

진천성당, 청주성당과 깊은 인연을 맺은 선교사가 아서 채드웰 주교였다. 그는 1926년 성공회

해외 선교부에 의해 한국으로 파견되었다. 처음에 맡은 임무는 성공회신학교장이었으나, 지역 선교가 더 시급하다는 판단에 따라 진천으로 내려가 선교 활동을 시작했다. 1928년까지 진천성당을 중심으로 선교에 전념하던 채드웰은 뒤이어 북한 지역으로 올라가 황해도 배천과 평양 등에서 활동했다. 그때 채드웰은 북한 지역 총사제를 역임하기도 했다.

1940년대 초 일제에 의해 강제 출국당한 채드웰은 해방 후인 1948년 돌아왔다. 그는 청주에서 활동하며 한국전쟁 기간에는 전쟁 피해자들을 돕는 데 최선을 다했다. 또 이천환, 김경득 등 한국인 사제를 양성하는 데도 힘을 기울였다. 이천환 신부는 캔터베리 대주교에 의해 1965년 첫 한국인 주교로 성품되었다. 대한성공회는 1974년 성베드로학교를 개설해 지적 장애인 교육에 힘쓰고, 나눔의 집과 샬롬의 집을 통해 노동자 인권을 보살피는 등 한국 사회의 약자들과 함께하며 오늘에 이르고 있다.

온수리성당 1906년 영국인 주교 마크 트롤로프가 지었다. 성당은 동서 절충식 강당형의 목조 건물이다(위). 왼쪽은 성당 내부의 모습. 인천광역시 유형문화재. 인천 강화군 온수길38번길 14.

채드웰 묘(왼쪽) 채드웰은 은퇴한 뒤에도 인천과 부산에서 선교를 돕다가 1967년 세상을 떠났다. 양화진 묘원.

청주성당 한옥 구조를 기본으로 하면서 내부를 변형시킨 절충적 형태의 성당 건축으로 평가받는다. 충청북도 유형문화재. 충청북도 청주시 상당구 교동로47번길 33.

제암교회와 스코필드 목사 선교사 프랭크 스코필드는 1919년 제암리 학살 직후 현장을 찾았다. 그리고 자신이 목격한 진실을 해외에 알렸다. 현재 스코필드 박사 동상(오른쪽)이 제암교회를 바라보는 모습으로 제암리3.1운동순국기념관 한쪽에 자리 잡고 있다. 경기도 화성시 향남읍 제암길 50.

제암교회 – 일제 만행의 기억

경기도 화성의 제암교회는 1911년에 설립된 감리교 교회이다. 아펜젤러의 전도를 받은 안종후가 자택 사랑방에서 예배를 드리며 시작되었다. 이 교회의 권사로 있던 홍원식은 구국동지회를 결성해 항일 운동을 전개했다.

1919년 3.1운동이 일어나자 3월 31일 지역 주민 1000여 명이 인근 발안장터에서 만세 운동에 참여했다. 이어 그들은 당제봉에 올라가 봉화를 올리고 횃불 시위를 벌였다. 그해 4월 15일 아리타 중위가 이끄는 일본 군경은 시위 주동자를 검거한다는 명목으로 주민을 제암교회에 모이게 하고 무차별 집중 사격을 가했다. 교회뿐 아니라 마을까지 불을 질러 마을 주민이 전멸하다시피 했다. 겨우 살아남은 사람들은 마을을 떠나고, 전동례 할머니를 비롯한 몇 명이 마을을 지켰다.

이 사건이 알려지자 각국의 감리교 선교사들이 현장을 방문해 그 참상을 본국에 알렸다. 캐나다의 의료 선교사 스코필드 박사는 제암리 현장 답사 후 현장 사진과 보고서를 작성해 일제의 만행을 해외 언론에 고발했다.

1920년 미국 감리교 선교부가 초가 교회당을 마련해 주어 다시 교회 문을 열었다. 1938년에는 벽돌 교회당을 세웠다. 1969년에는 일본 목사 단체가 방문해 일제의 만행을 사죄하고 모금한 비용으로 새 교회를 마련해 주었다.

1982년에 이르러 전동례 할머니 증언으로 희생자 23구의 시체를 발굴했다. 이를 계기로 제암리 합동묘지를 조성하고 3.1운동 순국 기념관을 건립해 희생자들을 추모하게 되었다.

교회 없는 교회 – 퀘이커교와 함석헌

함석헌(1901~1989)은 퀘이커 교도였다. 퀘이커교는 예배를 드리는 교회가 따로 없다. 신자가 성경을 읽고 머무는 곳이 교회가 된다. 영국의 조지 팍스가 17세기에 창설한 개신교의 한 교파이다. 조지 팍스는 성직자나 기존 교회의 형식이 없어도 기도를 통한 내면의 빛을 통해 구원을 얻는다고 주장했다. 1955년 한국에 전파되었는데 함석헌이 대표적인 교인이다.

1923년 오산학교에서 기독교를 접한 함석헌은 다음 해 유학을 떠난 일본에서 무교회주의자 우치무라 간조를 만나 그의 문하에서 기독교를 공부했다. 함석헌은 스승의 영향으로 종교적인 제도나 형식, 교리와 교회 제도를 거부했다. 그는 도쿄에서 김교신, 송두용 등과 함께 무교회주의자 동인지 『성서조선』 창간 작업을 했다. 해방 후에는 용암포자치위원회 위원장, 평북자치위원회 문교부장을 지냈다. 1945년 11월 신의주반공학생사건 배후 인물로 지목되어 소련 당국에 체포되기도 했다. 1947년 함석헌은 가족을 떠나 단신으로 월남했고 평생 이산가족으로 지냈다. 1960년 이후에는 퀘이커교 한국 대표로 활동했다. 그가 주필로 있던 『사상계』가 폐간되자 1970년 월간 교양지 『씨올의 소리』를 창간해 사회 운동을 전개했다. 함석헌은 가난하고 힘없는 사람들과 함께하는 신앙 운동을 일으킨 인물이다.

한국의 정교회

정교회는 천주교, 개신교와 함께 기독교의 3대 교단을 이룬다. 하나이던 기독교가 서유럽 중심의 천주교와 동유럽 중심의 정교회로 나뉜 것은 11세기의 일이었다. 동서의 문화적 차이, 서유럽과 동로마제국의 정치적·종교적 갈등, 교리에 대한 이견 등이 두 교회의 분리로 이어졌다. 천주교가 로마 교황청을 중심으로 중앙 집중적으로 운영된다면 정교회는 독립적인 여러 교회의 집합체라는 성격을 띠고 있다. 독립 교회의 규모가 커지면 국가 단위의 정교회를 구성하게 된다. 그리스 정교회, 러시아 정교회, 세르비아 정교회 등이 그것이다.

한국에서 정교회의 역사는 1897년 러시아 공사 폴랴놉스키가 본국에 정교회 사제 파견을 요청하면서 시작되었다. 1900년 초대 선교사인 셰트콥스키 대수도사제가 서울에서 첫 예배를 하고, 1903년에는 고종이 하사한 서울 정동 22번지 땅에 성니콜라스대성당을 세웠다. 오늘날 경향신문사가 있는 자리이다. 그때 한국의 정교회는 러시아 정교회 산하의 모스크바 정교회 대한 교구(대한 정교회)로 편제되었다.

한국전쟁 때 성니콜라스대성당은 공습으로 파괴되고 신도들은 뿔뿔이 흩어진 데다 소련에 대한 반감이 심해 러시아 정교회의 한국 선교가 어려워졌다. 그 대신 한국전쟁에 참전한 그리스군의 종군 신부로 입국한 안드레아스 할키오풀로스에 의해 정교회 선교는 맥을 이어 나갔다. 그리스 병사들은 1달러씩 기부해 성당 재건 기금에 보태기도 했다. 할키오풀로스 신부는 문이춘을 1954년 일본 정교회로 보내 그곳에서 신부로 서품받을 수 있게 했다.

문이춘 신부는 한국 정부와 오랜 소송을 벌인 끝에 정부가 강제 압류했던 성니콜라스대성당을 되찾아 매각하고, 마포에 성당을 옮겨 지었다. 서울 지하철 5호선 애오개역 4번 출구에서 도보로 4분 거리에 있다. 1956년 성탄절을 맞아 한국의 정교회는 콘스탄티노폴리스 총대주교청에 편입되고, 명칭도 콘스탄티노폴리스 정교회 한국 대교구(한국 정교회)로 바뀌었다. 한국 정교회가 독립 교회의 최소 단위인 수도(Metropolis)대교구로 승격하면서 독자적 자치권을 획득한 것은 2004년 6월 20일이었다.

러시아 정교회는 1990년대 들어 한국 선교를 재개했으나 교세 확장에는 어려움을 겪었다. 2018년 러시아 정교회와 그리스 정교회 사이에 교류가 끊어지자 러시아 정교회는 서울, 부산 등에 사목구(司牧區)를 설치하고 성직자를 파견했다. 2019년에는 남북한을 통합 관장하는 러시아 정교회 대한 대교구를 설정하고 한국 정교회와는 별도로 선교 활동에 나서고 있다.

서울정교회 성니콜라스 대성당(왼쪽) 한국 정교회 대교구의 본산이자 주교좌 성당. 서울 시내의 유일한 정교회 본당이다. 1968년 완공. 서울 마포구 마포대로 18길.

평양 정백사원 2006년 준공된 정교회 교회당. 김정일 국방위원장이 러시아를 방문했을 때 정교회의 성물(이콘)을 선물받고 이를 보관할 성당을 지어 주겠다고 약속한 것을 계기로 건립되었다.

한국의 이슬람교

이슬람교는 불교, 기독교와 더불어 세계 3대 종교로 꼽힌다. 7세기 초 '사막의 성자'로 불리는 무함마드가 대천사 가브리엘로부터 유일신 알라의 계시를 받아 창시했다고 전한다. 알라는 아랍어로 하나님을 뜻하고 이슬람은 알라에게 절대복종한다는 뜻이다. 이슬람 신자를 가리키는 무슬림은 절대복종하는 사람을 의미하는 말이다. 이슬람교는 무함마드가 모세, 아브라함, 예수 등을 잇는 마지막 선지자이고 그가 전한 신의 말을 담은 『쿠란』이 마지막 성서라고 믿는다.

한국과 이슬람교의 인연은 매우 깊다. 통일 신라 왕들의 무덤에 무슬림으로 보이는 무인 석상이 세워져 있고, 이슬람 학자의 세계 지리서에 신라가 등장하기도 했다. 고려 가요 「쌍화점」에는 무슬림으로 보이는 회회아비가 등장하고, 조선 시대의 천문학에는 당대 세계 최고 수준의 이슬람 역법이 영향을 미쳤다. 근대 이후 이슬람교가 종교로서 한국 사회에 전도된 것은 한국전쟁에 참전한 튀르키예군의 군목 압둘 하르만에 의해서였다. 만주에서 이슬람교로 개종했던 한국인들이 튀르키예군을 찾아 예배에 참여하고, 이를 계기로 1955년 한국 이슬람 협회가 결성되었다. 당시 군목인 압둘 하르만과 주베르 코치가 종교 지도자인 이맘으로 선출되고 김진규가 협회 초대 회장을 맡았다.

1970년대 중동 건설 붐이 일자 연인원 100만 명의 한국인이 서아시아와 북아프리카의 이슬람 국가에 진출했다. 그들 중에는 현지에서 이슬람교에 입교한 사람들이 적지 않았다. 1976년에는 지금의 서울 이태원 우사단로에 한국 최초의 이슬람 사원이 세워지기에 이르렀다. 박정희 대통령의 지시로 한국 정부가 부지를 기부하고 사우디아라비아를 비롯한 이슬람 국가들이 건축 비용 전액을 지원했다. 오늘날 이곳은 전국의 이슬람 성소를 총괄 지휘하는 한국 이슬람교 중앙성원으로, 서울 지하철 6호선 이태원역에서 성원에 이르는 길에는 이슬람거리가 조성되어 있다.

1980년에는 최규하 대통령이 사우디아라비아를 공식 방문해 양국 정상이 한국에 이슬람 대학을 설립하기로 합의했다. 그에 따라 정부가 경기도 용인에 대학 부지를 제공하고 기공식까지 했다. 그러나 사우디아라비아가 약속한 자금을 제공하지 않아 공사가 미뤄진 끝에 부지는 원 소유주와 용인시에 넘어갔다. 한국 이슬람교 재단은 용인시에서 받은 보상금으로 경기도 연천에 새 부지를 마련했으나 부지 활용 계획은 표류해 왔다. 이슬람교에 대한 다수 한국인의 부정적 인식이 해소되지 않은 것도 그러한 현실에 영향을 미쳤다. 종교의 자유와 다양성에 관한 한 둘째가라면 서러울 한국에서 세계 유수의 이슬람교가 소수 종교에 머무르고 있는 현실은 현대 한국 사회의 특징 중 하나로 남아 있다.

한국 이슬람교 서울중앙성원 이태원에 건설된 한국 최초의 이슬람 사원. 이슬람 국가들의 지원으로 1974년 착공해 1976년 완공되었다. 서울 용산구 우사단로 10길.

한국 이슬람교 부산성원 한국에서 두 번째로 세워진 이슬람 사원(10쪽 참조). 1980년 리비아 전 재무장관의 후원으로 건립되었다. 부산 금정구 금단로.

V 신종교 열전

상단 왼쪽부터 일제 강점기에 신종교를 정리한 『조선의 유사종교』, 천도교원의 증서인 천도교부, 동학 제2대 교주 최시형의 묘.
중단 왼쪽부터 구 천도교 중앙총부 본관, 대종교의 경전인 『삼도탐요(三道撢要)』, 증산교 창시자 강일순(강증산)의 초상.
하단 왼쪽부터 충청북도 청주의 손병희 생가, 대종교 창시자 나철, 대순진리회가 운영하는 러시아 아그로상생 농장.

근대의 물결이 밀려들던 19세기 말, 기독교에 대응하고 전통 종교의 한계를 극복하려는 새 종교가 잇달아 나타났다. 이들은 크게 보아 민족 전통에 뿌리박은 민간 신앙계 신종교와 유교, 불교, 기독교 등 기성 종교에 바탕을 두고 그로부터 갈라져 나온 신종교로 구분할 수 있다. 민족과 민중의 편에 섰던 종교로부터 친일과 혹세무민에 앞장섰던 종교에 이르기까지 신종교의 세계로 안내한다.

상단 왼쪽부터 미국 노스캐롤라이나 채펄힐의 원불교 상징, 원불교 대구 교구청, 대한불교천태종 보월사.
중단 왼쪽부터 박은식이 지은 『발해태조건국지·명림답부전』, 천부교 신앙촌에서 만든 소반.
하단 왼쪽부터 강원도 횡성 여호와의증인 천국왕국회관, 통일교 합동 결혼식과 무서면 예수그리스도후기성도교회

동학·천도교의 주요 성지·사적지

동학·천도교 유적지는 확산 과정의 주요 국면을 기준으로 시기 구분할 수 있다. ❶∼❹는 교조 최제우 시기, ❺∼❿은 제2대 교주 최시형 시기의 유적지이다. 그중 ❽은 1892∼1893년 교조 신원 운동, ❾는 1894년 동학농민운동 관련. ⓫∼⓭은 동학이 천도교로 바뀐 이후 시기의 주요 성지와 사적지이다.

해주성전투
❾-4 해주

봉황각 ⓬
강북구

서울

❼-1 『동경대전』 간행
인제

❻ 적조암
정선

❼-2 『용담유사』 간행
단양

영해봉기 ❺
영덕

광화문 복합 상소
❽-2 ❿-1, 2
⓫ ⓭
종로구

우금치전투
❾-5
공주

❽-3 보은집회
보은

최제우 처형
❹
대구

❶ 최제우 탄생
경주

완주
삼례집회 ❽-1

전주
전주성전투 ❾-3

황룡촌전투
❾-2
장성

교룡산 은적암
❸
남원

내원암 ❷
양산

❽ 금구집회
김제

정읍
❾-1 황토현전투

❿-1 최시형 순교 터(아래) 1898년 최시형이 처형된 곳. 최시형에게 사형을 선고한 재판부의 판사 중 한 명은 1894년 고부봉기 당시 고부 군수였던 조병갑이다. 서울 종로구 묘동.

❿-2 손병희 집터(아래) 손병희 집이 있던 자리. 서울 종로구 가회동. 1919년 2월 28일 독립선언서에 서명한 민족 대표들이 모여 의견을 나눈 곳이다. 서울 종로구 가회동.

❶ 최제우 동상(아래) 경주 구미산 계곡의 용담정에 자리 잡고 있다. 용담정은 본래 최제우의 아버지가 구미산 계곡에 지은 정자. 1860년 최제우는 이곳에서 득도했다. 경상북도 경주시 현곡면 용담정길.

최제우 생가와 묘 동학 교주 최제우는 용담정으로부터 멀지 않은 곳에서 태어나고 그 부근에 묻혔다.

❷ 천성사 내원암 1856년, 1857년에 최제우가 입산해 기도를 올린 곳. 내원암은 원효 대사가 대둔사를 지으면서 주위에 세운 89개의 암자 중 하나였다. 폐사되어 절터만 남아 있던 곳에 내원사라는 이름의 절을 세웠다. 비구니의 도량으로 유명하다. 경상남도 기념물.

❸ 은적암 터(아래) 1861∼1862년 최제우가 정부의 탄압을 피해 은거하면서 도를 닦은 곳. 전라북도 남원시 산곡동의 교룡산에 자리 잡은 선국사의 작은 암자였다. 최제우는 이곳에서 처음으로 '동학'이라는 용어를 창안했다고 한다. 교룡산은 해발 518미터의 산으로, 산세를 이용해 돌로 쌓은 교룡산성이 있다.

❹ 대구 장대 1864년 최제우가 처형된 곳.
❺ 영해읍성 자리 1871년 동학농민군 세력이 이필제와 함께 봉기를 일으킨 곳.
❻ 적조암 터 신라의 자장이 창건하고 입적한 태백산 정암사에 딸린 암자. 1873년 최시형이 이곳에서 수행했다.
❼-1 『동경대전』 간행 터(1880)

❼-2 『용담유사』 간행 터(1881)
❽-1 삼례집회 터 1892년 교조 신원 운동.
❽-2 광화문 복합 상소 자리 1893년 교조 신원 운동이 일어난 곳.
❽-3 보은집회 터 1893년 교조 신원 운동.
❽-4 금구집회 터 1893년 교조 신원 운동.
❾-1 황토현 전적지 1894년 농민군이 전라도 관군을 격파한 곳.
❾-2 황룡촌 전적지(아래) 1894년 농민군이 경군과 싸워 승리한 곳.

❾-3 전주성 1894년 농민군이 점령한 곳.
❾-4 해주성 터 1894년 농민군이 점령한 곳.
❾-5 우금치 전적지 1894년 가을 다시 봉기한 농민군이 관군·일본군과 싸운 동학농민전쟁 최대의 격전지 중 하나.

⓫ 보성사 터 1910년 설립된 인쇄소.
⓬ 봉황각(아래) 1912년 손병희가 설립해 천도교 지도자를 훈련시킨 곳. 봉황각이란 이름은 최제우의 시에 자주 나오는 '봉황'에서 따온 것이다. 서울 강북구 삼양로173길.

⓭ 천도교 중앙대교당 1921년 준공.

수운 유허지 최제우가 초가를 짓고 수도 생활을 한 터. 울산은 부인 박씨의 고향이다. 울산광역시 기념물. 울산 중구 원유곡길.

1 민간 신앙계 신종교

동학을 필두로 하는 민간 신앙계 신종교는 강한 민족주의적 성향을 기본 특징으로 한다. 서학(기독교)에 대응하는 동방 종교를 뜻하는 '동학'의 명칭에서 그러한 특징이 선명하게 드러난다. 동학은 조선 왕조의 수탈, 제국주의의 침략에 시달리던 농민과 함께 반제 반봉건의 기치를 높이 들었다. 동학농민운동이 실패한 뒤 동학은 천도교로 이어지고, 이 운동에서 패배한 민중의 한을 풀어 주겠다는 뜻을 품고 증산교가 일어났다. 단군왕검을 숭배하는 대종교는 청산리대첩 등 독립운동 현장에서 활약했다. 대한민국 정부가 개천절을 국경일로 정한 것은 그러한 대종교의 항일 정신에 대한 경외감의 표현이었다.

동학계 신종교

동학계 신종교는 수운 최제우가 창시한 동학으로부터 갈라져 나온 근대 종교들을 말한다. 동학과 이를 계승한 천도교, 그리고 동학에서 파문당한 이용구의 시천교, 김연국의 제세교(훗날의 천진교) 등이 이에 속한다.

동학은 한국 최초의 신종교였다. 서양에서 들어온 서학과 대비되는 동방 한민족의 종교라는 뜻을 품고 출범해 하늘을 신격화한 한울님, 곧 천주를 모셨다. 동학의 교리가 발전함에 따라 한울님에 대한 교주와 신도들의 태도도 변화했다. 최

천성산 내원사 내원사의 전신인 내원암은 신라 문무왕 때 원효가 대둔사를 창건하면서 주위에 세운 89개의 암자 중 하나였다. 초기 동학 자료에는 최제우의 기도처로 천성산 내원암만 언급되지만, 1909년 49일 기도를 위해 내원암을 찾은 손병희와 동반자들이 최제우의 기도처였던 적멸굴을 발굴했다. 경상남도 기념물. 경상남도 양산시 하북면 내원로.

제우는 하늘을 받들어 모시면 세상의 모든 사람이 근원적으로 평등해져서 양반과 천민의 구분 없이 누구라도 군자가 된다고 했다. 이것이 동학의 '시천주 사상'으로, 혼란스러운 시기에 백성 스스로 보국안민의 주체가 될 수 있는 길이었다. 제2대 교주인 해월 최시형은 사람 섬기기를 한울같이 한다는 '사인여천 사상'을 통해 인간을 한울과 같은 존재로 파악했다. 나아가 인간뿐 아니라 산천초목에도 한울이 내재한다는 생명 존중 사상을 발전시켰다. 제3대 교주 의암 손병희는 1905년 천도교로 교명을 바꾸면서 사람이 바로 하늘이라는 '인내천 사상'을 선포했다. 하늘을 받들어 모시는 경천 사상으로부터 사람이 곧 하늘이라는 인본주의 사상으로 발전한 것이다.

시천주, 사인여천, 인내천은 동학의 교리적 지향점을 잘 보여 준다. 동학이 모시는 하늘이란 조선 왕조에서 핍박받던 모든 백성, 바로 사람이었다. 이것이 사회 개혁 운동인 동학농민운동의 원동력 중 하나를 이루었다.

최제우는 수행 중 도인을 만나 하늘에 기도하라는 내용이 적힌 천서(天書)를 받았다고 한다. 그에 따라 1856년(철종 7)과 이듬해 두 차례에 걸쳐 양산 천성산에서 입산 기도를 드렸다. 천성산은 원효가 당의 승려 천 명을 교화해 성인으로 만들었다는 전설에서 이름이 유래했다. 최재우는 그 산의 내원암으로 추정되는 암자와 적멸굴에 머물며 3층 단을 쌓고 기도를 올렸다.

1860년 4월 최제우는 경주 구미산 용담정에서 한울님과 대면하고 대화를 나눈다. 동학이 탄생하는 순간이다. 동학교도가 늘어나자 유림은 시천주 사상을 문제 삼아 그들이 천주교를 신봉한다고 비난했다. 정부가 탄압에 나서자 최제우는 1861년(철종 12) 경주를 떠나 남원의 교룡산 은적암에서 기도와 경전 집필에 몰두했다(178쪽 참조). 영남에서 태어난 동학이 호남의 들판에서 풀처럼 자라기 시작했다. 이듬해 최제우는 혹세무민 혐의로 체포되었으나 많은 이의 탄원으로 무죄 방면되었다. 이는 국가가 동학의 정당성을 인정한 것으로 여겨져 신도는 더욱 늘어났다.

1862년 동학은 지방 교단 조직인 접소를 두고 그 책임자인 접주가 신도를 이끄는 접주제를 만들었다. 접소는 최제우가 전국을 떠돌아다닐 때 보부상의 접주·접장 제도를 보고 착안했다고 한다. 1863년에는 충청도와 경기도까지 교세가 확대되어 13개 접소가 생겨났다. 그때 동학은 충청도 남쪽을 남접, 이북을 북접으로 구분했다. 최제우는 같은 해에 제자 최시형을 북접의 총책임자이자 동학의 제2대 교주로 임명했다.

1864년(고종 1) 최제우는 다시 혹세무민 죄로 체포되어 대구 장대에서 참형을 당했다. 그는 시운의 변화에 따라 어두운 선천 세계가 끝나고 후천의 밝은 문명 세계가 도래한다는 '후천개벽 사상'을 남겼다. 후천은 모든 사람의 신분 차별이

없는 평등한 시대를 의미했다. 이 같은 사회 변혁의 사상은 동학뿐 아니라 증산교, 원불교 등 동학의 뒤를 잇는 한국의 신종교들이 중요하게 여기는 이념이 되었다.

제2대 교주 최시형은 강원도 영월·정선·인제 등을 오가며 최제우 가족을 돌보고, 흩어진 신도를 모아 조직을 재건하는 데 주력했다. 1873년 최시형은 몇몇 교우와 함께 태백산 적조암에 올라 기도를 드리며 교단 재건을 위한 자양분을 얻었다. 기도를 마친 뒤에는 충청북도 단양으로 동학 본부를 옮겼다. 그곳에서 10여 년간 안정적으로 동학을 재건해 나가면서 『동경대전』, 『용담유사』 등 주요 경전을 간행했다.

최시형은 접소제를 강화하고 몇 개의 접소를 통합한 포(包) 제도를 만들었다. 이후 동학은 포를 중심으로 왕성하게 활동했다. 교세가 확장되자 1892년과 이듬해에 걸쳐 전라도 삼례, 서울 광화문, 충청도 보은 등에서 최제우의 명예를 회복하기 위한 교조 신원 운동을 전개했다. 이 운동은 종교 운동 차원을 넘어 반봉건, 반외세를 외치는 정치 운동으로 확대되었다. 교도들은 무력 투쟁을 주장했지만 최시형은 시기상조라며 주저했다. 1894년 전봉준을 중심으로 동학농민운동이 일어났을 때도 처음에는 이에 반대했다. 그러나 정부가 외세와 함께 강경 진압에 나서자 손병희와 함께 농민군을 일으켜 참가한다.

『동경대전』 간행 터 1880년 최시형은 교인 김현수의 집에 각판소를 설치하고 작업을 진행했다. 강원도 인제군 남면 갑둔리.

효포 1894년 10월 동학농민군의 제2차 봉기 때 전봉준의 남접군과 손병희의 북접군이 연합해 벌인 공주성전투의 격전지. 충청남도 공주시 신기동.

천도교 중앙대교당 천도교의 총본산 교당. 1921년 준공. 일제 강점기에 항일 투쟁의 거점 중 하나였고, 손병희의 사위인 방정환을 중심으로 한 어린이 운동의 출발점이기도 하다. 서울특별시 유형문화재. 서울 종로구 삼일대로 457.

동학농민운동이 좌절한 뒤 최시형은 무너진 조직 재건을 위해 전력을 다했다. 1897년 손병희를 후계자로 지명한 최시형은 다음 해 원주에서 체포된 뒤 서울로 압송되어 교수형을 당했다. 제3대 교주가 된 손병희는 1901년 관헌의 추적을 피해 일본으로 건너갔다. 그가 일본에 머무는 동안 동학의 교세는 약해졌다. 손병희는 1904년 국내 신도들에게 민족주의 개화 운동 단체인 진보회를 조직하라고 지시했다. 이 단체는 짧은 시간에 11만 명의 규모로 발전해 390여 개의 지회를 거느리고 막강한 영향력을 행사했다.

진보회의 활동을 동학농민운동과 같은 성격으로 판단한 정부는 일본과 협의해 이를 억압하기 시작했다. 일제의 회유에 넘어간 조직장 이용구의 배반으로 진보회는 매국노 송병준 등이 조직한 친일 단체 일진회와 통합했다. 일제가 전국적 조직이 있는 진보회를 조직력이 부실한 일진회와 통합해 이용한 것이다. 분노한 손병희는 이용구 등 친일파 26명을 동학에서 축출했다. 그때까지 그는 정치와 종교가 상생하는 정교일치론을 견지하고 있었다. 그러나 진보회가 정치와 결탁해 타락하는 것을 보고 정교분리 원칙을 세워 교리와 조직을 재정비했다. 동학은 그러한 맥락에서 1905년 천도교로 개칭되었다.

1906년 귀국한 손병희는 동학 정신을 계승한 천도교의 사상 체계를 확립하고, 출판과 교육을 통한 문화 운동을 전개했다. 1912년 손병희는 서울에 봉황각을 짓고 지도자를 양성했다(178쪽 참조). 천도교는 그곳에서 훈련받은 인재들을 중심으로 3.1운동 때 중추적 역할을 할 수 있었다. 민족 대표 33인 가운데 15명이 천도교에서 배출되었다. 손병희는 일제에 구금되어 고문을 받고 그 후유증으로 1922년 사망했다. 그 후 천도교의 정신적 지도자가 된 박인호는 조직원들이 모여 결정하는 중의에 모든 일을 맡겼다. 이후 천도교는 중의 제도에 의한 민주적 중앙 집중제로 운영되었다. 현재 천도교의 대표 기관은 서울 종로구 수운회관의 천도교 중앙총부이다.

시천교, 천진교, 수운교

시천교는 서울 종로구 견지동에서 친일파 이용구가 1906년 창립한 신종교였다. 본래 이용구는 손병희와 함께 동학교도로서 왕성한 활동을 벌였다. 그러나 동학에서 파문당하자 김연국, 권병덕, 송병준 등과 함께 시천교를 만들었다. 시천교라는 명칭은 천도교의 주문인 '시천주조화정 영세불망만사지(侍天主造化定 永世不忘萬事知)'에서 따왔다. 일진회가 해산되고 1912년 이용구가 사망하자 김연국은 송병준에게 쫓겨났다. 김연국은 서울 가회동에 교당을 세우고 제화교라 했다가 다시 시천교로 바꿨다. 견지동에 있는 시천교와 구분하기 위해 속칭 가회동 시천교라고 했다. 계룡산으로 교당을 옮긴 뒤에는 상제교로 개칭했다. 1944년 김연국이 사망하자 아들 덕경이 뒤를 이은 뒤 천진교로 개칭했다(1961). 한편, 수운교는 이상용이 스스로 최제우의 환생이라 주장하며 최제우의 호를 따서 1923년 창시한 신종교이다.

증산계 신종교

증산계 신종교는 1902년 증산 강일순이 창시한 증산교에서 파생한 종교들을 가리킨다. 증산교는 신도들이 외는 주문인 태을주가 '훔치훔치'로 시작하므로 훔치교라고도 한다. 강일순은 동학농민운동의 전개 과정을 유심히 살펴보다가, 살아남은 동학농민군 가운데 급진적인 사람들을 모아 사회를 개혁할 새로운 종교로 증산교를 창시했다. 인간이 가장 존엄하다는 인존 사상, 맺힌 원한을 풀어 준다는 해원 사상, 민족 주체 사상이 증산교 신앙의 본령이다.

강일순은 1897년부터 3년간 전국 각지를 돌면서 동학농민운동의 실패로 피폐해진 민심을 살펴본 뒤 1901년 전라북도의 모악산 대원사에 들어갔다. 그곳에서 그는 유불선과 음양 풍수, 점, 의술 등을 연구해 신적인 존재가 되고자 했다. 공부를 마친 강일순은 스스로 기성 종교에 통달하고 모든 일과 이치가 걸리고 막히는 바 없는 도력(道力)을 갖춰 무소불위의 존재가 되었다고 공언했다. 자신은 원래 하늘의 옥황상제였다가 도탄에 빠진 백성을 구하기 위해 잠시 인간의 몸을 받은 존재라고도 했다.

강일순은 1902년부터 1909년까지 주로 지금의 전라북도 지역에서 포교 활동을 했다. 모악산 부근에 자신의 한약방인 광제국을 차려 환자들에게 한약 처방을 하고, 주문과 부적을 사용하는 안수 치료도 겸했다. 치료를 받은 환자 중에는 강일순을 하늘에서 내려온 구세주로 받들며 신도가 되는 이도 있었다.

증산교의 핵심 교리는 '천지공사(天地公事)'였다. 상극이 지배하는 선천 시대의 원한을 해소하고 상생이 지배하는 후천 세계를 건설한다는 뜻이다. 당연히 그를 따르는 신도는 세상이 바뀌기를 바라는 사람들이었다. 신도 중에는 의병으로 오인되어 체포되는 이들도 있었고, 어떤 신도는

천지개벽이 도대체 언제 일어나느냐고 원망하기도 했다. 하루빨리 천지개벽한 선경(仙境)으로 가게 해 달라는 사람들에게 시달리던 강일순은 1909년 허무하게 죽었다.

교주의 죽음으로 그의 능력에 실망한 신도들은 뿔뿔이 흩어졌다. 차경석, 김형렬 등 소수의 제자만이 남았다. 그중에는 강일순이 선경에 들었다가 재림할 것을 믿는 사람도 있었다. 그런 와중에 강일순의 아내인 고부인이 남편 제사를 올리다가 갑자기 졸도하더니 서너 시간 뒤에 깨어났다. 정신을 차린 그녀는 강일순의 성령이 자기 몸에 들어왔다면서 강일순처럼 말하고 행동하기 시작했다.

증산계 신종교
강일순이 깨달음을 얻었다는 모악산 대원사는 증산교에서 중요한 장소이다. 지도의 나머지 장소는 각각 태을교, 보천교, 미륵불교의 교단이 설립되거나 본부가 있던 곳이다.

증산교 도복 증산교도가 입는 종교 복식. 윗옷과 아래옷을 따로 재단해 허리에서 연결한 형태이다. 깃은 곧고 뻣뻣하게, 소매는 넓게 만들었다.

보천교 부적 차경석이 창시한 보천교에서 사용하던 부적. 같은 모양의 부적 59장으로 구성되어 있다. 오른쪽에 추상화부가 그려지고 왼쪽에 '천상옥경천존신장', '조화대력부태을천상원군훔리치야도래'라고 쓰여 있다.

초화대력부 대을천상원군훔리치야도래

천상옥경천존신장

그 일이 계기가 되어 1914년 강일순을 교조로, 고부인을 교주로 한 선도교가 창시되었다. 선도교의 교세가 점점 확장되자 고부인의 사촌 동생이자 2인자인 차경석이 교단 장악에 나섰다. 그는 신도들과 고부인 사이를 갈라놓고 이름을 보천교로 바꿔 실권을 장악했다. 자리를 빼앗긴 고부인은 전라북도 김제로 거처를 옮긴 뒤 1919년 보천교와 교단을 분리해 태을교를 만들었다.

차경석과 고부인의 갈등에 실망해 새로운 교단을 만드는 사람도 있었다. 강일순 제자인 김형렬은 1915년 모악산 금산사를 중심으로 별도의 교단을 세운 뒤 1921년에 미륵불교의 전신인 불교진흥회를 만들었다. 안내성은 1914년 전라남도 여수에서 태을교를 세웠다가 1925년 증산대도교로 개명했다. 또 이치복과 허욱은 1920년 경상남도 하동에서 삼덕교를 세웠다.

이렇게 교단이 무분별하게 난립하게 된 것은 강일순이 후계자를 정하지 않고 허망하게 죽었기 때문이다. 또 그는 기성 종교의 교리 통합에 관심을 가졌기 때문에 후계자들의 관점에 따라 불교계, 선도계, 유교계 등으로 교리 해석이 달라질 수 있었다. 증산교가 여러 교파로 나뉘면서 전체 신자 수는 증가했다. 그중에서 교세가 가장 강한 것은 차경석이 세운 보천교였다. 제자들은 차경석을 '폐하'라고 불렀다고 한다. 이처럼 보천교의 교세가 커지자 조선총독부는 전국 각지의 보천교 신자에 대한 검거령을 내렸다. 보천교 신자를 처벌하는 특별법을 만들어 경상남북도에서는 수천 명의 교인을 체포하기도 했다. 1920년대에 조선총독부가 파악한 보천교 신자는 100만 명을 헤아렸다.

차경석은 교단 재산과 교권을 유지하기 위해 1924년부터 친일 단체인 시국대동단을 조직하고 친일 행위에 가담했다. 일제는 차경석을 회유해 친일로 유도한 다음 보천교를 사회적으로 고립시켜 무력화한다는 방침을 갖고 있었다. 친일로 돌아선 보천교 신자를 대중이 구타하는 사건이 일어나도 일제는 묵인했다. 그렇게 보천교가 위축되자 교단 간부들을 중심으로 새로운 교단이 생겨났다. 동화교, 삼성교, 천인교, 태극도, 대순진리회 등 증산교에서 갈라져 나온 교파는 100여 개에 이르렀다고 한다.

옛 보천교 건물(왼쪽) 고부의 지주 조상원이 보천교 건물을 사들여 해체하고 그 재목으로 1940년 새로 지은 정읍 관청리 근대 한옥. 국가 등록문화재.

대순진리회 중곡도장 서울 광진구 중곡동의 대순진리회 도장. 대순진리회는 1969년 박한경이 태극도에서 분리해 창시했다. 증산계 신종교 중에서 교세가 가장 크고 왕성하다.

단군계 신종교

단군계 신종교는 홍익인간 정신에 뿌리를 내리고 창시된 신종교였다. 나철이 1909년에 창시한 대종교가 으뜸이고 정요순의 광명대도(1947), 신정일의 한얼교(1965) 등이 있다. 대종교의 '종(倧)'은 환인, 환웅, 환검(단군왕검)이 조화롭게 한 몸이 된 존재로 한배님이라 불린다.

나철은 1907년 자신회라는 단체를 조직해 을사오적을 살해하려다 실패하고 유배되었다. 고종의 특사로 풀려난 후 일본으로 건너가 일제에 항의하며 구국 운동을 벌였지만 역시 실패했다. 이렇게 개인적인 애국 행동이 좌절되자 고심 끝에 대중의 민족의식을 일깨우는 신앙 운동의 길을 가기로 결심했다. 민족정신을 지켜야만 훗날에라도 국권을 회복할 수 있다고 판단했기 때문이다. 민족정신을 지키는 길은 역사와 언어를 지키고 민족 종교를 통해 백성의 의식을 일깨우는데 있다는 것이 나철의 결론이었다.

나철은 1909년 1월 서울 북촌에 위치한 취운정에서 오기호, 강우 등과 함께 단군을 교조로 하는 민족 종교의 부활을 선포했다. 그는 제천 의식을 거행해 '단군포고명서'를 공포하고 단군교 교주가 되었다. 홍암이라는 도호(道號)도 지었다. 포교를 시작한 지 1년 만에 약 2만 명의 교인을 확보했는데, 그들 대부분이 옛 양반 관료였으므로 단군교는 양반 종교로 일컬어졌다. 단군교를 대종교로 개칭한 것은 1910년이었다.

대종교는 1914년 백두산 부근으로 총본사를 이전하고 만주로 세력을 확장해 갔다. 그 사이 대종교 신도가 30만 명에 이를 정도로 민족 종교는 급속한 확산세를 보였다. 놀란 일제가 1915년 종교통제안을 공포하고 탄압에 나서자 대종교의 교세는 점점 약해지고 교단 사정도 어려워졌다. 나철은 1916년 8월 김두봉을 비롯한 시봉자 6명을 대동하고 구월산 삼성사에서 수행에 들었다. 그리고 대종교 수양법인 조식법으로 자결했다. 조식법이란 들숨과 날숨을 고르게 하는 호흡법이다. 호흡을 조절해 생명을 끊었다는 뜻이다.

나철은 숨지기 전 김헌을 제2대 교주에 임명했다. 비교적 온건한 이미지를 가지고 있던 김헌을 내세워 일제의 탄압을 피하려는 의도였다고 한다. 김헌은『신단실기』,『신단만사』등의 저술을 통해 대종교를 체계화했다. 또 일제의 탄압을 피해 대종교 총본사를 동만주의 허룽현(지린성 허룽시)으로 옮기고 그곳에 군관학교를 설립했다. 1919년 3.1운동이 일어나자 그는 만주에서 발표된 대한독립선언서에 서명하고, 그해 12월 대종교 교인으로 구성된 독립군인 북로군정서의 총재에 서일을 임명했다.

단군성전(백악전) 사직공원에 있는 대한민국 최초의 공공건물로, 정부 표준 단군 영정이 봉안되어 있다. 대종교에서 음력 10월 3일 등에 제천 의식을 봉행한다. 대종교는 개천절을 양력 10월 3일로 정한 국가 방침에 맞춰 그날 경하식을 하지만, 제천 의식은 전통에 따라 음력에 지낸다. 서울 종로구 사직동.

대종교의 주요 사적지

대종교의 역사는 항일과 떼어 놓고 생각할 수 없다. 만주, 그중에서도 항일 무장 투쟁이 전개된 지역에 대종교 사적지가 여러 곳 있는 데서도 이는 잘 드러난다.

지린성 왕칭현
중광단 본부

대종교 삼종사 묘

허룽시 청호촌

구월산 삼성사
나철 자결

취운정 터
단군교 포명서 공포

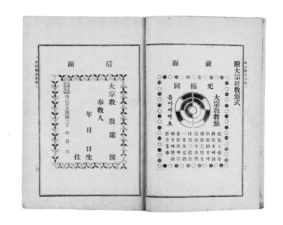

대종교 취지서 대중에게 대종교를 알리고자 1912년 발행한 책. 대종교의 핵심 교리, 규범과 예식을 소개하고 있다.

대종교는 적극적인 항일 무장 투쟁을 전개했다. 1920년 김좌진이 지휘한 청산리대첩에는 대종교인으로 구성된 독립군도 참여했다. 일제는 봉오동전투와 청산리대첩에서 참패한 데 대한 보복으로 간도참변을 일으켜 조선인을 대량 학살했다. 대종교 신도들도 화를 피할 수 없었다. 대종교는 다시 총본사를 닝안현(헤이룽장성 닝안시)으로 옮겼지만, 만주 전역에 걸친 일본군의 토벌 작전으로 독립운동과 교단의 기반이 큰 타격을 입었다. 이 일로 고통스러워하던 김헌은 윤세복을 제3대 교주로 지명한 뒤 병사했다.

김헌은 이미 1919년 북로군정서 총재 서일에게 교주 자리를 물려주려고 했었다. 서일은 1911년에 의병을 모아 독립운동 단체인 중광단을 조직한 인물이었다. 그는 1912년 대종교에 입교해 교리 연구와 포교 활동에 주력했다. 그 능력을 인정받아 이미 나철의 후계자 물망에 오르기도 했다. 그러나 서일은 더 시급한 항일 무장 투쟁에 몸을 바쳤다. 1920년에는 여러 독립군단을 통합해 대한독립군단을 조직하고 총재가 되었다.

1921년 자유시사변이 일어났다. 일본군과 조약을 체결한 러시아군이 러시아령 자유시에서 독립군의 무장 해제를 강행하다가 이를 거부하는 독립군과 총격전을 벌인 사건이었다. 이 사건으로 낙담한 서일은 다음과 같은 글귀를 남기고 나철과 같은 조식법으로 목숨을 끊었다.

"나라 땅은 유리 조각으로 부서지고 티끌 모래는 바람비에 날렸도다. 날이 저물고 갈 길이 궁한데 인간이 어디메뇨."

대한민국임시정부는 개천절을 국경일로 정하고 대종교와 함께 경축 행사를 거행했다. 대종교는 해방 후에도 단군 신앙을 한민족의 정신에 뿌리내리고자 노력했다. 대한민국 정부가 수립되자 개천절은 국경일로 제정되고 대종교는 한국 제1호 종단으로 등록되었다.

대종교 총본사 통솔 기구(대일각), 의결 기구(의회), 전도 기구(도원)의 지시를 받아 교무를 통합적으로 수행하는 대종교의 중추 기관. 서울 서대문구 홍은중앙로3길.

185

기성 종교계 신종교 주요 사적지

기성 종교계 신종교도 창립자가 태어난 곳이나 깨달음을 얻은 것으로 여겨지는 곳 등을 성스러운 장소로 여긴다. 아래는 불교계(원불교, 대한불교천태종), 유교계(대동교, 공교 운동), 기독교계(통일교, 천부교)의 주요 신종교가 각기 중시하는 장소들이다.

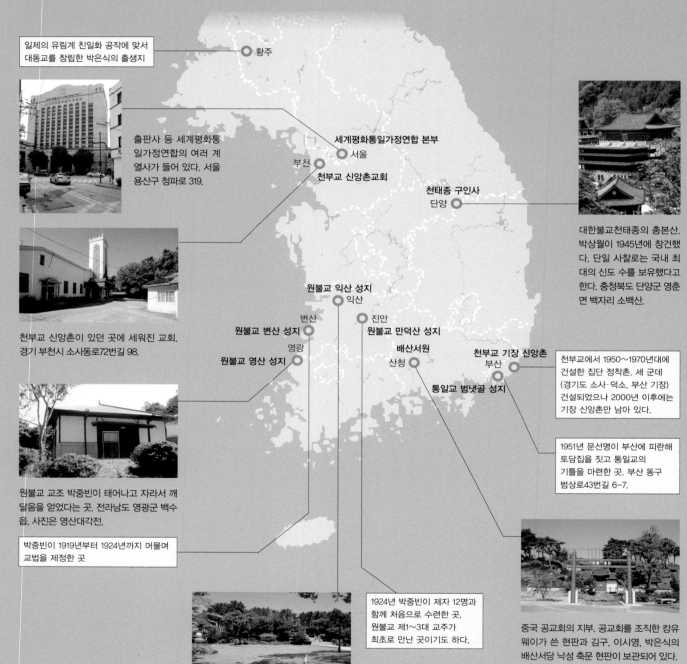

일제의 유림계 친일화 공작에 맞서 대동교를 창립한 박은식의 출생지
○ 황주

출판사 등 세계평화통일가정연합의 여러 계열사가 들어 있다. 서울 용산구 청파로 319.

세계평화통일가정연합 본부
○ 서울
부천
천부교 신앙촌교회

천태종 구인사
단양 ○

대한불교천태종의 총본산. 박상월이 1945년에 창건했다. 단일 사찰로는 국내 최대의 신도 수를 보유했다고 한다. 충청북도 단양군 영춘면 백자리 소백산.

천부교 신앙촌이 있던 곳에 세워진 교회. 경기 부천시 소사동로72번길 98.

원불교 익산 성지
익산

원불교 변산 성지
변산 ○

진안 ○
원불교 만덕산 성지

영광
원불교 영산 성지 ○

배산서원
산청

천부교 기장 신앙촌
부산

통일교 범냇골 성지

천부교에서 1950~1970년대에 건설한 집단 정착촌. 세 군데(경기도 소사·덕소, 부산 기장) 건설되었으나 2000년 이후에는 기장 신앙촌만 남아 있다.

원불교 교조 박중빈이 태어나고 자라서 깨달음을 얻었다는 곳. 전라남도 영광군 백수읍. 사진은 영산대각전.

박중빈이 1919년부터 1924년까지 머물며 교법을 제정한 곳

1951년 문선명이 부산에 피란해 토담집을 짓고 통일교의 기틀을 마련한 곳. 부산 동구 범상로43번길 6–7.

1924년 박중빈이 제자 12명과 함께 처음으로 수련한 곳. 원불교 제1~3대 교주가 최초로 만난 곳이기도 하다.

중국 공교회의 지부. 공교회를 조직한 캉유웨이가 쓴 현판과 김구, 이시영, 박은식의 배산서당 낙성 축문 현판이 보관되어 있다.

원불교 익산 성지 송대 1940년 박중빈의 휴양과 정전 집필을 위해 지은 건물로 전한다. 전라북도 등록문화재.

2 기성 종교계 신종교

신종교 중에는 불교, 기독교 등 기성 종교와 구분하기 어려운 교파도 있다. 기성 종교를 바탕으로 하면서도 새로운 종교를 지향하거나 기성 교단으로부터 인정을 받지 못했기 때문이다.

민족주의 성향을 넘어 국수주의적 경향을 보이는 신종교도 있고 일제 강점기에 친일로 돌아선 신종교도 있었다. 기성 교단이 이단으로 배척하는 기독교계 신종교, 외국에서 유입된 신종교 등도 기성 종교로부터 소외된 계층을 파고들며 한국의 종교 지도를 여러 빛깔로 수놓고 있다.

불교계 신종교

불교계 신종교는 불교에 연원을 두고 근대에 창시된 종교를 가리킨다. 그중 원불교는 박중빈이 1916년 깨달음을 얻고 창시한 불법연구회를 계승한 종교로, 기본 경전은 『정전』과 『대종경』이다. 원불교의 '원'은 진리의 상징이다. 박중빈은 우주와 자연의 이치에 대한 깨달음을 문자나 언어가 아닌 원으로 표현했다. 일원상의 진리라고도 한다. '불'은 부처의 깨달음인 각(覺)을 의미한다. 요컨대 '원불'은 진리를 깨닫는다는 뜻이다.

원불교와 불교의 공통점과 차이점은 무엇일까? 박중빈은 불법을 통해 큰 깨달음을 얻었다. 원불교가 추구하는 근본 진리는 불교와 상통한다. 하지만 원불교는 도형인 원을 불교의 부처처럼 모신다. 원불교의 교단 제도도 불교의 사찰 제도와는 다르다. 또 불교뿐 아니라 여러 종교의 장점을 취해 시대의 변화에 대응하려 했다. 따라서 원불교를 불교에서 분화한 종교가 아니라 전혀 새로운 종교로 여기기도 한다.

박중빈은 원불교를 통해 잃어버린 민족정기를 살리고 주인 정신을 기를 것을 강조했다. 그의 표어는 "물질이 개벽하니 정신을 개벽하자."였다. 세상이 새롭게 변하니 정신도 변해야 한다는 뜻이다. 정신개벽을 하면 한국이 세계의 중심 국가가 되어 발전할 것이라고도 했다.

원불교 영산 순례길
영산 성지에는 박중빈 생가, 박중빈이 깨달음을 얻었다는 곳(노루목 대각터), 최초의 교당(구간도실)터 등 원불교의 초기 역사에서 중요한 유적이 곳곳에 자리 잡고 있다.

대한불교천태종은 1967년 충청북도 단양군 구인사에서 박상월이 창시했다. 석가모니불을 본존불로, 대각 국사 의천을 종조로 삼았다. 중심 경전은 『법화경』이다. 고려 시대에 대각 국사 의천이 창시한 천태종은 조선 시대 선종으로 편입되어 불교 역사에서 단절된 바 있었다. 박상월은 그 맥을 다시 잇겠다면서 종조에 취임했다.

기존의 불교 종단과 달리 천태종 승려는 출가할 때 구족계를 받지 않는다. 승려들이 현실적으로 지키기 어려운 구족계 대신 세속 교인이 지켜야 할 열 가지 계율인 십선계를 받는다. 천태종 승려들은 십선계에서 허용하는 음주를 할 수 있다. 직접 도살하지 않은 육류 섭취도 허용한다. 단, 개고기·닭고기·달걀은 금기시한다. 천태종에서는 신장(神將)이 환생한 동물을 닭으로 여긴다. 사찰 내에 산신각 등 무속과 관련된 전각의 건립도 금지했다. 신도들은 주경야선(晝耕夜禪)의 정신으로 낮에는 일하고 밤에는 수행한다. 천태종 승려들은 공익사업에도 적극적으로 참여하면서 불교의 대중화와 생활화를 추진해 전국적으로 넓은 교세를 확보했다.

유교계 신종교

송병화가 1907년 서울에서 창시한 태극교가 유교계 신종교의 효시였다. 태극교의 입교자는 봄가을에 열리는 문묘 제례와 유사한 공자제에 참석했다. 그때 개최되는 강회(講會)에서 한문 시

험을 보고 성적이 우수한 자를 교단 임원으로 임명했다. 태극교에 입교한 신도들은 양반의 지위를 획득했다고 여겼다. 신도들은 전부 남자이고 교세는 미미했다.

역사학자이자 독립운동가인 박은식은 1909년 대동교를 창시해 유림을 규합하고 국권 회복 운동을 벌였다. 같은 해 친일파인 신기선과 이완용은 친일 어용 단체인 공자교를 만들어 대동교와 대립했다.

공자교는 본래 유교의 근대적 개혁을 추구한 종교 운동이었다. 1898년 청의 캉유웨이는 공자의 가르침으로 유교적 이상 세계를 회복할 수 있다는 신념 아래 유교를 국교화하려 했다. 그는 1907년 기독교의 교회 조직을 본떠 공자의 교회라는 뜻의 공교회(孔敎會)를 조직했다. 신기선의 공자교도 그 영향으로 성립했지만, 명분만 그러할 뿐 실제로는 친일에 이용되었다. 이와 달리 조선의 유학자 이병헌은 1914년부터 캉유웨이를 여러 번 만나 1923년 중국 공교회의 지부 격인 배산서당을 경상남도 산청군 단성의 배양마을에 세웠다. 그는 공자를 교조로 모시고 교사를 선정해 경전을 성경처럼 가르쳤다. 이병헌의 공자교는 진보적 유학자의 지지를 받았지만, 보수적인 유림의 반대와 유교를 사회 교화 도구로 축소 변

천태종 관문사 우면산 입구에 자리하고 있어 '우면산 관문사'라 한다. 1993년 공사를 시작해 1998년 완공했다. 지상 7층, 지하 4층으로 이루어진 큰 사찰이다. 국립중앙박물관에 있는 경천사지 십층석탑(국보) 양식을 계승해 설계한 법화대보탑이 경내에 세워졌다. 8각 10층 옥탑으로 높이 20.7미터, 지름 12미터. 서울 서초구 바우뫼로7길 111.

배산서원 서원 철폐령으로 1868년(고종 5) 철거되었다가, 1919년 건물을 새로 지을 때 배산서당으로 이름이 바뀌었다. 1983년 경상남도 문화재자료 배산서원으로 지정되었다. 경상남도 산청군 단성면.

시온어린이합창 LP음반
천부교 계통의 시온어린이
합창단에서 부른 〈알파벳〉
등의 노래가 녹음되어 있
다. 앞면에 합창단 사진과
함께 '제13회 K.B.S 주최
방송콩쿨특상기념'이라고
인쇄되어 있다.

형하려는 조선총독부의 종교 정책에 밀려 점차
쇠퇴했다.

기독교계 신종교

기독교계 신종교는 주로 한국전쟁 이후에 발생
한 통일교, 천부교, 구원파, 신천지 등을 가리킨
다. 성경을 경전으로 한 기독교 사상을 근간으로
하고 있지만, 정통 기독교로부터 이단이나 사이
비 종교라고 비판받는 교파도 상당수에 이른다.
성경을 왜곡해서 해석하고, 교주를 예수처럼 신
격화하고, 비현실적인 시한부 종말론을 주장하
거나 기성 교회를 비방한다는 이유에서이다.

1954년 문선명은 서울에서 세계기독교통일신
령협회를 창립했다. 이를 줄여 '통일교회', '통일
교'라고 불렀다. 통일교는 일본, 미국 등지로 선
교사를 파견하고 종교만이 아니라 언론과 교육
사업 등 다양한 사회 운동을 통해 교세를 전 세계
로 확장했다. 1966년 통일교 경전인『원리강론』
을 발행하고, 1977년에는 교단 명칭을 세계평화
통일가정연합으로 개칭했다. '참 가정 건설'이 지
상 천국의 이상적 상태라며 가정생활을 중요시
한다고 하지만, 실제로는 문선명 부부를 참 부모

로 모시는 비정상적 공동체라는 비판도 받는다
(177쪽 참조). 통일교는 예수가 한국에 재림할 것
을 믿는다. 하나님의 구원 섭리가 지향하는 최종
목표는 지상과 천상에서 악과 지옥을 없애고 그
자리에 선과 천국을 세우는 것이라고 한다.

천부교는 개신교 부흥 전도사로 유명했던 박
태선이 1955년 한국예수교부흥협회를 만들면서
시작되었다. 박태선은 1980년 교명을 천부교로
바꾸고 "내가 창조주 하나님이며, 성경의 98퍼센
트가 거짓이고, 예수는 사탄의 새끼"라고 주장했
다. 천부교는 1970년대까지 경기도 소사와 덕소,
부산 기장 등지에 신앙촌 공동체를 건설했다. 모
든 신도의 성생활 금지를 지시하고 심지어 남녀
가 같은 자리에 있지도 못하게 한 것으로 유명하
다. 박태선이 죽은 뒤에는 아들 박윤명이 교주의
대를 이었다.

외래 신종교

한국에는 각국에서 유입된 신종교가 다양하게 존재한
다. 여호와의증인은 종교적인 예식이나 행사가 전혀
없이 찬송과 기도를 통해 종교 생활을 한다. 수혈을 거
부하고 총기 사용도 거부한다. 정식 명칭이 예수그리
스도후기성도교회인 모르몬교는 성경 이외에 모르몬
경을 기존 경전으로 삼는다(177쪽 참조). 두 신종교는
미국에서 유입되었다. 천리교는 19세기 일본에서 일어
난 신종교이다. 여성 교조 나카야마 미키가 치병(治病)
과 주술을 통해 교세를 확장했다. 창가학회(SGI)는 일
본 승려가 불교를 근간으로 일으킨 신종교이다. 남묘
호렌게쿄(나무묘법연화경) 기도문을 외우면서 행복이
돌아오길 바란다고 한다. 바하이교는 이슬람에서 들어

온 신종교이다. 이란에서 창시된 종교로 이슬람 시아
파 신앙에 근거를 두고 있다.

한국SGI 충청남도 서천군 장항읍 장산로 369 서해문화회관

부록

지도 목록

찾아 보기

참고문헌

원전

김부식, 『삼국사기(三國史記)』.

김종서 외, 『고려사(高麗史節要)』.

남효온, 『지리산일과(智異山日課)』.

노사신 외, 『경국대전(經國大典)』.

노사신 외, 『동국여지승람(東國輿地勝覽)』.

동은, 『불국사고금역대기(佛國寺古今歷代記)』.

무용수연, 『무용집(無用集)』.

신숙주 외, 『국조오례의(國朝五禮儀)』.

이정보, 『태학계첩(太學契帖)』.

이중환, 『택리지(擇里志)』.

이행 외, 『신증동국여지승람(新增東國輿地勝覽)』.

이황, 『유소백산록(遊小白山錄)』.

일연, 『삼국유사(三國遺事)』.

일연, 『신라국동토함산화엄종불국사사적(新羅國東吐含山華嚴宗佛國寺事蹟)』.

『태화산마곡사 사적입안(泰華山麻谷寺事蹟立案)』.

홍석주, 『연천옹유산록(淵泉翁遊山錄)』.

劉清之, 『小學』.

『周禮』.

『周易』.

朱子, 『家禮』.

贊寧, 『宋高僧傳』.

玄奘, 『大唐西域記』.

『大品般若經』.

『無量壽經』.

『法華經』.

『本生譚』.

『佛頂尊勝陀羅尼念誦儀軌法』.

『阿含經』.

『維摩經』.

『占察經』.

『華嚴經』.

『古事記』.

단행본

강돈구 외, 『한국의 신종교 성지』, 한국학중앙연구원출판부, 2021.

금장태, 『한국 유교의 정신』, 세창미디어, 2014.

김구, 『백범일지』, 열화당 영혼도서관, 2019.

김동주, 『기독교로 보는 세계역사』, 킹덤북스, 2020.

김두하, 『장승과 벅수』, 대원사, 1991.

김봉렬, 『불교 건축(한국미의 재발견 11)』, 솔, 2004.

김상현, 『불국사』, 대원사, 1992.

김용휘, 『우리 학문으로서의 동학』, 모시는사람들, 2021.

김정수, 『성 김대건 바로 알기』, 생활성서사, 2020.

김태곤 외 저, 경희대학교 민속학연구소 편, 『한국의 신화』, 시인사(한울), 2019.

김호일, 『한국의 향교』, 대원사, 2000.

김환대, 『경주 양동 안동 하회 마을』, 경향미디어, 2010.

김희곤, 『정신 위에 지은 공간 – 한국의 서원』, 미술문화, 2019.

대한불교진흥원, 『북한의 사찰』, 대한불교진흥원, 2009.

마크 채프먼 저, 주낙현 옮김, 『성공회 – 역사와 미래』, 비아, 2014.

문사철 편, 『민음 한국사』(전 5권), 민음사, 2014.

배병삼, 『우리에게 유교란 무엇인가』, 녹색평론사, 2012.

서성호·오영선·심재우·오상학·고영진, 『조선 성리학의 세계-사유와 실천』, 국립중앙박물관, 2003.

서울역사박물관, 『성균관과 반촌』, 서울책방, 2019.

성낙주, 『석굴암 – 그 이념과 미학』, 개마고원, 1999.

에릭 쥐르허 저, 최연식 역, 『불교의 중국 정복: 중국에서 불교의 수용과 변용』, 씨아이알, 2010.

오영환·박정자, 『순교자의 땅 이제는 순례자의 땅』, 카톨릭출판사, 2017.

우치무라 간조, 양혜원 옮김, 『우치무라 간조 회심기』, 홍성사, 2019.

유홍준, 『나의 문화유산답사기- 산사순례』, 창비, 2018.

유홍준, 『나의 북한 문화유산답사기 – 금강예찬』, 중앙m&b, 2001.

윤경렬, 『경주 남산』, 대원사, 1989.

윤열수, 『민화 1』, 예경, 2000.

이부키 아츠시 저, 최연식 역, 『새롭게 다시쓰는 중국 선의 역사』, 씨아이알, 2011.

이재창, 『해인사』, 대원사, 1998.

이필영, 『마을신앙으로 보는 우리문화 이야기』, 웅진지식하우스,
   2000.
인펑친, 김기협 옮김, 『공자 평전』, 돌베개, 2010.
장주근, 『한국의 민간신앙』, 민속원, 2013.
정병삼, 『한국 불교사』, 푸른역사, 2020.
정수환 외, 『소수서원·병산서원』, 한국학중앙연구원출판부, 2019.
최순우, 『무량수전 배흘림기둥에 기대서서』, 학고재, 2008.
최준식, 『한국의 풍속 민간 신앙』, 이화여자대학교출판문화원, 2005.
한국공연예술원, 『샤먼 문화-한극(굿)의 원형을 찾아서』, 열화당,
   2013.
한국교회사연구소, 『성 김대건 안드레아 신부의 서한』, 한국교회사연
   구소, 2020.
한국생활사박물관 편찬위원회, 『한국생활사박물관』(전 12권), 사계
   절, 2000.
황수영, 『석굴암』, 열화당, 1989.

논문

김태곤, 「민간신앙」, 『한국민속학』, 제23집, 1990.
김태곤, 「한국문화 속의 민간신앙」, 『인문과학연구』, 제6집, 1986.
이재수, 「불교문화콘텐츠를 활용한 문화관광 활성화 방안- 원효대
   사 소재 콘텐츠를 중심으로」, 『한국교수불자연합학회지』, 제16권,
   2010.
임재해, 「마을 공동체문화로서의 민속놀이의 전승과 기원」, 『韓國民俗
   學』, 제48집, 2008.
최연식, 「8세기 신라 불교의 동향과 동아시아 불교계」, 『불교학연구』,
   제12집, 2005.
_____, 「신라 및 고려시대 화엄학 문헌의 성격과 내용」, 『불교학보』,
   제60집, 2011.
최원석, 「도선 관련 사찰과 저술의 역사지리적 비평」, 『문화 역사 지
   리』, 제28권, 2016.
최종성, 「동학산행: 산으로 간 동학의 기록」, 『종교학연구』, 제37집,
   2019.
한승훈, 「전근대 무속 담론과 민속종교에서의 유교와 무속의 관계」,
   『민속학연구』, 제46집, 2020.

기타

국사편찬위원회, 한국사데이터베이스. https://db.history.go.kr/
문화재청 국가문화유산포털. https://www.heritage.go.kr/
사단법인 경주남산연구소, 경주남산연구소. http://www.kjnamsan.
   org/
한국천주교주교회의·한국천주교중앙협의회. https://cbck.or.kr/
천주교서울대교구주교좌명동대성당. http://www.mdsd.or.kr/
중학교 역사 교과서, 고등학교 한국사 교과서 및 역사 부도.
위키백과 우리 모두의 백과사전. https://ko.wikipedia.org/wiki/
㈜두산, 두피디아. https://www.doopedia.co.kr/
한국고전번역원, 한국고전종합DB. https://db.itkc.or.kr/
한국학중앙연구원, 한국민족문화대백과사전. http://encykorea.aks.
   ac.kr/

사진과 도판

8 불교_국립중앙박물관, 조로아스터교_박진호, 마니교_『옛실크루트』, 통곡의 벽_위키미디어(Author: Kounosu), 성묘교회_위키미디어 영문(Source: https://www.flickr.com/photos/jlascar/10350972756/in/set-72157636698118263/ Author: https://www.flickr.com/photos/jlascar/, 성베드로대성당_위키미디어(Source/Photographer:Wolfgang Stuck), 바위의 돔_위키미디어 영문(Source: Own work, Author: Godot13, Attribution: Andrew Shiva / Wikipedia / CC BY-SA 4.0) 10 영명사_국립민속박물관, 안향_국립중앙박물관, 천도교 임실교당_문화재청, 한국이슬람교 부산성원_공공누리·부산광역시(https://www.kogl.or.kr/recommend/recommendDivView.do?recommendIdx=17980&division=img) 12~13 「무녀신무」_간송미술문화재단 14 마니산 참성단·평양 부군당·태백산 천제단·광주 엄미리 장승과 솟대_국립민속박물관 17 구지봉·신모사_문화재청 18 성황대신 사적 현판_순창장류박물관 19 문경 봉암사 산신각_국립민속박물관, 「쌍검대무」_간송미술문화재단 20 「성주신도」_국립민속박물관 22 삼신할미_국립민속박물관 23 터주·조왕 중발·측간·성주 단지·삼신 상과 삼신 단지_국립민속박물관 24 보현산신각_한국민족문화대백과사전, 국사당·서낭당_국립민속박물관, 팔공산 관암사 용왕당 내부_위키미디어(Author: HwangHuang), 솟대_게티이미지·한국관광공사-김지호 27 임경업·전횡 장군 사당_국립민속박물관, 십이장신당·성황사와 산신각_문화재청, 수성당·용신당_한국민족문화대백과사전 28 고창 오거리 당산_한국민족문화대백과사전 29 장흥 삼산리 후박나무_한국민족문화대백과사전, 통영 벅수_위키미디어(Author: Dalgial) 30 곳창굿·진오기굿_국립민속박물관(하효길), 군자봉 성황제_시흥시청 향토사료실, 진도 도깨비굿_국립민속박물관, 하회 별신굿 탈놀이·강릉 단오제_국립민속박물관(최호식) 33 성당 본향당_문화재청, 토산리 여드렛당_한국민족문화대백과사전 36 호류지 금당과 대탑_위키미디어 일본어(Author: Nekosuki), 소림사_위키미디어 영문(Author: Don-kun), 카니슈카 왕 금화_위키미디어(Author: World Imaging assumed), 엘로라 석굴사원·쿠시나가라 열반당과 스투파·날란다 사원_윤동진, 아소카 왕_위키미디어 영문(Source: 013 King Asoka visits Ramagrama, Author: Photo Dharma from Sadao, Thailand) 38 석가의 열반_위키미디어 중문(ⓒ Marie-Lan Nguyen / Wikimedia Commons / CC-BY 2.5) 39 남방 불교의 승려_문화유산기술연구소, 남방 불교의 사원(Wat Phra Kaew)_위키미디어 영문(Source: 4Y1A0863, Author: Ninara from Helsinki, Finland) 40 타라보살_위키미디어 영문(Source: Rubin Museum of Art) 42 용장사지 마애여래좌상·봉암사 지증대사탑비·성주사지 동 삼층석탑·금산사 당간지주·백련사 사적비_문화재청, 송광사 승보전_한국민족문화대백과사전 44 미륵사지 석탑_위키미디어 영문(Author: Jjw) 44 흥륜사지_문화재청 46 화엄사 대웅전과 사사자삼층석탑_문화재청 47 용장사곡 삼층석탑_문화재청·문화재연구소, 금산사 미륵전_문화재청 48 성주사지 오층석탑·보림사 대적광전 철조비로자나불좌상_문화재청 49 대각 국사 의천_선암사, 순천 송광사 목조삼존불감_위키미디어(Source: Korea Copyright Commission) 51 휴정 영정_국립중앙박물관, 공주 갑사 표충원_문화재청 52 석굴암 외부·석굴암 본존불과 십일면관음보살_윤동진, 불국사 전경_게티이미지·한국관광공사-앙지뉴 필름 55 하늘에서 본 불국사_국토지리정보원 국토정보플랫폼 57 대웅전 석가 삼존불_문화재청, 석가탑_위키미디어(Author: Leonard J. DeFrancisci) 58 연화교·칠보교·안양문_위키미디어(Source: Korea Copyright Commission) 59 극락전 금동아미타여래좌상·극락전_문화재청 60 금동비로자나불좌상_문화재청 62 석굴암의 구조_문화유산기술연구소 63 돔 천장의 안과 밖_문화유산기술연구소 64~65 석굴암 전경_문화유산기술연구소 66 팔부신중 1·2_문화유산기술연구소 67 금강역사·사천왕_문화유산기술연구소 68 석굴암 본존불·광배_문화유산기술연구소 69 십일면관음보살_문화유산기술연구소 70 범천, 문수보살, 십대 제자, 보현보살, 제석천_문화유산기술연구소 71 감실의 보살들·유마거사와 문수보살_문화유산기술연구소 72 용장사지_한국민족문화백과대사전, 열암곡 마애불상_연합뉴스 74 불곡 마애여래좌상_위키미디어(Author: Dalgial) 75 국사곡 제4사지 삼층석탑·신선암 마애보살반가상·칠불암마애불상군_문화재청, 미륵곡 석조여래좌상_위키미디어(Author: Eggmoon) 76 삼릉계곡 석조여래좌상·삼릉계곡 마애석가여래좌상_문화재청 77 약수계곡 마애불입상_국립문화재연구원, 용장사곡 석조여래좌상_문화재청, 천룡사지 삼층석탑_국립문화재연구원·문화재청 78 통도사 개산대제_문화유산기술연구소 80 보조국사 지눌_위키미디어(Source: http://www.cha.go.kr/korea/heritage/search/Culresult_Db_View.jsp?mc=KS_01_02_01&VdkVgwKey=12,10430000,36), 해인사 고려대장경판_윤동진, 통도사 금강계단_문화재청 81 통도사 대웅전_문화재청 82 해인사 장경판전 내부_『조선고적도보』, 장경판전_윤동진 83 송광사 국사전_위키미디어(Source: Korea Copyright Commission) 84 영축산 통도사_게티이미지·한국관광공사-김지호 85 태화산 마곡사·두륜산 대

홍사·조계산 선암사_문화재청, 천등산 봉정사_게티이미지·한국관광공사-라이브스튜디오, 속리산 법주사_위키미디어(MeganYoungmee) **87** 봉정사 목조관음보살좌상_문화재청 **88** 법주사 팔상전과 금동미륵입상_위키미디어(Steve46814), 법주사 쌍사자 석등_문화재청 **89** 마곡사 대웅보전·영산전_문화재청 **90** 선암사 승선교와 강선루·선암사 동서 삼층석탑_위키미디어(Steve46814) **91** 대흥사 응진당과 삼신각·대흥사 천불전 천불상_위키미디어(Steve46814) **92** 심원사_한국민족문화대백과사전, 금산사 미륵전 전경_위키미디어(Author:(c)한국불교문화사업단), 보리암 전삼층석탑_문화재청 **94** 선운사 도솔암 금동지장보살좌상_위키미디어(저자: Eggmoon) **95** 김홍도가 그린 월정사_한국데이터산업진흥원, 청평사지_문화재청 **96** 도림사_게티이미지·한국관광공사-김지호, 향일암(원효대사 좌선대 위에서 내려다 본 남해바다)_위키미디어(Author:날개) **97** 도선사 청동 종·천은사·옥룡사 동백나무 숲_문화재청 **98** 보현사 영산전_위키미디어(Source: Detail of Temple Architecture, Author:John Pavelka), 광법사 대웅전 앞 주간포·개심사·영통사 보광원·광제사 대웅전_조계종 민족공동체추진본부, 묘길상(內金剛 妙吉祥)_위키미디어 영문(Source: ファイル:Myo-gilsan.JPG, Author: のりまき) **99** 적조사 쇠부처_위키미디어(Source: https://www.flickr.com/photos/tmc1233/2254364252/ Author: tmc1223, a flickr user) **100** 동명왕릉에서 내려다본 정릉사 전경·광법사 천왕문_조계종 민족공동체추진본부 **101** 보현사 대웅전과 팔각십삼층석탑_위키미디어(Author: Mark Fahey), 안심사 전경_국립중앙박물관 **102** 성불사_국립중앙박물관 **103** 장안사_국립중앙박물관, 표훈사 반야보전_위키미디어(Author: Uri Tours_uritours.com),「묘길상도」_국립중앙박물관 **104** 책거리,『민화 1』 **106** 취푸 공묘 대성전_위키미디어(kanegen), 홍옌 문묘_위키미디어(Nguyễn Thanh Quang), 유시마세이도 국제박람회_위키미디어(Ikkei Shōsai) **108** 취푸 공묘 배치도_위키미디어(Source:『Madrolle's Guide Books: Northern China, The Valley of the Blue River, Korea』) **109** 후지와라 세이카_위키미디어(Source:『先哲像伝　近世畸人傳　百家琦行傳』Author: 有朋堂書店), 하야시 라잔_위키미디어(Source:『日本肖像画図録』) **110** 강릉향교 서재_문화재청, 고려 성균관_위키미디어(Author: 魯班), 임신서기석_국립중앙박물관 **111** 한국의 유교 책판_한국국학진흥원 **112** 김해 봉황동『논어』목간_국립김해박물관 **113**『입학도설』,『조선 성리학의 세계』 **114** 충렬서원_게티이미지·한국관광공사-김지호 **116**「반궁도」_서울역사박물관, 향관청·서재·묘정비각_문화재청 **118** 개성 성균관 대성전_위키미디어(Author: Uwe Brodrecht) **119** 김창숙_위키미디어(Author: Christian Bolz) **120~121** 최치원·정몽주·김장생·송시열_국립중앙박물관 **122** 석전대제_게티이미지·한국관광공사-박성근, 제단 차림_국립민속박물관 **123** 특종_국립고궁박물관 **124**「향교알성도」_국립중앙박물관 **125** 강릉향교 대성전_위키미디어(Source: Copyright Commission), 수원향교 외삼문_위키미디어(Author: 잉여빵), 순천향교_위키미디어(Author: Steve46814), 경주향교 명륜당_위키미디어(Author: Qkqhrhkdtn), 상주향교 대성전·밀양향교 풍화루_문화재청 **126**「도산서원도」_국립중앙박물관 **127** 돈암서원_위키미디어(Author: Ryuch), 무성서원·필암서원·남계서원·옥산서원·도동서원_문화재청 **129** 직방재_소수박물관(사공정길) **130** 붓걸이와 필통_한국국학진흥원, 역락문_문화재청 **131** 독락당_게티이미지·한국관광공사-양지뉴 필름 **132**「하회」_국립중앙박물관 **133**「곡운구곡도」_국립중앙박물관 **135**「무이구곡도권」_국립중앙박물관 **136** 초간정_문화재청, 채미정_위키미디어(Author: 이차우) **138** 백두산정계비 탁본_국립중앙박물관, 산천재_게티이미지, 진흥왕순수비·중악단·주왕계곡·고산정_문화재청 **141** 하회마을_문화재청 **143** 백하구려_문화재청 **146** 명동성당_문화재청 **148** 물고기 상징_위키미디어 영문(Source: 로마국립박물관), 카타콤바_위키미디어 독일어(Author: Dnalor 01), 마르틴 루터_위키미디어 영문(Author: YAF8QqkEOdJdvg at Google Cultural Institute), 뮌스터 옛 시 청사_위키미디어 영문(Dietmar Rabich), 하기아이레네 총대주교좌 성당_위키미디어 영문(저자: Matthias Süβ en, https://creativecommons.org/licenses/by-sa/4.0/), 로욜라성당_위키미디어 영문(Source: Flickr, Author: nigel321), 구원의 예수상_위키미디어 영문(Author: Mario Roberto Durán Ortiz), 메이플라워호(복제)_위키미디어 영문(Author:GmaJoli), 니케아공의회_위키미디어 영문(Source/Photographer: https://incompiutezza.wordpress.com/2014/05/) **150** 천진암성지_위키미디어(문화체육관광부 해외문화홍보원 코리아넷, Korea_Catholic_Shrines_ChonJinAm_07) **151** 이승훈 묘_문화재청 **152** 광혜원_위키미디어(Source:『寻找我的外公:中国电影皇帝金焰』, 2009, 海文艺出版社), 복원된 광혜원·연세대학교 아펜젤러관_문화재청 **153** 구세군중앙회관_위키미디어(Author: Gapo), 토마스홀_문화재청 **154** 하늘에서 본 두 기독교 성지_국토지리정보원 국토정보플랫폼 **160** 대흥동성당_위키미디어(Author: Exj), 계산동성당·약현성당·원동성당_문화재청, 죽림동성당_위키미디어(Author: Jjw),

성베네딕토회 왜관수도원_위키미디어(Author: Casacomune) 161 안성 구포동성당_문화재청 162 1950년대 명동성당_위키미디어(출처: 자작), 계산동성당_문화재청 163 평양 장충성당_위키미디어(Author: Uri Tours_uritours.com) 164 나바위성당_문화재청 171 제일교회 선교관·제일교회·양동교회·오웬기념각 현판_문화재청 172 성공회 청주성당_한국민족문화대백과사전 174 평양 정백사원_위키미디어(Author: Lazyhawk) 175 한국이슬람교 서울중앙성원_위키미디어 영문(Mga atraksyong lokal(Source: Mosque, Author: kayakorea(Brandon Butler)), 한국이슬람교 부산성원_공공누리·부산광역시(https://www.kogl.or.kr/recommend/recommendDivView.do?recommendIdx=15026&division=img) 176『조선의 유사종교』·천도교부·『삼도탐요(三道撢要)』·강일순_국립민속박물관, 최시형 묘·구 천도교 중앙총부 본관·손병희 생가_문화재청, 나철_위키미디어(Source: http://www.jecheoncc.or.kr/vishome/?doc=bbs/visboard.php&bo_table=s8_2&page=1&wr_id=12), 아그로상생 농장_연합뉴스 177 원불교 상징인 원_위키미디어 영문(Author: Rebekahw7), 원불교 대구교구청_위키미디어 일본어(Taken by User: Visviva and released into the public domain),『발해태조건국지·명림답부전』_문화재청, 천주교 신앙촌 소반_국립민속박물관, 여호와의 증인 청일왕국회관_위키미디어(Author: 최광모), 통일교 합동 결혼식과 문선명_위키미디어 영문(Source:rev la semana nro 298) 178 경주 구미산 용담정 최제우 동상_위키미디어(Author: ElleDeeEsse), 교룡산성·봉황각_문화재청 179 수운 유허지_국립민속박물관, 천성산 내원사_문화재청 180『동경대전』간행 터_문화재청 182 증산교 도복_국립민속박물관 183 보천교 부적_국립민속박물관, 관청리 근대 한옥_문화재청, 대순진리회 중곡도장_한국민족문화대백과사전 185 대종교 취지서_국립민속박물관 186 원불교 영산 성지·익산 성지 송대·배산서원_문화재청, 천태종 구인사_한국민족문화대백과사전 188 배산서원_문화재청 189 시온어린이합창 LP음반_국립민속박물관

* 출판기획 문사철은 이 책에 실린 모든 자료의 출처를 찾기 위해 최선을 다했습니다. 누락이나 착오가 있으면 다음 쇄를 찍을 때 꼭 수정하도록 하겠습니다.

한국여지승람 02
종교의 시공간

지은이 문사철

2023년 11월 18일 초판 1쇄 발행

인쇄 민언프린텍
제본 책공장
제작 제이오

펴낸 곳 직지플러스
펴낸이 강응천
주소 경기도 고양시 일산동구 장백로 184 우신프라자 407호(장항동)
등록 제2021-000057호
전화 031-908-5674
팩스 0504-188-3254
이메일 jikjiplus@gmail.com

ISBN 979-11-982718-2-2
ISBN 979-11-982718-0-8 04910 (세트)

ⓒ 강응천, 2023

책값은 뒤표지에 있습니다.
잘못 만든 책은 바꾸어 드립니다.